IM ZEICHEN MERKURS

LENIA ROTH

Im Zeichen Merkurs

© 2018 Lenia Roth

Alle Rechte vorbehalten

Lenia Roth
c/o AutorenServices.de
Birkenallee 24
36037 Fulda

leniaroth@gmail.com

Korrektorat/Lektorat: Hanka Jobke

Dieses Werk, einschließlich seiner Teile, darf ohne schriftliche Zustimmung der Autorin nicht kopiert, vertrieben oder verwendet werden.

Für mein siebzehnjähriges Ich

I
DOSTOEVSKIJ

FRÜHER MORGEN, DOSTOEVSKIJ, MERKURNATION

ER HATTE EINS, DER Lebensmittelhändler – ein Mal. Nicht so kräftig, wie man es bei anderen sah, aber immer noch deutlich genug hob sich das orangefarbene Zeichen von seiner staubigen Haut ab. Ein makellos runder Kreis mit Hörnern und einem Stab, direkt unter seinem Kinn.

Der Mann schnippte mit den Fingern vor Amaris Augen. Sie blinzelte.

„Mein Geld", sagte er.

Amari löste den Lederbeutel von ihrem Gürtel und drückte ihn dem Mann ungeöffnet in die Hand. Der Händler war braun von der Sonne, er vermisste das meiste seiner Haare und eins seiner Beine. Eine abgenutzte Krücke lag hinter ihm auf dem Fahrersitz des Getreidewagens. Das Pferd davor schnaubte desinteressiert.

„Ist das alles?" Mit gehobener Braue wog der Händler den Beutel in der Hand.

„Mehr hab ich nicht", sagte Amari.

Mehrere Sekunden lang hielt sie mit dem Händler Blickkontakt.

„Schön", sagte er schließlich, steckte den Geldbeutel weg und ließ ein Grunzen hören. „Hat ja keinen Sinn, dich wieder nach Navoi zurückzukarren."

Amari schenkte ihm ein Lächeln, wandte sich ab und spähte auf Zehenspitzen zu der Stadtmauer hinüber. Sie hoffte auf ein gewisses Dach, das über die Mauer ragte, das vertraute Symbol, das sie vielleicht schon durch das Tor erkennen konnte. Drinnen würde sie einen Anhaltspunkt brauchen – es wäre auch zu gut gewesen, hätte sie ihn jetzt schon gefunden.

„Du weißt, dass du so enden könntest wie ich, ja?", fragte der Lebensmittelhändler, als Amari den ersten Schritt Richtung Tor tat.

Amari blieb stehen. Sie versteifte sich, streckte ihren Körper, dann drehte sie sich um und sah den Händler an. „Ich ende nicht so."

„Ach ja?" Der Händler erwiderte ihren Blick, seine Augen ein kleines Stück enger.

„Ja", sagte Amari. „Selbst, wenn ich ein Bein verliere, finde ich irgendwie einen Weg, zu kämpfen."

Der Händler starrte sie an, eine Weile, dann brach er in rostiges Gelächter aus. „Mach, dass du wegkommst, bevor die Packer hier sind", sagte er schließlich. „Und viel Glück."

Das ließ sich Amari nicht zweimal sagen. Sie lief los, hörte das Blut in ihren Ohren rauschen und spürte ihren Körper als einen einzigen übergroßen Herzschlag. Wie erwartet, beachteten die Wachen am Eingang Amari kaum, als sie an ihnen vorbei in die Stadt lief. Junge Leute – selbst solche, die allein unterwegs waren – konnten für Dostoevskij nicht alltäglicher sein. Nicht umsonst war es die Stadt der Rekruten.

Dostoevskij bot alles – absolut alles – größer und gleichzeitig enger auf, als Amari es gewohnt war. Die zahlreichen Holzhäuser, fein säuberlich aufgereiht, ließen einander gerade so viel Platz, dass sich ein Brand nicht sofort ausbreiten würde. Manche wuchsen bereits hoch in den Himmel. Wo Amari auch hinblickte, waren Menschen: allein und in Gruppen, auf den Plätzen und in den Gassen. Dostoevskij war laut und aufregend und jung.

Natürlich hatte Amari noch immer keine Ahnung, wo sie hinmusste.

Die nächsten fünfzehn Minuten verbrachte sie also damit, sich an Leuten vorbei durch Gassen zu schlängeln, den Fassaden hinaufzublicken und hin und wieder jemanden zu fragen, wie sie denn zur Kapelle käme. Amari hatte keinen schlechten Orientierungssinn per se, aber die Aufregung hatte ihr Kurzzeitgedächtnis gestohlen und vergraben.

Zweimal war sich Amari bereits sicher gewesen, auf der gleichen Straße gelandet zu sein, als sie sich furchtbar blamierte. Die Antwort auf ihre Frage nach der Kapelle bestand diesmal nämlich aus einem Fingerzeig über die Schulter. Sie stand genau davor.

Auf einen schnellen Blick ging die Kapelle zwischen den anderen Holzhäusern Dostoevskijs unter, unterschied sie sich doch lediglich dadurch, dass sie etwas größer war. Was Amari allerdings hätte ins Auge springen müssen, war das ausgeblichene Symbol des Gottes Merkur direkt über der Tür – das gleiche Zeichen wie unter dem Kinn des Lebensmittelhändlers.

„Willst du dich fürs Ritual anmelden?", fragte der Aufseher, nachdem Amari sich hastig für die Verspätung entschuldigt hatte.

Sie nickte, außer Atem.

„Name? Alter?"

„Amari. Sechzehn."

„Noch so eine", hörte sie den Mann murmeln. Sechzehn war das Mindestalter für den Eintritt ins Militär, Amaris sechzehnter Geburtstag vor einer Woche der Grund, warum sie hier war.

„Hast du schon irgendwelche Kampferfahrung?"

„Mein Vater hat mich trainiert, seit ich denken kann." Amari musste ein Grinsen zurückhalten. „Sie kennen ihn vielleicht – Kommandant Javid?"

Noch nie war Amari besser in Form gewesen. Sie hatte sich jeden Muskel an ihrem Körper mühsam erkämpft und bei Merkur, das sah man. Noch wichtiger war, dass sie dank des unnachgiebigen Trainings ihres Vaters schnell und lange laufen konnte. Sie war bereit, die beste Soldatin zu werden, die die Merkurnation je gesehen hatte.

Anerkennend hob der Aufseher die Augenbrauen. „Das ist gut zu hören. Die meisten kommen hierher und denken, das Ritual macht *alles* für sie."

Er trug ihren Namen auf eine Tafel ein, die er in der Hand hielt, zehn weitere Namen waren vor ihr da gewesen. Dann wies er mit der Kreide in der Hand auf die Tür neben sich. „Geh einfach durch, dann bist du im Warteraum."

Amari atmete tief ein und tat, wie ihr geheißen.

Kaum hatte sie die Tür geöffnet, wurde die Luft dünn. Amari fand zwanzig Augen auf sich ruhen. Ein Gespräch, das gerade noch im Raum gestanden hatte, war verstummt und sie kam sich vor wie ein ungeladener Gast.

Das war sie aber nicht, nein.

Noch einmal holte Amari Luft und ließ sie diesmal nicht wieder heraus. Sie streckte jeden Zentimeter, den ihr Körper an Größe hatte, und marschierte durch den Raum. Alles was dieser zu bieten hatte, war ein einziger Stuhl, der bereits von einem Jungen mit krummer Nase in Besitz genommen worden war, also setzte sie sich an die Wand wie die restlichen neun Rekruten. Kaum hatte sich die Tür geschlossen, schienen die andern das Interesse an ihr verloren zu haben. Keine drei Sekunden dauerte es, bis das Gespräch zurückkehrte.

„Nee, echt", sagte der Junge auf dem Stuhl und wedelte mit der Hand. „Wenn ich einen Bogen kriege, dann schmeiß ich die Armee."

Ein Mädchen mit Sommersprossen legte den Kopf in den Nacken und rollte die Augen.

„Nein, ich mein's ernst, siehst du, die Bogen ..." Er hielt inne, spannte einen unsichtbaren Bogen und schoss Sommersprosse mit einem imaginären Pfeil ab. „Das sind Waffen für *Feiglinge*. Du hockst irgendwo zwischen Büschen in Sicherheit und kannst trotzdem Leute abmurksen. Du musst nicht mal hin. Feige ist das und nichts anderes." Auf der Suche nach Anerkennung ließ er seinen

Blick von rechts nach links durch den Raum schweifen. „Da ist keine Ehre drin – da geh ich lieber, echt."

„Bitte", sagte eine andere Rekrutin. „Warte damit nicht, bis du einen Bogen gekriegt hast."

Verhaltenes Kichern im Warteraum.

„Meine Mutter war Bogenschützin", murmelte ein Junge in Amaris Nähe.

Der Herrscher über den Stuhl zog ein Gesicht, dann wandte er sich an Amari. Ein letztes Haschen nach Zustimmung „Was ist mit dir? Was würdest *du* für eine Waffe wollen?"

Amari öffnete den Mund, aber Sommersprosse kam ihr zuvor: „Ist doch eh nicht so, als ob man sich das aussuchen könnte, Orla."

„Mann, das ist eine hypotische Frage", sagte Orla.

„Hypothetisch."

„Rand halten."

„Ein Schwert", sagte Amari. „Egal, was für eins. Das reicht völlig."

Um ehrlich zu sein, war sie sich sowieso schon halb sicher, dass sie eins bekommen würde. Ihr Vater hatte eins, ihr Bruder auch – verschiedene Arten davon, aber letztendlich alles Schwerter. Es machte nur Sinn, wenn sie selbst eins bekam. Und stören würde sie es sicher nicht – die große Erin selbst schwang ein Schwert.

Für ein paar Sekunden war es still, dann grinste Orla. „Ein großes? Zum richtig draufhauen?"

„Warum ... nicht?" Auch an Amaris Mundwinkeln zog ein Grinsen.

„Du sprichst meine Sprache." Er wandte sich zu den anderen und hielt seine Arme, als würde er etwas Schweres tragen. „Am liebsten hätte ich so eine richtig fette Kriegsaxt."

„Die kannst du ja nicht mal heben", sagte Sommersprosse.

Jemand grunzte.

„Weißt du was, selbst wenn – scheißegal. Nach dem Ritual

kann ich das so oder so."

„Was, wenn ...", begann der Junge mit der Bogenschützen-Mutter. Seine leise Stimme wurde beständig lauter. „Was, wenn man einen Bogen bekommt, einem durch das Ritual aber die Finger abfallen?"

„Bist du bescheuert? Ohne Finger kannst du so oder so nicht kämpfen."

Amari stellte fest, dass die Rekruten jünger waren, als sie gedacht hatte. Halb hatte sie erwartet, die Einzige – oder zumindest eine der wenigen zu sein –, die es eilig genug hatten, mit sechzehn zur Armee zu gehen. Irgendwie löste der Gedanke, dass sie alle von derselben Position aus starteten, ein unangenehmes Kribbeln in ihrer Magengegend aus. Sie waren alle Rekruten und das würden sie bleiben, bis sie sich bewiesen hatten. Amari schwor sich, die Erste zu sein, die das tun würde – und die Beste zu sein, die aus diesem Raum hervorging, selbst wenn das Ritual für sie ungünstig verlaufen würde.

Selbst, wenn das passieren sollte.

Die Tür, durch die Amari vor ein paar Minuten erst getreten war, öffnete sich. Es war aber kein neuer Rekrut, der den Raum betrat, sondern der Aufseher.

„Kommt wohl keiner mehr", sagte er. „Soll mir recht sein, wir sind eh überfüllt." Er räusperte sich. „Angesichts aktueller Ereignisse ist es wohl angemessen, eine Minute des Schweigens für die Opfer der Schlacht um Kenko einzulegen, bevor wir hier fortfahren."

Er hätte auch mit der flachen Hand auf die Stimmung schlagen können. Schwere Atemzüge waren zu hören, einer oder zwei fluchten auf die Marsnation, dann wandten sich die Blicke zu Boden und Stille kehrte ein.

Etwa eine halbe Minute hielt die Schweigeminute an, bis der Aufseher zögerlich fortfuhr: „Heute ist also der Tag gekommen, an dem ihr das Geschenk Merkurs empfangt." Er stellte sich ein wenig gerader hin. „Der Tag, an dem ihr alle die Kraft verliehen bekommt, für Merkur zu kämpfen, und ins Militär aufgenommen werdet. Das Risiko ist hoch, ja das ist es – aber wenn das Glück mit euch ist, dann werdet ihr heute einfache Leute, morgen aber fähige Soldaten sein." Er hielt inne, die Augen nach oben gerichtet, als würde er mit Merkur selbst sprechen – oder als versuchte er, sich an den Rest der Rede zu erinnern. „Nun, in jedem Fall, ob ihr erfolgreich besteht oder nicht – ihr werdet diesen Raum nicht verlassen, wie ihr hineingekommen seid." Noch einmal räusperte er sich, seine Haltung sackte ein wenig. Dann, mit einem Blick auf die Tafel: „Also, fangen wir an mit ..."

Der ganze Raum schien den Atem anzuhalten.

„Wir fangen an mit Fabia."

Blicke wanderten suchend durch den Raum und blieben an einem Mädchen mit langem Hals und kurzen Haaren hängen. Sie stand auf, die Hände zu Fäusten geballt, und lief zum Aufseher.

Gegenüber der Eingangstür gab es eine zweite Tür, die wohl zur Kapelle führte. Der Aufseher deutete Fabia, hindurchzugehen. Fabia drehte sich nicht noch einmal um.

Nachdem sich die Tür geschlossen hatte, war es still.

Still war es noch eine ganze Weile, als hätte der Aufseher das Gespräch konfisziert und mitgenommen, stattdessen gab es jetzt nervöse Blicke und unruhige Hände. Der Raum schien um einige Grad abzukühlen.

Es dauerte noch ganze zwei Minuten, bis jemand die Stille brach.

„Wie hoch ist die Wahrscheinlichkeit?", fragte Orla, die Stimme belegt. „Die Wahrscheinlichkeit, jetzt draufzugehen, meine ich."

Damit sank die Temperatur rapider. Keiner sprach, aber alle wechselten Blicke. Natürlich waren die Rituale brandgefährlich, aber nötig. Wenn alle anderen Nationen sie durchführten, dann konnte es sich die Merkurnation nicht erlauben, es nicht zu tun.

Amari wollte etwas erwidern, um Orla nicht ganz in der Luft hängen zu lassen, aber jemand fiel ihr ins ungesagte Wort.

„Ach, so oft passiert das gar nicht." Eine Stimme aus der Ecke Amari gegenüber. „Die Chancen stehen eigentlich ganz gut, dass wir alle überleben. Oder die meisten. Also ... mindestens sieben."

Zehn Augenpaare starrten blank in die Richtung der Stimme. Bis jetzt war Amari zu sehr mit Orlas Ecke beschäftigt gewesen, um den Typen dort zu bemerken. Dabei war er äußerst auffällig, und zwar in dem Sinne, dass er aussah, als hätte man ihn vor ein paar Minuten von der Straße gekratzt. Seine Haare waren ungekämmt, seine Kleidung zu kurz für seine langen Gliedmaßen und er trug keine Schuhe. Er schien ein paar Jahre älter zu sein als die meisten hier.

Niemand erwiderte etwas auf seinen Kommentar, nicht einmal Orla. Die Stille hatte es sich mittlerweile im Raum bequem gemacht und war nur schwer wieder hinauszubekommen.

Wenn es doch bloß Stille wäre, dachte Amari. Jetzt, da sie den Jungen in der Ecke bemerkt hatte, konnte sie ihn nicht mehr ignorieren: Sein Fuß tappte beharrlich auf den Boden. Der Junge selbst schien müde, hatte tiefe Augenringe und den Kopf auf die Hand gestützt – nichtsdestotrotz, der Fuß tappte. Jedes Mal rutschte sein Hosenbein ein Stück nach oben. Tapp, tapp, tapp, tapp, tapp. Es machte Amari wahnsinnig.

Das ‚Kannst du mal damit aufhören?' blieb ihr im Hals stecken, als sie seinen Knöchel sah. Erst dachte sie, er habe sich einen Scherz erlaubt, einen schlechten noch dazu, aber das rote Pfeil- und-Kreis-Symbol auf seiner Haut machte den Eindruck, als wäre es schon immer dort gewesen und würde auch immer dort sein.

Amari sprang auf.

„Mars!", schrie sie und zeigte auf den Jungen. „Ein Mars-Spion!"

Zwei oder drei andere erhoben sich ebenfalls, Augen weiteten sich, von irgendwoher kam ein „Was?", aber die meisten starrten

Amari lediglich verwirrt an. Auch der Junge in der Ecke.

Amari verlor keine Zeit. Mit zwei großen Schritten war sie bei ihm, packte seinen Knöchel und riss ihn in die Luft. Der Rest von ihm schlug eher unelegant auf dem Boden auf.

„Seht ihr das?!", rief sie den anderen zu und deutete auf das blutrote Zeichen. „Es ist rot! Das ist Mars! Das Marsmal! Er ist ein Marssoldat!"

Vielleicht sagte der Typ irgendetwas, um sich zu verteidigen, aber Amari hörte ihn nicht, denn in dem Moment brach im Wartezimmer ein Sturm los. Jetzt waren alle auf den Beinen. Die Hälfte sprang zurück und flüchtete in den gegenüberliegenden Teil des Raums. Andere, unter anderem das sommersprossige Mädchen, rückten näher heran.

„Wie zur Hölle ist der hier reingekommen?!", rief sie.

„Ein Spion?!" Das war eine Frage von etwas weiter hinten.

Ein anderer Rekrut sprach den Jungen direkt an. „Hey, bist du einer?!"

Er schien „Nein" zu sagen, aber um ihn richtig zu verstehen, war es zu laut. Er lag auf dem Boden und machte keine Anstalten, aufzustehen. Amari hielt immer noch seinen Knöchel fest. Eine seltsame Situation.

„Als ob er dir das sagen würde!", rief Orla von hinten. Er stand jetzt auf seinem Stuhl, ein bisschen so, als würde er sich vor einer Maus fürchten.

Der leise Junge, der in Amaris Nähe gesessen hatte, rannte durch den Raum, aus der Tür und schlug sie hinter sich zu.

„Feigling!", brüllte Orla. „Verlässt uns in einer Krisensituation!"

Mittlerweile wedelte der Marssoldat am Boden mit den Armen. „Hey! Heeey!"

Niemand schien ihn zu hören – und dass er derjenige sein würde, der diesen Konflikt hier entschärfte, war recht unwahrscheinlich.

„Was, wenn er kein Spion, sondern ein Assassine ist?" Sommersprosse tänzelte um ihn herum. Sie wollte wohl etwas tun, wusste aber entweder nicht, was, oder haderte noch damit. „Was, wenn er hier ist, um jemanden abzustechen? Erin vielleicht!?"

„Als ob sich Erin von so einer Bohnenstange abstechen lassen würde!", sagte Amari.

„Schlagt ihn tot!", rief Orla von seinem Stuhl aus. An Amari und Sommersprosse gerichtet? Vielleicht. „Jetzt! Bevor er irgendwas macht! Sicher ist sicher!"

Der vermeintliche Spion hob jetzt seinen Oberkörper vom Boden. *„Hey!"*

„Seid ihr alle noch ganz dicht?", rief ein Mädchen mit kurzgeschorenem Haar. Sie machte hektische Handbewegungen in Amaris Richtung. „Was, wenn er bewaffnet ist? Weg da!"

„Ich bin nicht bewaffnet!"

„Geht's noch?!", schrie Orla das Mädchen an, dann zu Amari: „Lass ihn bloß nicht los! Halt ihn fest!"

Amari hielt immer noch sein Bein, aber sie war sich nicht sicher, ob das zählte. Sie war im Nahkampf trainiert, schon, aber der Junge kämpfte ja nicht mal mit ihr.

Er schlug wiederholt mit der flachen Hand auf den Boden, als könnte er die anderen so zum Verstummen bringen. „Kann ich auch mal was sagen!"

Keine Antwort war auch eine Antwort.

„Du! Jetzt mach schon!", hallte es noch mal durch den Raum. „Schlag ihn tot! Es ist Notwehr!"

Amaris Kopf überhitzte. Von allen Seiten wurden ihr andere Kommandos zugerufen, der Raum begann sich ein bisschen zu drehen.

Mit einem lauten Knall schlug eine schwungvoll geöffnete Tür gegen die Wand und der Raum zuckte kollektiv zusammen.

„Was ist das Problem?" Der Aufseher stand im Rahmen, hinter ihm der Junge, der vor nicht einmal einer Minute dort hinausgerannt war. Irgendwie schien es Amari, als hätte sie selbst auf diese Idee kommen können. Aber das war nebensächlich.

Sie zeigte auf das rote Mal am Knöchel des Jungen. „Ein – ein Marssoldat! Vermutlich ein Spion."

Der Aufseher sah sie an, dann den Jungen auf dem Boden. Der winkte.

Das Gesicht des Aufsehers alterte scheinbar um ein Jahrzehnt. Er seufzte und zwickte seinen Nasenrücken. Lange. „Felix."

„Ich hab ehrlich versucht –"

Der Aufseher hob seine Hand, als würde er sagen: ‚Ich will nichts hören', und wandte sich Amari und den anderen zu.

„Das ist kein Spion." Noch ein langer, bedauernder Seufzer, dann sprach er weiter. „Er hat die Erlaubnis, hier zu sein – Erin selbst hat es ihm gestattet."

Zehn Paar Augen sahen den Aufseher ratlos an. Manche wanderten misstrauisch hinüber zu Felix, dann zurück zum Aufseher. Der musste dem Raum noch einmal bestätigend zunicken, bevor sich die aufgesprungenen Rekruten zögerlich zurückzogen, Orla von seinem Stuhl herunterkletterte und Amari Felix perplex losließ.

Sie schüttelte den Kopf. „Wie zur Hölle hast du mit Erin gere… Wie bist du hier überhaupt reingekommen?"

Er machte große, dumme Augen. „Durch die Tür."

Amari blinzelte. Zusammenreißen – sie war jetzt fast Soldatin. „Nein. Du sollst mit Erin geredet haben? Wie hast *du* es geschafft, mit Erin zu reden?" Hatte er überhaupt eine Ahnung, von wem sie hier redeten? Wusste er das überhaupt?

„Gewisse Dienstleistungen. Hat sich so ergeben."

„Wa…" Amari stoppte sich. Er verarschte sie. Sie überlegte noch, ob sie ihm etwas an den Kopf knallen wollte – im übertragenen oder im wörtlichen Sinne –, als der Aufseher sich räusperte.

„Wenn das dann so weit geklärt ist … der nächste ist Orla."

Orla fiel fast von seinem Stuhl. Etwas zu hastig richtete er sich auf und stolperte beinahe noch einmal, als er dem Aufseher aus dem Raum folgte. Jetzt war es wieder still.

Die meisten der zukünftigen Rekruten hatten sich wieder an ihre Plätze geschlichen, ein paar starrten noch auf die Tür, die Orla gefressen hatte, manche auf Felix. Amari stand mitten im Raum und fühlte sich dumm. Sie konnte es nicht einfach darauf beruhen lassen. Er war ein Marssoldat, mitten in Dostoevskij!

„Wenn du kein Spion bist, was machst du dann hier?", fragte sie Felix, gerade laut genug, dass der Rest des Raums mithören konnte.

„Na, das Merkurritual."

„Du hast ein *Marsmal!*", sagte Amari.

„Und eins von Merkur passt doch prima dazu."

Amari verzog unwillkürlich das Gesicht. Damit war sie im Raum nicht die Einzige. Allein die Vorstellung beider Symbole auf einem Körper war eine Entweihung des Merkurmals. Bemüht langsam, bemüht bestimmt sagte Amari: „Man *kann* nicht zwei Male haben."

Felix grinste breit. „Willst du drauf wetten?"

Amari öffnete den Mund, schloss ihn aber wieder.

„Schon gut. Lass dich nicht aufhalten", sagte sie dann, trat ein paar Schritte zurück und ließ sich auf ihren Platz fallen. „Mich soll es nicht stören, wenn du da reingehst und Merkur dich in Stücke reißt."

„Autsch."

Damit war die Sache wohl gegessen und die Stille kam zurück. Amari befahl sich selbst, ruhig zu bleiben. Das Letzte, was sie jetzt brauchte, war mehr Aufregung. Sie wollte lediglich das Ritual glimpflich überstehen – und das bedeutete, so, dass sie im Nachhinein noch kämpfen konnte.

Diesmal schien es wesentlich schneller gegangen zu sein als bei dem ersten Mädchen. Ob das ein gutes oder schlechtes Zeichen war, wurde ausführlich beantwortet, als der Aufseher zur Tür hereinkam.

Er war eine ganze Spur blasser als zuvor, es stand ihm ein wenig Schweiß auf der Stirn und seine Augen waren weit. Amari meinte, auch ein paar Spritzer Rot auf seiner Uniform zu sehen. Was mit Orla, der vor gerade einmal ein paar Minuten hier herausgegangen war, passiert war, das konnte man nur erraten.

Der nächste Rekrut wurde gerufen. Dann der nächste und wieder der nächste. Manche wandten sich vorher unsicher den anderen zu, manche, so wie Sommersprosse, marschierten ein bisschen zu steif in die Kapelle. Felix verbeugte sich und winkte noch einmal, bevor er hinter dem Aufseher durch die Tür spazierte.

Langsam wurde Amari klar, dass sie die Letzte sein würde; immerhin war sie auch zuletzt gekommen. Sie musste also am längsten warten und war demnach auch diejenige, die ihren Gedanken und ihrer Aufregung und ihrer Nervosität am längsten ausgesetzt war. Zuletzt auch allein. Keiner der anderen kam wieder und obwohl es Sinn machte, dass man nach bestandenem Ritual nicht in den Warteraum zurückkehrte, bereitete es Amari nur noch mehr Magenschmerzen. Ihre Vorfreude war wie weggeblasen.

Als der Aufseher, mittlerweile gestresst und sichtbar unglücklich, die Tür ein letztes Mal öffnete, musste er den Namen nicht vorlesen, denn es war nur noch Amari übrig. Er atmete aus, versuchte, ihr ein aufmunterndes Lächeln zu schenken und wies mit einer Handbewegung Richtung Tür.

Amari stützte sich ab, vom Boden, von der Wand und auf einmal stand sie mitten im leeren Raum. Nur kurz drehte sie sich noch einmal um. Sie wusste nicht, wieso sie das tat, es war ja keiner mehr da.

Amari folgte dem Aufseher durch einen engen, schwach durch Kerzen beleuchteten Gang, in dem ihre Schritte von allen Seiten widerhallten. Mit jedem Zentimeter schien der Gang etwas länger und mit jedem Meter ein bisschen enger zu werden. Noch einmal sagte sich Amari, sie müsse ruhig bleiben. Sie versuchte, das Gefühl der Vorfreude, das Ich-kann-nicht-mehr-warten wieder aufzurufen, aber so recht wollte ihr das nicht gelingen. Mit dem ganzen Geld, der ganzen Heimlichtuerei vor ihrer Mutter, dem ganzen Training und Gelerne hatte sie auf diesen Moment hingearbeitet. Dass das alles mit ein wenig Unglück zunichtegemacht werden konnte, das hatte sie bis zu diesem Zeitpunkt weitestgehend verdrängt. Aber jetzt war es zu offensichtlich, zu naheliegend. Es musste nicht unbedingt der Tod sein – ein funktionsunfähiges Bein schon konnte ihr alles nehmen.

Sie erreichten das Ende des Gangs. Weder der Aufseher noch Amari hatten ein Wort von sich gegeben, bis er mit einem einfachen „Bitte" die Tür zur Kapelle öffnete. Er wartete im Gang. Es war durchaus möglich, dass er bei den ersten Rekruten mit in die Kapelle gegangen war, aber was auch immer hier drinnen passiert war, hatte ihm die Lust daran verdorben.

Ein wenig geblendet blieb Amari an der Schwelle stehen. Sie war sich sicher, noch nie einen Raum gesehen zu haben, der derart prächtig war. So was sah man vielleicht in der Venusnation, aber in Merkur gab man nicht viel – oder eher gar nichts – auf Äußerlichkeiten und Luxus. Hier musste es schlicht sein, es musste vor allem funktionsfähig sein, aber dieser Raum war etwas völlig anderes: Wohin Amari auch blickte, sah sie Verzierungen. An den Wänden und an der Decke, die doppelt so hoch war wie die eines normalen Raums, prangten verschnörkelte Muster, Reliefs und Gemälde. Die Merkurnation konnte auch mit Kunst nicht zu viel anfangen, aber trotzdem musste jemand von hier sie gemalt haben.

Das erste Wandbild zeigte die Entstehung der zweiten Menschheit, lange nachdem die Urmenschen sich – beinahe gleichzeitig mit ihrem damaligen Gott – ausgelöscht hatten. Das Auge des Betrachters wurde im Gemälde unbestreitbar auf den Gott Merkur gelenkt. Den Großteil der Bildfläche nahm seine – natürlich – orange gezeichnete Hand ein, wie sie kleine schachfigurenartige Menschen auf die Erde setzte. Das Gleiche taten sieben andere Hände, in den Farben der sieben anderen Nationen, aber sie waren deutlich blasser, kleiner, in den Hintergrund gerückt.

Auf dem zweiten Gemälde waren sie ganz verschwunden. Hier wurde lediglich die junge Merkurnation gezeigt, wie sie siedelte, sich verbreitete, sich Generation um Generation weiterentwickelte. Von vorn hatten sie dabei nicht anfangen müssen – die Überreste der ersten Menschheit waren zwar spärlich, aber durchaus hilfreich gewesen. Sei es Architektur, Sprache, oder die Fehler ihrer Vorgänger nicht zu wiederholen – die zweite Menschheit hatte schon immer von den Ersten gelernt.

Irgendwann, so hatten es die Götter geplant, würde eine ihrer Nationen einen Menschen hervorbringen, der alle anderen an Stärke übertraf. Dieser *Stärkste Mensch* allein war es, der das Menschsein schließlich ganz hinter sich lassen und den Posten als neuer Erdengott einnehmen würde.

Hier hörte die Geschichte auf, denn bis jetzt hatte sich noch kein Stärkster Mensch herauskristallisiert. Aber falls – und nur falls – es tatsächlich die Merkurnation sein würde, die ihn letztendlich stellen sollte, dann war Erin eine scharfe Anwärterin.

Der Raum schien überzuquellen, Amari zu zerquetschen, obwohl sich nur zwei Dinge in ihm befanden: der breite Altar, überraschend schlicht, mit dem Hermesstab, dem Zeichen Merkurs, in der Mitte. Davor stand der Stuhl für die Priesterin, wobei Stuhl das falsche Wort war. Er ähnelte mehr einem Thron, genauso üppig verziert wie der Rest.

Während Amari sich näherte, musste sie sich daran erinnern, zu atmen.

Zwei Meter vor dem Thron blieb sie unschlüssig stehen. Die Priesterin hing in ihm wie ein nasser Lappen, den man in die Ecke geklatscht hatte. Sie sah grauenvoll aus. Priester waren ein Phänomen für sich. Sie waren diejenigen, die in der Lage waren, mit ihrem Gott zu kommunizieren und seine Kräfte an die Rekruten weiterzugeben. Jemanden, der zum Priester auserkoren war, erkannte man daran, dass sich das Mal auf der Stirn zeigte.

Die Priesterin war blind, sie hatte nur ein Bein und auch nur einen Arm, ihre Haut hatte eine ungesunde grünliche Farbe und ihre Haare waren grau, wobei sie eigentlich nicht viel älter sein konnte als Amari. Priester hielten sich eben nicht lange – wenn sie praktizierten, waren sie ständig von der Macht durchflossen, die den Rekruten während des Rituals Gliedmaßen abreißen und Sinne nehmen konnte.

Die Priesterin bewegte ihre Hand auf und ab. „Hierher", krächzte sie Amari zu. Natürlich, sie konnte nicht aufstehen.

Mit klopfendem Herzen trat Amari näher, bis sie unmittelbar vor der jungen Frau stand und ihr der Geruch von Alkohol – den, den man zum Desinfizieren nahm – in die Nase biss.

Amari wusste nicht, was jetzt geschehen würde. Halb erwartete sie, dass die Priesterin ein Gespräch beginnen würde, vielleicht eine Zeremonie vorbereitete oder ein Gebet an Merkur widmete. Nichts davon traf zu.

„Bist du bereit?", fragte sie lediglich.

Das war eine schwierige Frage und Amari war sich der Antwort nicht mehr sicher. Sie nickte, dann fiel ihr ein, dass die Priesterin das nicht sehen konnte.

„Ja", hauchte sie.

Die Priesterin lächelte ein kleines, bemitleidendes Lächeln. Sie streckte ihre knochige Hand aus und legte ihre kalten Finger auf Amaris Wange.

Eine Berührung wie ein Faustschlag.

Vielleicht war es Amaris Körper, der aufgab, ihre Beine, die unter ihrem Gewicht in sich zusammenfielen, oder es war der Schlag, der sie von den Füßen holte. Aber das Nächste, was Amari spürte, war der Aufprall auf den glänzenden Fliesen.

Sie wusste nicht, ob es wehtat, denn sie konnte nicht mehr genau sagen, wie sich Schmerz anfühlte. Sie konnte nicht mehr sagen, ob sie je etwas gespürt hatte oder ob es das Mädchen Amari überhaupt noch gab. Sie bestand nur noch aus Benommenheit und einem Kribbeln, das sich mit jeder Sekunde verschlimmerte. Sie konnte nicht sehen, nicht hören und nicht riechen, sie schmeckte Metall, konnte nicht einen Muskel bewegen und fühlte gleichzeitig nichts und alles.

Mal war Amari am Ertrinken, mal versank sie in Treibsand, der mit aller Kraft gegen jeden Zentimeter ihres Körpers drückte, bis er sie endlich zerquetscht hatte. Sie wollte weinen, aber sie konnte nicht. Alles in ihrem Kopf war weggefegt und das Kribbeln wurde schlimmer und schlimmer, bis sie wieder ganz genau wusste, was Schmerzen waren. Amari wollte schreien, aber Wasser und Sand waren in ihrer Kehle.

Dann verpuffte der Schmerz von einem Moment auf den nächsten, und sie war allein mit sich selbst. Ihr Körper pulsierte, sie atmete rapide und es dauerte noch eine ganze Weile, bis sie erkannte, dass es vorbei war.

Erst nach und nach konnte Amari sich wieder bewegen.

Erst einen Finger, er war da.

Dann die Hand, auch sie war da.

Schließlich den ganzen Arm. Sie hatte ihn noch.

Bei jedem Körperteil, das zu ihr zurückfand, stellte sie erleichtert fest, dass es noch da war. Noch ein Arm, ein Fuß, ein Knie, ein Oberschenkel. Ihr Kopf.

Amari öffnete die Augen und sah die Decke der Kapelle. Sie fühlte sich wie in Watte gepackt, als wäre sie gar nicht wirklich da.

Noch eine Minute verging, bis Amari in der Lage war, sich aufzusetzen. Sie sah die Priesterin, die unverändert auf ihrem Stuhl saß. Sie sah an sich herunter, bestätigte sich noch einmal, dass ihre Beine noch da waren. Dass sie noch funktionierten. Ein Stein fiel ihr vom Herzen – für etwa zwei Sekunden, dann bemerkte sie etwas anderes: dunkelrote Tropfen auf dem Saum ihres Hemdes. Wo kamen die her?

Amari begann ihren Bauch und ihre Brust abzutasten – nichts – erst dann fiel es ihr ein: Eben hatte sie Metall geschmeckt. Es kam aus ihrem Mund.

Kalte Panik stieg in ihr auf. Schnell brachte sie ihre Hand an ihre Lippen und tatsächlich war danach orangerotes Geschmiere an ihren Fingern. Von etwas anderem Orangem, dem leuchtenden Mal Merkurs an ihrem Handgelenk, nahm Amari nur flüchtig Notiz.

Wenn sie aus ihrem Mund blutete, dann war es etwas Inneres. Etwas *in* ihrem Körper war beschädigt. Amari wurde schwindlig. Sie meinte, dass sie noch einmal in Ohnmacht fiel, und bei dem Gedanken dämmerte es ihr. Ihre Zunge. Ihre Zunge schmerzte wahnsinnig. Und das wiederum erleichterte sie ungemein. Es war passiert, als sie auf den Boden gedonnert war – sie hatte sich auf die Zunge gebissen. Sie lachte – so leise, dass sie es selbst nicht hören konnte.

Langsam, mit wackeligen Knien, stand Amari auf. Irgendetwas stimmte immer noch nicht, aber sie wusste nicht, was. Noch einmal blickte sie an sich herunter, sie tastete sogar ihr Gesicht ab, fand aber nichts Merkwürdiges. Konnte es sein, dass sie eine der wenigen war, die ungeschoren davonkamen? Noch immer war die Schicht aus Watte zwischen ihr und der Welt, noch immer war ihr schwindelig. Sie drehte sich um, zum Aufseher, um ihn zu fragen, was nun passieren würde – und stellte fest, dass er bereits hinter ihr stand. Etwas verdutzt war er, da Amari seine ausgestreckte Hand ignoriert hatte. Seit wann stand er da? In dieser Kapelle hallte jedes Geräusch doppelt so heftig wieder. Es konnte gar nicht sein, dass er unbemerkt an sie herangetreten war.

Amaris Eingeweide krampften sich zusammen.

Probehalber hustete sie einmal.

Nichts.

Sie hörte es nicht.

Noch einmal blickte sie den Aufseher an. Seine Lippen öffneten und schlossen sich. Ohne ein Geräusch von sich zu geben, bildeten sie weite Ovale und enge Kreise, As, Os und Us. Sein Mund formte Wörter, er redete mit ihr, aber Amari hörte nichts.

    Alles war todstill.

SPÄTER MORGEN, DOSTOEVSKIJ, MERKURNATION

ZWEI WAREN GESTORBEN, DREI WAREN unbrauchbar geworden, vier konnten ins Militär eintreten und bei einer hatte sich die Frage noch nicht beantwortet.

Eine Holzpuppe wurde aus ihrer Halterung gerissen und landete hilflos auf dem Lehmboden. Der erste Tritt hatte gereicht, dabei war es nur der erste von vielen, die Amari auszuteilen hatte.

Es splitterte, es krachte, es knirschte und sie konnte nicht einen Ton davon hören. Amaris Gesicht war nass, ihr Körper brannte und die Puppe zerbarst ein Stück mehr mit jedem Schlag und jedem wütenden Tritt. Amari war total, unwiderruflich und vollkommen taub.

Nachdem sie den Aufseher in der Kapelle nicht hatte hören können, hatte sie selbst gesprochen. Immer lauter und immer lauter hatte sie gerufen, auf den Boden gestampft und schließlich mit den Fäusten gegen die Wände der Kapelle geschlagen. Nichts, so laut es auch war, kam bei ihr an. Alles war still. Still, aber nicht ruhig und schon gar nicht friedlich.

Amari gab der Holzpuppe einen weiteren Tritt, voller Wucht, sodass sie selbst das Gleichgewicht verlor. Nur zwei Sekunden lagen zwischen einer brodelnden Amari, deren Finger sich in die harte Erde gruben, und einer weinenden Amari, die neben einem geschundenen Holzhaufen hockte. Der Verwalter des Übungsplatzes mochte es ihr verzeihen.

Letztendlich hatte Amaris Ausbruch in der Kapelle etwas Interessantes ans Licht befördert: Das Talent, das ihr die Kraft Merkurs verliehen hatte. Sie hatte ein Loch in die üppig verzierte Wand der Kapelle gerissen.

Normalerweise probierten Rekruten – die, die ihr Ritual erfolgreich bestanden hatten – nacheinander sämtliche Waffen durch, bis sie die eine fanden, die ihnen ganz natürlich in der Hand lag und ganz selbstverständlich gehorchte. Das war bei Amari nicht mehr nötig gewesen, auch wenn sie es zur Sicherheit trotzdem noch getan hatte. Was Merkur ihr gegeben hatte, war keine imposante Axt, kein flinkes Schwert und auch keine Lanze, keinen Degen, keinen Bogen, keinen Morgenstern oder was die Waffenkammern sonst noch hergaben. Nein, eigentlich hatte sie *gar* keine Waffe bekommen, lediglich härtere Arme und Beine. Merkur hatte ihr das Gehör genommen und im Gegenzug bekam sie den Kampf mit bloßen Händen.

Es war vorbei. Für Amari war die Sache gelaufen.

Sicher könnte sie sich eine Waffe nehmen, aber es würde Jahre dauern, bis sie damit annähernd so umgehen konnte wie jemand, der die Fähigkeit geschenkt bekam – und ihre Kameraden wären ihr dann längst wieder voraus. Ganz zu schweigen von ihren Feinden.

Schluchzer zuckten Amaris Hals hinauf und sie hasste sich dafür.

Sie wollte nicht weinen, sie wollte nicht hier sitzen, sie wollte sich nicht ausruhen, sie wollte nicht darüber nachdenken müssen und vor allem wollte sie Soldatin sein. Sie wollte in die Fußstapfen ihres Vaters treten, sie wollte für Merkur kämpfen, sie wollte eine ehrenhafte und angesehene Kriegerin werden, so wie Erin.

Im nächsten Moment lag eine Hand auf Amaris Schulter und ihre Gedanken rissen ab. Es war wohl aufmunternd gemeint, aber tatsächlich machte es alles noch viel schlimmer. Wäre die Hand keine Hand, sondern eine Waffe gewesen, wäre Amari jetzt tot.

Sie drehte den Kopf und hätte sich dann am liebsten selbst in eine Holzpuppe verwandelt. Ihr Vater war da.

Er blickte sie an, wie er immer blickte. Sein raues Gesicht war ernst und steif, aber in seinen Augen regte sich etwas, das Amari nicht genau benennen konnte. Seine Haare waren dünn, er war muskulös. Das Mal an seinem Ellenbogen war verblasst und seine Finger trugen keine Fingernägel, stattdessen dunkelrosafarbene krustige Schichten, die an manchen Stellen ins Gelbe übergingen und aussahen, als wären sie dabei, abzufaulen. Er hatte Glück gehabt.

Amari wischte sich über die Augen, wieder und wieder, obwohl es sinnlos war. Ihr Vater wusste, dass sie weinte, man konnte es nicht übersehen.

Seine Ober- und Unterlippe trennten sich voneinander – wenn er jetzt etwas sagte, wenn er sprechen würde, dann würde Amari den Verstand verlieren.

Er sagte nichts, aber er reichte ihr etwas. Zwei Dinge.

Das erste war glatt und hatte einen Rahmen aus Holz, etwa in der Größe eines Buches, das zweite färbte Amaris aufgekratzte Finger weiß, als sie es zwischen ihnen drehte. Es war eine Tafel und ein langes Stück Kreide. Zwei Dinge, die auch der Aufseher am vergangenen Tag in den Händen gehalten hatte.

Amari musste mehr Tränen hinunterschlucken.

„Danke", presste sie hervor. Es war unendlich seltsam, das Wort in ihrer Kehle vibrieren zu fühlen, aber es nicht zu hören.

Ihr Vater tat so, als würde er etwas in die Luft schreiben. Eine Aufforderung an Amari. Dann ein seltener Anblick: Ein schwaches Lächeln auf den dünnen Lippen ihres Vaters.

Das Lächeln war schlimm, furchtbar. Es war ein bemitleidendes Lächeln und ein bemitleidendes Lächeln war wie eine Ohrfeige. Amari sah die glatte, blanke Tafel und die Kreide an. Beides gab sie ihrem Vater zurück. Er musste irgendetwas verwechselt haben.

„Wenn wir reden, brauchst du die Tafel", sagte Amari. „Nicht ich. Ich kann noch sprechen."

Ihr Vater ließ die elegante Kreide in seinen uneleganten Fingern über die Tafel wandern. Schließlich drehte er sie zu Amari um: *Du bist ein starkes Mädchen.*

Amari hielt den Atem an und presste die Zunge gegen ihren Gaumen. Wieso sagte er so was? Sie hatte überhaupt nichts getan. Verkrampft nickte Amari die Lüge ab, während ihre nassen Augen überallhin schauten, außer zu ihrem Vater.

Themawechsel, Themawechsel, unbedingt nötiger Themawechsel.

„Woher hast du's gewusst?", fragte sie.

Niemand hatte Wind von Amaris Reise nach Dostoevskij bekommen, sie hatte niemandem davon erzählt, und ihr Vater war in den letzten Monaten nicht einmal zu Hause gewesen.

Er schrieb. Amari wartete. Die Antwort lautete: *Der Vorfall in der Kapelle hat sich rumgesprochen.*

Amari fühlte, wie sich ihr Gesicht aufheizte. Erst mehr Tränen, jetzt mehr Hitze, nichts wurde so wirklich besser. „Das mit der Wand tut mir ehrlich leid."

Noch einmal Luft anhalten, während ihr Vater schrieb.

Hättest du dir vor acht Jahren vorstellen können, dass du mal ein Loch in eine Wand schlagen würdest?

Amari schüttelte den Kopf. Ihre Augen brannten, ihre Lippen verzogen sich zu einem engen Lächeln. „Ich hatte mir nicht mal vorgestellt, dass ich alt genug fürs Ritual werde."

Und trotzdem bist du hier, schrieb ihr Vater. *Ich habe es dir ja gesagt.*

Eine Weile, gar ein paar Minuten, geschah nichts. Vielleicht wartete Amaris Vater darauf, dass Amari etwas sagte, aber das tat sie nicht.

Schließlich begann er wieder mit dem Schreiben. Eine Frage, die Amari nicht sehen wollte.

Wie entscheidest du dich?

Kam man beim Ritual äußerst schlecht weg, durfte – oder

musste – man nicht in die Armee eintreten. Kam man gut weg, dann stand das nicht zur Debatte. Wenn man in der Theorie kämpfen konnte – es aber dank dem, was das Ritual angerichtet hatte, vermutlich nicht lange tun würde – dann durfte der Rekrut selbst entscheiden.

Amari durfte selbst entscheiden. Allerdings musste sie ihre Entscheidung dann auch bis zum Schluss durchziehen.

Sie sah ihren Vater lange an, dann hob sie langsam die Schultern.

Die Stirn ihres Vaters war gerunzelt. Sie spürte förmlich, wie er darüber nachdachte, was er ihr sagen ... schreiben sollte. Er wischte mit der Hand über die Nachricht und verfasste eine neue.

Möchtest du wissen, was ich dazu sage?

Amari nickte, immer noch mit hochgezogenen Schultern.

Ihr Vater schrieb. Sie setzten sich auf den Boden.

Erinnerst du dich daran, fragten die weißen Buchstaben, als er die Tafel zu ihr drehte, *wie du mir gesagt hast, dass du stark werden willst?*

Amari nickte noch einmal. Natürlich. Aber was sie gesagt hatte, war, dass sie nicht mehr nutzlos sein wollte. Er hatte das nett formuliert.

Noch ein paar Sekunden hielt ihr Vater Blickkontakt, dann schaute er zurück auf die Tafel. Er schrieb.

Schau dich jetzt an. Du bist stark.

Amari starrte vor sich hin, die Lippen aufeinandergepresst.

Du hast es geschafft, auch wenn deine Mutter und Nev nicht daran geglaubt haben – ich habe es immer. Ich war mir sicher, dass du in meine Fußstapfen treten würdest, und das bin ich auch jetzt noch.

Obwohl sie Amari ein wenig die Luft abklemmten, taten die Worte gut. Umso besser, dass sie sich nicht sofort in Luft auflösten, sondern greifbar auf der Tafel saßen. Amari war versucht, ihren Vater zu fragen, ob sie die Tafel zurückhaben konnte, nur um die

Worte noch etwas länger zu behalten, aber da wischte er schon wieder.

Wenn du nicht kämpfen willst, ist das deine Sache. Du musst nicht, aber ich weiß, dass du kannst.

Noch immer brachte Amari kein Wort über die Lippen.

Ihr Vater schrieb eine letzte Nachricht, dann stand er auf.

Ich kann nicht bleiben, ich muss zum Versammlungsplatz. Erin kündigt eine wichtige Reise an und ich werde sie begleiten.

„Kann ich mitkommen?"

Amaris Vater sah sie an. Ein halbes, verwirrtes Lächeln im Gesicht.

„Was?", formten seine Lippen. Die Tafel hatte er ganz und gar vergessen, aber ein ‚Was' war eine recht eindeutige Bewegung.

‚Was?' war eine gute Frage. Schon die Idee, dass Amari mitkommen *dürfte*, war abstrus. Sie kramte in den Schubladen ihres Kopfes nach dem Grund, warum sie gesagt hatte, was sie gesagt hatte.

Das Resultat war noch eine Frage: „Werden Kämpfer gebraucht?"

Ihr Vater erinnerte sich an die Tafel.

Nicht auszuschließen.

„Dann will ich mit." Amari holte tief Luft und stand auf, ihre Fußsohlen brannten. „Wenn ich Erin auf der Reise nützlich sein kann, dann kann ich auch Soldatin sein."

Der Blick ihres Vaters hellte sich auf.

Das ist meine Tochter, schrieb er auf ihre Tafel.

Das Herz schlug Amari hinter der Stirn. Sie wartete ungeduldig, während er weiterschrieb.

Ich kann Erin vielleicht überzeugen, noch jemanden mitzunehmen.

Das waren zwar gute Neuigkeiten, aber irgendwie war Amari jetzt unwohl dabei. Sie wollte, dass Erin sie mitnahm, aber nicht, weil sie die Tochter eines Kommandanten war. Dabei blieb ihr nicht wirklich etwas anderes übrig. Einen anderen Grund hatte Erin nicht.

„Danke", sagte Amari, dabei blickte sie nicht von den Buchstaben auf. Sie zögerte. „Können wir beide mir Erin reden?"

Wer sich irgendetwas beweisen wollte, konnte nicht jemand anderen die Arbeit machen lassen. Natürlich hatte Erin *jetzt* keinen besseren Grund, Amari mitzunehmen, aber verdammt, sie würde ihr einen geben.

Amaris Vater nickte und irgendwie hatte er noch nie väterlicher ausgesehen. Beim Schreiben hielt er die Tafel jetzt so, dass Amari mitlesen konnte.

Du solltest mit zum Platz kommen und dir Erins Rede – Er hörte auf zu schreiben. Es vergingen zwei Sekunden, in denen die Kreide einfach über der Tafel schwebte. Dann wischte er die letzten drei Worte weg. *Und ich schreibe für dich mit. Danach reden wir mit Erin.*

Amari nickte und hatte bei allem, was ihr heilig war, nicht den Hauch einer Ahnung, wie sie sich zu fühlen hatte. Entschlossen, entschied sie. Sie klammerte sich mit allem, was sie hatte, an ihre Entschlossenheit. Daran, sich und allen andern zu beweisen, dass sie nicht nutzlos war.

Der Versammlungsplatz lag ein ganzes Stückchen weiter östlich des Trainingsplatzes, eine Strecke von perfekter Länge für unangenehmes Schweigen und unangenehme Gedanken, deswegen erzählte Amari. Sie erzählte ihrem Vater, wie sie das Geld angespart hatte, um den Fuhrmann zu bestechen. Wie sie schon mit vierzehn geplant hatte, dass sie abhauen würde, wenn sie erst einmal alt genug war, wie sie sich zurücknehmen musste, um es niemandem zu erzählen. Sie erzählte ihm von der holprigen und vor allem langen Fahrt nach Dostoevskij und wie motiviert sie gestern noch gewesen war.

„Hab ich irgendetwas falsch gemacht?", fragte Amari, als sie in der Nähe der Kapelle auf eine große Straße abbogen. Sie war diejenige, die redete. Ab und zu antwortete ihr Vater mit der Tafel. Auch jetzt tat er das, nur dieses Mal kam Amari nicht mehr dazu, die Antwort zu lesen.

Vor ihr, vielleicht drei Meter entfernt, stand jemand, den sie eine ganze Weile nicht mehr gesehen hatte. Vier Jahre, um genau zu sein.

„Nev?" Das war alles, was sie über die Lippen brachte, und es war nicht gerade enthusiastisch. Für eine Sekunde starrten sich Amari und ihr Bruder an, dann kam er ihr hastig entgegen.

Das letzte Mal, als Amari mit Nev gesprochen hatte, war er so alt gewesen, wie sie es jetzt war. In Amaris Kopf war er als Sechzehnjähriger eingefroren, aber tatsächlich musste Nev jetzt zwanzig sein. Sie sahen sich immer noch ähnlich: Sie hatten immer noch beide dichte, dunkle Locken – obwohl Nevs dichter waren, und er sie anscheinend geschnitten hatte –, sie hatten immer noch beide einen ähnlich warmen braunen Hautton, immer noch die gleichen runden Augen und darunter die Sommersprossen, die niemand bemerkte.

Nev stoppte vor Amari und für einen Moment sah es fast so aus, als würde er die Arme nach ihr ausstrecken. Aber dass er sie nicht umarmen würde, das wusste sie, und das war ihr auch lieber so. Seinem Vater widmete Nev nur den allerflüchtigsten Blick, bevor er so tat, als hätte er ihn nie gesehen. Ohne Vorwarnung überschüttete er Amari mit einer Wagenladung an Worten, von der sie keins auch nur halbwegs erraten konnte.

Amari kämpfte um Gleichgültigkeit, während die Wortflut an ihr vorbeischwappte. Nev war die letzte Person, der sie jemals einen Anflug von Schwäche zeigen würde. Musste sie auch nicht. Sie würde hier einfach stehen und nichts sagen, und dann würde Nev merken, dass sie ihn nicht hören konnte, und dann würde er sich schlecht fühlen.

Aber Amari musste nicht darauf warten, dass Nev es von allein erriet. Ihr Vater sagte etwas zu ihm und sie konnte sich genau vorstellen, was – sogar in welchem Tonfall. ‚Sie hört dich nicht.' Die Augen ihres Vaters waren eng und stechend.

Ein weiterer flüchtiger Blick in seine Richtung, als hätte Nev ihn nicht gehört, aber das hatte er. Seine Augen weiteten sich ein kleines Stück und sein Mund war offen, ohne zu sprechen. Er sah Amari an, dann ihren Vater, und dann wieder sie. Ein paarmal setzte er an, etwas zu sagen, dann machte er Gesten mit Händen und Armen, wobei er nicht nur ein bisschen lächerlich wirkte. Trotzdem war es Amari, die sich dumm vorkam.

Schließlich fiel Nevs Blick auf die Tafel in Amaris Händen. Seine Augen sagten eigentlich schon alles. Als er zögerlich die Hand ausstreckte, war es nicht mehr abzustreiten.

Amari warf ihrem Vater einen Blick zu. Er hatte die Arme verschränkt und sah Nev kühl an. Auch sie wollte nicht unbedingt, dass Nev die Tafel bekam. Er wollte zwar mit ihr reden, aber Amari nicht wirklich mit ihm.

Trotzdem – es waren vier Jahre gewesen. Vier Jahre lang hatte sie ihn nicht mehr gesehen und in vier Jahren konnte viel passieren. Vielleicht war Nev anders. Vielleicht würde er sie überraschen. Vielleicht war es wichtig.

Eine Chance, eine einzige Chance würde sie ihm geben.

Sie reichte Nev Tafel und Kreide – nicht ohne eine vorsichtige Frage.

„Was machst du hier?" Amari hoffte, dass ihre Stimme möglichst tief und gefasst klang.

Nev schrieb, hektisch, als würde er die Worte sonst vergessen. Danach gab er Amari die Tafel nicht zurück, sondern drehte sie lediglich zu ihr um. Er hatte wohl Angst, dass er sie kein zweites Mal bekam. Seine Worte waren nicht die Antwort auf Amaris Frage, reichten aber, dass Amari sie sich selbst beantworten konnte.

Hast du das Ritual gemacht? Hörst du mich deswegen nicht?

Nev musterte sie von oben bis unten, und sie wusste genau, was er suchte. Nun, das würde sie nicht verstecken. Ihr Vater beantwortete Nevs Frage vermutlich gerade, aber Amari fiel ihm ins Wort.

„Ja, habe ich." Amari trat einen Schritt vor und streckte ihren Arm aus, sodass das Merkurmal auf ihrem Handgelenk auf Nevs Blickebene lag. „Egal, was du vorhast, du bist zu spät."

Sie wusste, warum Nev hier war. Es bestätigte sich nur mit seiner nächsten, hektisch geschriebenen Nachricht.

Kannst du dich noch umentscheiden?

Sie hatte es gewusst! Er hatte sich nicht verändert und das würde er auch nicht, egal wie viel Zeit verging. Immer, immer wollte er ihr alles kaputt machen.

„Also darfst du mit sechzehn zur Armee, aber ich nicht?", fragte Amari, begleitet von bemüht bösem Starren. „Du weißt, dass ich nicht mehr krank bin, oder?"

Nev schrieb. Amari sah ihren Vater mit ihm reden, anscheinend ausgesprochen harsch. Sie war dankbar, dass er ihn zu verscheuchen versuchte, hätte aber trotzdem gerne gewusst, was genau er sagte.

Mittlerweile ignorierte Nev seinen Vater nicht mehr, er erwiderte etwas und es sah genauso bissig aus. Dann drehte er die Tafel zu Amari um. Sie schaute weg. Das war vielleicht kindisch, aber das war Amari egal. Noch eine halbe Minute zog sie dieses Spiel durch, während Nev versuchte, die Tafel in Amaris Blickfeld zu kriegen und gleichzeitig die Worte seines Vaters abzuwehren. Als sie schließlich doch einen Blick auf die Tafel warf – wo sich ein enger weißer Block aus Schrift angesammelt hatte – war der erste Satz genug, um Amari zum Explodieren zu bringen.

Hör mir bitte zu –

Amari riss ihm die Tafel aus der Hand. Ihre Lippen zitterten und es dauerte ein paar Sekunden, bis sie rausbekam, was sie sagen wollte, dafür kam es aber mit doppelter Kraft: „Ich kann dir nicht zuhören!"

Noch während Amari es sagte, kam sie sich albern vor. Natürlich wusste er das. Natürlich gab es keinen Grund, sich darüber aufzuregen. Aber Amari war nicht diejenige, die darüber entschied.

Amari wüsste wirklich gerne, was ihr Vater als Nächstes sagte, denn es brachte Nev dazu, laut zu werden. Sie musste ihn nicht hören, um das zu wissen. Sie sah, wie sich die Muskeln an seinem Hals anspannten. Ihr Vater hingegen redete gepresst und aggressiv, aber nicht laut. Sein Mund bewegte sich langsam und kontrolliert. Obwohl Nev größer war, versuchte ihr Vater, ihn zu überragen, während Nev sein Bestes tat, um mit den Beinen so fest wie möglich auf dem Boden zu stehen.

Währenddessen stand Amari in der Luft. Ihr Vater wurde böse und Nev wurde böse, einer rief, der andere antwortete und Nev gestikulierte zu ihr. Sie war Teil des Streits, aber nicht wirklich. Sie hatte keine Ahnung, was geschah.

Amari reichte ihrem Vater die Tafel. „Kannst du aufschreiben, worüber ihr redet?", fragte sie ihn, bewusst nicht Nev, und versuchte nicht so zu klingen, als ob sie gleich anfangen würde zu weinen. Einen Moment lang sah ihr Vater sie an, Nev auch. Es schien, als hätte Amari den Streit eigenhändig abgebrochen.

Die Kreide schrammte über die Tafel und Amari bekam sie zurück.

Ist nicht wichtig, keine Sorge.

Das hatte ihr Vater sicher nicht beabsichtigt, aber die Worte waren einer von vielen Schlägen ins Gesicht, die Amari heute ausgeteilt wurden. Sie schluckte das ekelhafte Gefühl herunter.

Kaum war die Tafel zurück bei ihr, streckte Nev seine Hand danach aus, so wie vorhin auch, aber diesmal hielt Amari die Tafel fest. Auch sie konnte Kommunikation verweigern. Sollte Nev doch sehen, wie er sie jetzt nerven konnte. Er sah fast verletzt aus und Amari fragte sich, wie er es wagen konnte.

Ein paar feindselige Augenblicke vergingen, dann drehte sich Amaris Vater um und berührte ihre Schulter. Sie wusste, was das bedeutete: ‚Lass uns gehen.'

Nichts tat sie lieber. Amari wandte sich ab, nur eine Sekunde sah sie Nev dabei ins Gesicht. Seine Lippen formten einen Satz und Amari glaubte, dass ein ‚Bitte' darin vorkam.

Sie folgte ihrem Vater. Nev blieb stehen, wo er war.

☿

Es schien, als hätte sich halb Dostoevskij auf dem kreisrunden, sauber gepflasterten Versammlungsplatz eingefunden. Amari war sich nicht sicher, ob sie jemals so viele Leute auf einem Haufen gesehen hatte – wenn dem so war, dann konnte sie sich nicht erinnern. Alle warteten auf die Worte einer einzigen Frau, die auf einem hölzernen Podest, dem Schiff in dem See aus Menschen, stand.

Schon zu Kommandantenzeiten waren Erin und ihr Talent in Kampf und Taktik hoch angesehen gewesen. Es hatte niemanden überrascht, dass die restlichen hohen Tiere der Merkurnation allesamt zu ihr geblickt hatten, als es Leif, der bis dahin den Titel König der Kriegsführung getragen hatte, in Kenko erwischt hatte. Nun war Erin die Königin der Kriegsführung, und zusammen mit dem König des Gesetzes und der Königin des Wohlstands bildete sie die Spitze der Merkurnation.

Tatsächlich hatte Amari Erin noch nie in Person gesehen. Sie hatte sie sich ein bisschen größer vorgestellt, aber der Rest stimmte. Vierzig Jahre alt war Erin, ein stolzes Alter für eine Soldatin, ihre Haut war tiefbraun, ihr Kopf kahl – das Überbleibsel eines äußerst glücklich verlaufenen Rituals.

„Weißt du, was sie sagen wird?", fragte Amari ihren Vater, ohne die Augen von Erin zu nehmen. Sie standen am Rand des Platzes, aber dafür weit vorn, sodass Amari eine nahezu perfekte Sicht auf das Podest hatte. Erin beriet sich noch mit einem muskelbepackten Kommandanten, der etwas jünger war als sie und von dem Amari wusste, dass er Isaac hieß. In der Hierarchie und auch in Erins Vertrauen stand er noch ein wenig höher als Amaris Vater.

Ich weiß, worauf es hinausläuft, schrieb er und dabei beließ er es.

Als Erin zu sprechen begann, änderte sich die Stimmung auf dem Platz. Köpfe drehten sich und die Menschenmenge wurde ruhiger. Amari konnte es spüren. Es war kein bloßes Ruhigsein, eher ein erwartungsvolles Schweigen.

Erin stellt sich vor, schrieb ihr Vater. Nach einer Weile: *Sie hat die neuen Rekruten willkommen geheißen.*

Ihr Vater hielt die Tafel offen in der Hand, sodass Amari mitlesen konnte, ohne dass sie die Tafel ständig hin und her geben mussten. Er sah auf, lauschte Erins Worten und fasste sie hin und wieder auf der Tafel zusammen. Amari hätte gerne mehr als einfache Zusammenfassungen bekommen, aber man konnte eben nicht alles haben.

Sie redet über die Schlacht bei Kenko, schrieb ihr Vater. Sein Gesicht war ernst und kontrolliert, imitierte dabei das von Erin.

„Was sagt sie darüber?"

Ihr Vater blickte weiter geradeaus und zuerst glaubte Amari, dass er sie nicht gehört hatte – vielleicht hatte sie leise gesprochen –, aber dann kratzte die Kreide über die Tafel.

Dass Kenko jetzt Marsgebiet ist und wir vernichtend geschlagen wurden.

Amari sah die Buchstaben an und kaute auf ihrer Lippe. Sie hatte doch schon vorher gewusst, dass sie die Schlacht verloren hatten, also warum wurde ihr übel?

Nach der Vernichtung von Pluto sind wir die kleinste Nation, übersetze ihr Vater Erins Worte. *Wir haben mehr ums Überleben zu kämpfen als die anderen.*

Ihr Vater war noch steifer geworden und sein Mund war dünn

wie ein Faden. Er atmete lange aus.

Erin fürchtet, dass wir einem Feind gegenüberstehen, dem wir nicht gewachsen sind.

Unweigerlich dachte Amari an die Jupiternation. Wenn die nur wollte, hätte sie bereits alle anderen Nationen in den Boden stampfen können. Aber die Jupiternation war friedlich, sie konnte nicht der Feind sein, von dem Erin redete.

Sie hatte Kenko erwähnt. Sie redete von Mars.

Aber wieso war Mars ein Feind, dem sie nicht gewachsen waren? Die Marsnation war kriegerisch, das schon – durch den Gott, von dem sie geschaffen worden war, lag ihr das im Blut. Sie war kriegerisch, so wie Leute der Jupiternation robuster und Venusgeborene attraktiver waren als andere. Merkurgeborene hingegen besaßen eine besondere Schnelligkeit; sie hatten Mars damit *immer* in Schach halten können.

Jetzt sah Amari schockierte Gesichter um sich herum, alle Erin zugewandt. Entsetzte Blicke und offene Münder. Und sie hatte keine Ahnung, warum.

Ihr Vater schrieb nicht. Auch er starrte zum Podest. Amari zog an seinem Ärmel und erst dann regte er sich. Er schaute Amari an, zurück zu Erin und wieder Amari, als müsste er erst verstehen. Dann schrieb er.

Mars hat anscheinend die Venusnation erobert.

Amari sah auf die Worte und konnte sich keinen Reim darauf machen. Zuerst dachte sie, es müsse ein Scherz sein, aber ihr Vater war selten zu Scherzen aufgelegt und sein Gesicht sowie die Gesichter der Menge sahen nicht gerade belustigt aus.

„Wie sollen sie das …" Amaris Worte gingen irgendwo unter, aber ihr Vater verstand.

Er schrieb: *Sie dürften dazu nicht in der Lage sein.*

Die Existenz, das *Konzept* der Marsnation war gefährlich, aber in fast fünfhundert Jahren Krieg hatte sich die Marsarmee oft ein Stückchen zu weit aus dem Fenster gelehnt und jedes Mal ihre Retourkutsche bekommen. Mars war eine geschwächte Nation, ein halbstarker Schläger. Merkur kam mit ihnen klar.

Eigentlich.

Und nun hieß es, sie hätten die Venusnation übernommen. Eine reiche Nation, die nicht nur größer als Merkur, sondern auch als Mars selbst war. Dass Mars in der Lage sein sollte, den Willen Gottes durchzusetzen – es war undenkbar. Bis jetzt war so was nur einmal einer Nation gelungen. Und das Ziel war die winzige Plutonation gewesen.

„Aber wenn sie Venus auslöschen können –"

Ihr Vater hob die Hand. Er schüttelte den Kopf und diesmal sah er Amari an, bevor er weiterschrieb. Sie musste es nicht sagen, denn jeder hier wusste es bereits. Und sie *sollte* es nicht sagen, denn dann würde sie es nicht mehr verdrängen können.

Amari zitterte und verschränkte fest die Arme, sodass sie hoffentlich die Einzige blieb, die es bemerkte.

Ihr Vater stupste sie mit der Tafel an – Amari hatte vergessen, mitzulesen.

Sie haben sie zwangsrekrutiert.

Ein paarmal blinzelte Amari.

„Wie meinst du das?" Sie war sich sicher, dass man sie kaum hören konnte. Auch andere Leute in der Menge redeten miteinander, immer berührten sie sich dabei auf die ein oder andere Weise. Hand an der Schulter oder am Ellenbogen, die Haltung immer ein bisschen abgeknickt.

Mars hat sie nicht einfach getötet. Die Venusleute. Sie haben sie ihrem Ritual unterzogen.

Amari hatte Blei im Magen. „Alle?"

Ihr Vater schrieb noch einmal und dabei waren seine Lippen nicht zu sehen. Auf der Tafel stand: *Alle, bei denen das möglich war.*

Amari war sich nicht sicher, was das heißen sollte. Vielleicht nur die, die noch kein Mal hatten, vielleicht keine Alten, vielleicht keine Kinder, aber das war völlig nebensächlich. Was wirklich wichtig war – unglaublich wichtig sogar – und beinahe unabhängig von dem, was ‚alle, bei denen es möglich war' nun wirklich bedeutete: Mars hatte sich vermehrt. Wenn sie nur die Hälfte der Venusnation auf ihre Seite gezwungen hatten, dann hatten sie sich verdoppelt. *Deswegen* waren sie in Kenko derart überlegen gewesen – sie waren in einer gewaltigen und erschreckenden Überzahl.

Richtig, Kenko. *Kenko.*

Die Marsnation *konnte* hier nicht nur einfallen, sie arbeiteten bereits daran. Es war nur eine Frage der Zeit. Von Tagen, Wochen, vielleicht einem Monat.

Amaris Magen drehte sich um. Sie meinte, dass sie hier und jetzt auf den Platz kotzen müsste. Sie war kein Fan der Venusnation, sie waren nur ein weiterer Konkurrent Merkurs, aber was Mars getan hatte – und wieder tun würde – war auf so vielen Ebenen widerlich und falsch, dass Amari die Wut in den Adern blubberte. Es war längst in Amaris Kopf: Bilder von ihr mit einem Marsmal, in einer falschen Armee, unter dem falschen Gott. Sie stellte sich vor, dass sie ihr Gehör für Mars geopfert hätte, und sie stellte fest, dass sie lieber sterben würde.

Ihr Vater stupste sie ein zweites Mal mit der Tafel an und Amari zuckte zusammen. Sie sah ihn an und war sich nicht sicher, ob sie noch mehr Neuigkeiten vertragen konnte. Eine Weile sah sie zu, wie sich die Brust ihres Vaters hob und senkte.

Hier kommt wohl unsere Mission ins Spiel.

Amari blinzelte. Die hätte sie fast vergessen. Sie blickte zu Erin und es schien, als wären sie und Kommandant Isaac, der schweigend ein Stück hinter ihr stand, die Einzigen, die ihre Nerven behielten. Das erleichterte Amari unbeschreiblich.

Erin war da. Erin hatte einen Plan. Es gab einen Plan und Amari konnte vielleicht helfen. Sie hielt ihren Blick auf der Tafel und war bereit, sich an die Worte zu klammern, die ihr Vater schreiben würde.

Erin hat sich mit dem König des Gesetzes und der Königin des Wohlstands beraten – sie sehen keinen anderen Weg.

Amari schluckte trocken, wartete.

Morgen wird eine Gruppe aufbrechen und Merkur verlassen. Es geht direkt durch Feindesland, Mars-Venus-Gebiet. Wir wollen zu den Großen.

Durch Feindesgebiet. Allein dieser Gedanke würde sie die ganze Nacht wach liegen lassen, aber es war noch nicht alles. Die Hälfte des Publikums hatte einen offenen Mund, den sie nicht mehr zubekamen. Manche sahen aus, als würden sie gleich einen Aufstand vom Zaun brechen.

Fast hatte Amari angesetzt, ihren Vater zu fragen, was ‚zu den Großen' bedeutete, aber er war ihr zuvorgekommen. Die Tafel sprach recht deutlich.

Wir werden versuchen, ein Bündnis mit der Jupiternation einzugehen.

EKELHAFT FRÜHER MORGEN, DOSTOEVSKIJ, MERKURNATION

FELIX BLINZELTE INS HALBDUNKEL. ER ATMETE heftig und überall auf der Haut stand ihm kalter Schweiß. Nachdem ihm wieder klar wurde, wo er sich befand, war sein erster Impuls, etwas durch den Raum zu werfen. Er blickte nach links, rechts, drehte sich einmal und sank schließlich mit dem Gesicht nach unten zurück ins papierflache Kissen, als er nichts fand, was auch nur einen halbwegs befriedigenden Knall abgeben würde. Vielleicht war das nicht *ganz* schlecht. Seine Zimmergenossen hätten es sicher nicht zu schätzen gewusst.

Daher unterdrückte Felix auch das lang gezogene Stöhnen, das am liebsten aus ihm herausgekommen wäre. So wie die Dinge standen, standen sie schlecht. Lieber wäre er durch zwei weitere Rituale gegangen, als jetzt aufzustehen und sich dem zu stellen, was ihn erwartete. Allerdings wollte er auch auf keinen Fall hier liegen bleiben und riskieren, noch einmal einzuschlafen.

Felix hob sich auf, schlug die Laken zurück, quälte sich aus dem Bett und erschrak dabei vor seiner eigenen Hand. Hätten hier nicht noch zwei Leute geschlafen, hätte er gelacht, zumindest ein bisschen. Zu seiner Verteidigung war er noch nicht ganz klar im Kopf und seit vorgestern, seit dem Ritual, sah seine Hand – und wohlgemerkt auch der Rest von seinem Körper – anders aus. Felix' Haut war gebräunt gewesen – jetzt schien es, als hätte er in seinem ganzen Leben noch nie die Sonne gesehen. Seine Haare hatten in etwa die Farbe von Milch und seine Augen, vorher ebenfalls braun, waren nun von einer Farbe, die Felix einfach als ‚hell' beschreiben würde. Er war sich noch nicht sicher, ob es Einbildung war oder nicht – aber er meinte, weniger scharf zu sehen als zuvor. Im Gegenzug saß ein Stück unterhalb von Felix' Hals, genau auf dem linken Schlüsselbein, ein brennend orangefarbenes Merkurmal.

Felix suchte seine Sachen zusammen. Jetzt, da er theoretisch ein Merkurrekrut war, hatte er das gleiche langärmlige, weiße Hemd und die grobe, braune Hose, die jeder hier zu tragen schien. Noch keine Rüstung, was vielleicht unpraktisch für den bevorstehenden Tag war, aber irgendwie würde es schon klappen. Es klappte immer irgendwie.

Leise ließ Felix die Tür ins Schloss fallen und zitterte eine Weile in der Morgenluft. Eigentlich Nachtluft. Eigentlich wollte er den Tag nicht beginnen, eigentlich wollte er nicht zum Versammlungsplatz und schon gar nicht *dorthin* zurück. In der Unterkunft war es immerhin ein bisschen wärmer als draußen, aber Felix entschied sich klar gegen die stickige Luft und den Traum, der dort noch an den Wänden klebte.

Durch das frühmorgendliche Dostoevskij zu laufen, ließ seine Stimmung noch ein Stück weiter Richtung Keller sinken. Die Stadt war hässlich, anders konnte er das nicht sagen. Überall nur Holz und Lehmboden. Die ganze Stadt war in den gleichen ausgewaschenen Braunton getaucht. Einhundertmal stand hier das gleiche Haus – mal in die Höhe, mal in die Breite gezogen. Die Merkurnation hatte sich Langeweile wirklich auf die Fahnen geschrieben.

Obwohl es so verdammt früh war, war Felix nicht der Erste am Versammlungsplatz. Der Kommandant, der gestern hinter Erin auf dem Podest gestanden hatte, war bereits da und lehnte an demselben. Es hätte angenehmere Gesellschaft geben können, aber da war nichts zu machen. Felix ließ sich auf den Boden plumpsen, denn es war kalt und unfreundlich genug, und er wollte nicht stehen.

„Hast du nicht was vergessen?", fragte der Kommandant.

Felix blinzelte müde.

Der Kommandant reckte das Kinn. „Vorgesetzte hast du zu grüßen."

Unwillkürlich hob Felix die Brauen, hatte sein Gesicht aber schnell wieder unter Kontrolle. Es war entschieden zu früh für so was.

Felix gab ihm ein unnötig lang gezogenes „Morgen." Er legte den Kopf ein wenig schief und was er auf den Lippen hatte, konnte zwar als eine Art Lächeln durchgehen, aber nicht unbedingt als ein höfliches.

Für ein paar Sekunden war es ruhig, während sich die Augen des Kommandanten verengten. Er lehnte sich ein Stück nach vorn.

„Ich hab ja keine Ahnung, wie man das da handhabt, wo du herkommst", sagte er. „Aber du bist hier in der Merkurnation und hier hat man seine Vorgesetzten zu achten."

Felix wünschte sich fast, er hätte doch weitergeschlafen.

„Ist notiert."

Der Kommandant war noch nicht fertig. „Es ist mir unbegreiflich, dass Erin dich mitnehmen will. Ich kann schon sehen, wie wir alle im Schlaf erstochen im Wald liegen." Er stützte sich vom Podest ab, machte ein paar Schritte auf Felix zu und ließ seine Stimme extra schneiden, als er sagte: „Wenn ich eine falsche Bewegung sehe, bring ich dich um."

„Alles klar."

Bevor er weiter ausholen konnte, fanden neue Schritte auf den Platz.

„Kommandant Isaac", grüßte eine Stimme hinter Felix.

„Kommandant Javid", erwiderte Isaac. Plötzlich schien er wesentlich umgänglicher als noch vor zwei Sekunden.

Felix grüßte nicht.

„Und wer ist das?", fragte Isaac.

Felix drehte sich zu den Neuankömmlingen um. *Oh, großartig.*

„Amari, meine Tochter", sagte Kommandant Javid.

So lief das also. Und fast hätte sich Felix gefragt, was sie hier machte, obwohl sie doch nur Rekrutin war.

Es dauerte einen Augenblick, bis Amari Felix durch sein neues Erscheinungsbild hindurch erkannt hatte – und dann sah sie ebenso begeistert aus.

„Warum lebst du noch?", fragte sie, klang aber am Ende des Satzes seltsam beklemmt, als sei ihr etwas Unangenehmes wieder eingefallen.

„Ich hab's doch gesagt." Felix setzte ein selbstzufriedenes Grinsen auf. „Ein Mal hält dich nicht davon ab, noch eins zu bekommen."

Abgesehen von einem angewiderten Grunzen von Isaac bekam er keine Reaktion. Amari schien ihm gar nicht zuzuhören. Stattdessen wandte sie sich an ihren Vater.

„Was macht *er* hier?", fragte sie, als säße Felix nicht direkt vor ihnen.

„Ich kenn die Venusnation und wir wollen da durch", antwortete Felix und wurde erneut ignoriert. Dann fiel sein Blick auf die Tafel, die Kommandant Javid in den Händen hielt. Ihm wurde einiges klar. So war das Ritual also für sie gelaufen.

Amari las die Tafel und zog ein Gesicht.

„Ich bin genau hier", sagte Felix, erntete den Todesblick ihres Vaters und hob die Hände.

Vermutlich schrieb Javid genau die gleiche Erklärung auf. Amari bestätigte das indirekt. Mit den Augen auf der Tafel sagte sie: „Warum sollte er die Venusnation ...?" Sie hielt inne und sah ihn an, stechend. „Stimmt. Man sieht bestimmt viel von einer Nation, wenn man sie erobert."

Das war der fehlende Tropfen im Fass.

Felix stand auf. „Okay, ich hab die Nase voll davon, dass du mich Marssoldat ..." Er hielt inne. Richtig, richtig – sie konnte ihn nicht verstehen. Er zog seine Hand von oben nach unten über sein

Gesicht.

„Ich bin ..." Noch einmal hielt er inne – das konnte doch nicht wahr sein – dann hakte er seinen Finger in den Kragen seines Hemdes und dehnte ihn weit genug, dass Amari das gelbe Mal auf seiner Schulter sehen musste. „Ich bin von der Venusnation! Was glaubst du, woher Erin die ganzen Informationen hat?"

Javid schrieb etwas auf die Tafel, aber ob das nun Felix' Worte oder etwas ganz anderes war, blieb dahingestellt. Das Mal sprach für sich selbst.

Amari starrte für eine Weile. Einen Moment lang sah sie schuldig aus, dann schüttelte sie den Kopf, absolut ungläubig. „Wie viele davon hast du?"

Felix grinste. Er hielt drei Finger in die Luft.

An dieser Hand, seiner rechten, hatte er sowieso nur vier – den kleinen Finger hatte er in Mars gelassen. Für das Venusmal war der Preis sein Geruchssinn gewesen.

„Das ist vollkommen abartig", sagte Isaac. „Ein Mal zeigt, welchem Gott man seine Treue geschworen hat – zu wem man *gehört*. Es ist heilig. Das hier ist Blasphemie auf zwei Beinen."

Felix wandte sich zu ihm. „Ich hab es mir nicht ausgesucht, Blasphemie auf zwei Beinen zu sein."

„Soweit ich weiß, haben *wir* dich nicht gezwungen, unser Ritual zu machen."

„Na ja", sagte Felix. „Hättet ihr mich sonst mitmachen lassen?"

Sicher hätte Isaac noch einen Kommentar parat gehabt, aber angesichts der Tatsache, dass Erin auf den Platz trat, waren jegliche Gespräche vorbei. Isaac, Amari und ihr Vater standen sofort etwas gerader.

Was für eine große Nummer Erin in der Merkurnation wirklich war, hatte Felix erst gemerkt, nachdem er zum ersten Mal mit ihr geredet hatte. Glücklicherweise schien sie es mit den Formalitäten nicht so eng zu sehen wie Isaac.

Erin blieb ungefähr einen Meter vor dem Rest der Gruppe stehen und gähnte mit vorgehaltener Hand. Sie sagte nichts, noch nicht, stattdessen blickte sie jeden einzeln an, als ob sie sich vergewissern wollte, dass alle da waren, selbst Felix.

Sie nickte einmal. „Ich werde euch nicht anlügen", sagte sie dann. „Die Chance, dass Jupiter uns helfen wird, geht gegen null."

Das war der Punkt, an dem irgendjemand für den richtigen Effekt hätte hörbar schlucken müssen, aber kein Geräusch war zu hören, nur die Luft schien drückender als vorher.

„Was wohl verständlich ist. Angesichts der Tatsache, dass wir – in der Theorie – Feinde sind", sagte Erin. „Aber wir sind nicht in der Position, irgendetwas unversucht zu lassen. Von den Dingen, die wir versuchen können, ist das hier noch das Vielversprechendste. Ihr solltet euch dem Gewicht der Mission also bewusst sein."

Erin blickte ihre winzige Truppe an.

Felix verkniff sich jeglichen Kommentar. Auch sonst sagte niemand etwas, also redete Erin weiter.

„Wir sind nur fünf und wir werden auch zu fünft bleiben, ursprünglich waren nur vier geplant, aber das hat sich kurzfristig geändert." Sie warf Amari einen Blick zu, keinen bösen, eher gleichgültig, bestätigend. Amari presste die Lippen zusammen.

„Natürlich würde ich gerne mehr Leute mitnehmen", sagte Erin. „Aber auch im Venusgebiet müssen wir damit rechnen, auf Marssoldaten zu stoßen. Um das zu vermeiden, sollten wir möglichst unauffällig sein, und wenn ich mit einer ganzen Armee anrücke, wird das eher schwer, ihr versteht."

Sie verstanden.

Felix knirschte mit den Zähnen, versuchte, seine Gedanken blank und seinen Kopf leer zu halten.

„Damit wir den Weg durch Feindesgebiet so kurz wie möglich halten können, werden wir die Merkurnation durch Khansa verlassen. Dort, wo die Strecke Venusgebiet zwischen uns und Jupiter am kleinsten ist."

Khansa, davon hatte Felix schon gehört – die Mauer der Stadt wurde außerhalb sowie innerhalb auch *das Schild Merkurs* genannt. Khansa war die einzige Ecke, die sowohl an die Venus- als auch an die Marsnation grenzte und daher nicht zufällig der defensivste, militarisierteste Grenzpunkt, den die Merkurnation zu bieten hatte.

Erin wandte sich an Felix. „Kennst du das Gebiet dort?"

Felix blinzelte ein paarmal. „Vielleicht", sagte er. „Ich kenn nicht die ganze Venusnation, wissen Sie."

Langsam nickte Erin die Antwort ab. „Mach dich nicht unnütz", sagte sie. „Das würde mich blamieren."

Dann trat sie einen Schritt zurück, und richtete ihre Worte an alle. „Gut! Die Sonne ist noch nicht auf, aber wir sind bereit und der Wagen ist es auch. Wir haben keine Zeit zu verlieren."

Felix spürte ein Ziehen in seiner Magengegend.

Kaum hatte Erin zwei Schritte Richtung Wagen getan, drehte sie sich noch einmal um. „Eine Sache noch." Sie zeigte in die grobe Mars-Venus-Jupiter-Richtung. „Egal, was dort passieren wird – Kranke, Verletzte, Tote –, die Mission hat Vorrang, immer. Dass Jupiter uns helfen wird, ist unwahrscheinlich, ja, aber wenn wir es nicht einmal bis zu ihnen schaffen, dann können wir die verbleibenden Tage der Merkurnation an einer Hand abzählen. Mit Mars ist nicht zu verhandeln."

NACHMITTAG, FLAUGE, MARSNATION

ALS SEINE MITBEWOHNER das Zimmer verlassen hatten, hatte Levin noch halbfertig auf dem Bett gesessen. Halbfertig, in vielerlei Hinsicht. Die Rüstung hatte er an. Er hatte sich die Arme rot gekratzt, mal an seinen Fingernägeln, mal an seinen Haaren gekaut. Weder seine Arme noch seine Beine hatte er stillhalten können, aber immerhin hatte er seinen Atem noch halbwegs unter Kontrolle gehabt. Aber jetzt, jetzt hatte Levin sich hineingesteigert.

Es war nicht nur der Gedanke, mit ausblutendem Bauch auf dem Boden zu liegen, vielleicht mit zertrümmertem Schädel, einem Pfeil im Auge – je nachdem, was es gerade gab. Es begann schon vorher: gerade stehen, in einer Reihe, nicht zu früh, nicht zu spät, zu viele Augen und zu viele Menschen. Irgendjemand würde ihn anschreien. Meistens schrie ihn irgendjemand an.

Levin atmete flatternd ein und stand etwas zu plötzlich auf. Der Bogen, der an seinem Bett gelehnt hatte, schlug auf die Holzdielen und obwohl Levin ihn hatte fallen sehen, zuckte er zusammen.

Eine Weile starrte Levin ihn an, dann kniete er sich vor den Bogen und inspizierte ihn. Hatte er seinen Bogen kaputt gemacht, sollte er vielleicht einfach jetzt schon sterben, hier, hier auf der Stelle. Mit zittrigen Händen fuhr er die Sehne entlang und prüfte den Griff. War alles noch dran? War alles noch richtig? Er musste gleich los. Der Gedanke erdrückte ihn.

Hellblonde Haare fielen Levin ins Gesicht. Er strich sie sich hinters Ohr, aber trotzdem hingen ihm ständig irgendwelche Strähnen im Blick – er konnte sich nicht konzentrieren. Richtig, er musste sie noch zusammenbinden. Levins Haare waren lang, zu lang, um praktisch zu sein, sagten viele. Wo war das Band? Er tastete den Boden ab. Er konnte es nicht finden, er musste es finden, er würde zu spät kommen. Er durfte nicht zu spät kommen.

Das war der Punkt, an dem Levin begann zu zählen. Eins, zwei, eins, zwei, einatmen, ausatmen. Immer und immer wieder. Er hatte das Haarband bald gefunden, aber die gewohnten Handgriffe wollten ihm nicht gelingen. Mal bekam er nur die Hälfte seiner Strähnen zu fassen, mal gar keine, dann sprang ihm das Band wieder aus den Fingern. Er versuchte es noch einmal. Und noch einmal. Er zählte jetzt laut, sein Blick verschwamm. Er wollte sich doch nur die Haare zusammenbinden, *verdammt*.

Levin nahm sein Rasiermesser. Um ehrlich zu sein, wusste er nicht, wieso er eins hatte. Einen tatsächlichen Bartwuchs hatte er nicht, obwohl er schon achtzehn war. Aber wenn es einmal nötig sein würde, dann war es immerhin dafür gut, einen tiefen Schnitt zu hinterlassen und ihn auf die Krankenstation zu bringen.

Levin konnte lange nicht mehr klar denken. Kurzerhand schnellte seine Linke nach hinten und Levin schloss alle Strähnen, die er kriegen konnte, in seiner Faust ein. Mit einem Schwung zog er das Rasiermesser durch, an der Stelle, an der er einen Zopf gemacht hätte. Abgeschnittenes Haar rieselte Levin auf den Rücken und auf den Boden. Er spürte ein Stechen im Nacken – in seiner Überstürzung hatte er sich geschnitten. Levin hielt den Atem an und tastete seinen Nacken ab. Kein Blut. Mars sei gedankt. Seit seinem Ritual heilten Levins Wunden nicht mehr richtig. Es konnte Wochen dauern und jede Verletzung war für ihn doppelt so gefährlich.

Levins Atemzüge wurden länger und sein Herzschlag langsamer. Die Panikattacke hatte ihn erschöpft. Vielleicht wäre er eingeschlafen, wäre ihm nicht siedend heiß eingefallen, dass er in ein paar Min… dass er *jetzt* vor der Kaserne zu stehen hatte.

Levin rappelte sich auf, griff sich Bogen und Köcher, und rannte nach draußen.

Auf dem Innenhof standen die meisten schon in Reih und Glied, nach Waffen und Erfahrung sortiert. Levin stellte sich in die zweite Reihe der Bogenschützen, wie immer. Ihm war schwindlig. Der Ortswechsel allein machte alles viel schlimmer.

Der Erste Mann seiner Kompanie, ein großer Bärtiger, trat nach vorn, und schon bald schallte seine grobe Stimme über den Hof.

„Zehn kleine Truppen zu je zehn Mann!", ließ er sie wissen. „Fünf ziehen direkt nach Westen, fünf nehmen die südliche Route durchs alte Venusgebiet! Die erste Welle müsste in drei Stunden ankommen. Wir werden genau dann dort sein, wenn sie uns brauchen."

Es gab verfrühtes Johlen und der Erste Mann wies seine Soldaten an, „die Schnauze" zu halten. Er schmiss Namen durch die Gegend und teilte sie in Gruppen ein. Levin versuchte zuzuhören, aber ihm schwirrte der Kopf. Sie waren als Unterstützung gedacht. Noch in den Morgenstunden war der erste Teil der Armee aufgebrochen und sie waren die zweite Welle. Die, die auf den Plan traten, wenn der Feind meinte, dass er die Situation jetzt einschätzen konnte. Die, die das endgültige Einknicken absicherten.

„In fünf Minuten haut ihr hier ab", sagte der Erste Mann. „Da habt ihr Zeit, noch mal pissen zu gehen."

Ein paar Soldaten lachten und die Kompanie verteilte sich für die letzten Minuten Gnadenfrist. Manche liefen tatsächlich zurück zu den Unterkünften, manche machten sich auf die Suche nach jemandem. Auch Levin war auf der Suche nach jemandem, was sich nicht so einfach gestaltete, wenn der eigene Kopf mit Watte gefüllt war und die Beine aus Brei bestanden. Sie waren nicht einmal elastisch, sie flossen einfach nur zu einem großen Haufen zusammen, den Levin hinter sich herzog, während er sein Bestes tat, niemanden anzurempeln.

Etwas tippte ihm auf den Rücken und fast hätte er senkrecht in der Luft gestanden.

„Levin, in welcher Gruppe bist du?"

Ein paar schwere Atemzüge lang musste Levin sie anstarren, bis ihm bewusst wurde, wer da vor ihm stand. Klein, aber äußerst muskulös. Langes, schwarzes Haar, ockerfarbene Haut und spitze Gesichtszüge. Ausgestattet mit einem Zweihänder.

„Ira!", keuchte er.

Ira sah ihn an, für zwei Sekunden, dann sagte sie „Oh nein." Und zwar in diesem Oh-nein-nicht-schon-wieder-Ton.

„Ich kann's nicht. Ich krieg's nicht hin. Ich kann das nicht." Levin sah überallhin, nach links, nach rechts, auf den Boden, in den Himmel und zu Ira. „Ich sollte einfach ... ich sollte einfach irgendwie wieder ins Lazarett kommen."

Ira seufzte. „Es fällt auf, wenn du dir jedes Mal Magenkrämpfe holst."

Levin atmete zu schnell. Seine letzte Ausflucht war gerade vor seinen Füßen gestorben. Er wischte sich über die Augen. Immer wieder und wieder, denn sie wurden einfach nicht trocken.

Ira packte ihn an den Schultern. „Levin", sagte sie, ernst und mit Nachdruck. Erst nachdem er die Hände von den Augen genommen hatte und erst als er sie ansah, sprach sie weiter.

„Levin, hör zu", sagte sie. „Die da drüben können uns gar nichts, verstehst du? Wir haben die Überzahl – und das Überraschungsmoment." Sie wartete auf eine Art Bestätigung. Auf ein ‚Ja, ich verstehe'.

Levin hatte zwar nur die Hälfte von dem, was sie sagte, mitbekommen, aber er nickte trotzdem.

Ira kaufte es ihm nicht ab. Sie legte nach. „Du gehst mit, du passt auf, dass andere Bogenschützen dich nicht erwischen, du machst deinen Job, und bevor du überhaupt eine Ahnung hast, bist du wieder hier." Sie sah ihn an.

Levin hatte Schluckauf. Sein Gesicht war ein Desaster. Trotzdem hatte er Ira gehört und er wollte ihr glauben, mehr als alles andere, also presste er die Lippen zusammen und nickte.

„Ich weiß, wir müssen die Nacht durch laufen und das wird mies anstrengend, aber morgen um die Zeit bist du schon fast wieder zu Hause." Ira ließ ihn los. Ein triumphierendes Grinsen huschte über ihr Gesicht. „Weißt du, was wir dann morgen machen? Maya kocht. Du weißt, wie sie das draufhat."

Levin nickte.

„Kipp und Mika helfen auch. Es wird ein richtiges Familienessen *mit* richtigem Essen, nicht der Kasernen-Brei, der hängt mir bis hier." Sie hielt ihre Hand ein paar Zentimeter über ihren Kopf, ungefähr auf Levins Augenhöhe, dann fiel ihr wieder ein, dass sie einen Punkt machen wollte. „Und weil es ein Familienessen wird, gehörst du auch dazu."

Levin nickte weiter, jetzt war es eher ein Reflex als eine Geste, die noch irgendetwas zu bedeuten hatte. Sein Atem war flatterig.

„Sechs", sagte er.

„Was?"

„Ich bin in Gruppe sechs."

Ira schnitt eine Grimasse. „Scheiße, ich bin Gruppe zwei."

Levin wurde wieder übel. Ira schien das nicht zu entgehen.

„Egal. Nicht vergessen: Du gehst hin, du machst deinen Job, wir gewinnen, du kommst zurück."

Die Panik saß in Levins Knochen und wollte ihn um keinen Preis verlassen. Iras Worte klangen so endgültig.

„Übrigens find ich deine Haare so besser", sagte sie. „Jetzt sieht man immerhin, dass du auch ein Mal hast."

Levin berührte das Marsmal auf seinem Nacken und versuchte, so etwas wie ein Lächeln zustande zu bekommen. Es ging gründlich schief.

„SOLDATEN, IN DIE GRUPPEN", donnerte es über den Hof.

Niemals. Das waren doch niemals fünf Minuten gewesen. Levin war noch nicht bereit.

„Ira ..."

„Morgen, Levin!" Sie bewegte sich rückwärts auf ihre Gruppe zu. „Du stehst das durch und morgen sind wir wieder genau hier!"

Levin nickte erst, als Ira ihn schon längst nicht mehr sehen konnte. Langsam schleppte er sich in Richtung der Ecke, in der sich Gruppe sechs zusammenfinden sollte – und blieb ungefähr fünf Schritte davor stehen. Sie starrten ihn an.

Levin starrte zurück. Er kannte nicht eines seiner neuen Gruppenmitglieder, aber sie kannten ihn, so schien es. Zwei von ihnen tuschelten miteinander und natürlich hätte auch alles andere Gesprächsgegenstand sein können, aber Levin wurde das Gefühl nicht los, dass es mal wieder um ihn ging.

Jemand schlug ihm auf den Rücken und er fiel beinahe vornüber.

„Zieh nicht so 'n Gesicht!", forderte ihn eine selbstbewusste Stimme auf. Die letzte Person, die in der Zehn-Mann-Gruppe gefehlt hatte. Ein zweiter Bogenschütze. „Wir beißen nicht."

Die Erleichterung war groß, als Levin merkte, dass der Bogenschütze keine Antwort erwartete. Levin schluckte, biss die Zähne fest zusammen und folgte dem Rest seines Trupps.

Von Anfang an waren sie alle putzmunter, um nicht zu sagen aufgekratzt. Sie witzelten und sie lachten und verbrauchten Energie, die sie noch dringend brauchen würden. Ihnen stand ein langer Marsch bevor.

Bis auf Levin, der hinter den anderen herschlich, war die Gruppenführerin die Einzige, die sich der heiteren Stimmung nicht hingab, sondern mit einem strengen Blick und einem Tempo vorausging, das die anderen ab und zu verstummen ließ, während sie versuchten, mit ihr Schritt zu halten. So war es nicht verwunderlich, dass nach zwei Stunden Marsch kaum noch geredet wurde, hin und wieder hörte man vereinzeltes Gestöhne oder Gejammer, ansonsten nur Stiefel, die durch Gebüsch raschelten. Immer wieder mussten sie eine Pause einlegen. Das Ritual gab einem zwar die Fähigkeit, eine Waffe angemessen zu bedienen, aber die Ausdauer, die man brauchte, um diese Waffe samt Rüstung stundenlang durch die Gegend zu schleppen, die musste man sich antrainieren.

Es war spät geworden. Levins Truppe hatte Venusgebiet erreicht – unschwer daran zu erkennen, dass die garstigen Tannen langsam einem weitaus grüneren Mischwald mit dunkler und fruchtbarer Erde wichen. Jetzt, da die Sonne untergegangen war, hätte es allerdings jeder beliebige Wald sein können.

„Vielleicht sollten wir langsam mal ein Nachtlager aufschlagen", sagte einer der Schwertkämpfer gerade, als die Gruppenführerin abrupt stehen blieb und mit vorsichtig ausgebreiteten Armen den anderen signalisierte, sich nicht zu rühren.

Was war es? Wilde Tiere? Levins Augen wanderten über den Boden und durch die Bäume, aber alles war pechschwarz.

„Was ...?", flüsterte jemand.

Wortlos zeigte die Gruppenführerin zwischen die Baumstämme, aber so sehr Levin sich auch anstrengte, er konnte nichts erkennen. Anderen schien es ähnlich zu gehen.

„Ein Pferd", sagte die Gruppenführerin so leise, dass es vom Rascheln in den Bäumen hätte übertönt werden können. „Da ist ein Pferd."

Eine Weile: Stille.

„Ein Pferd?", fragte jemand schließlich.

„Ein Wagen steht da auch." Die Gruppenführerin tat noch einen kleinen Schritt und beugte ihren Oberkörper nach vorn. „Doch, ich bin mir sicher. Da ist ein Wagen."

Keine der zehn Truppen war zu Pferd losgezogen, keine hatten einen Wagen benutzt, es war mitten in der Nacht und das hier war ein verlassener Teil der alten Venusnation. Wer auch immer da war, es waren sicher keine Leute von ihnen. Levin wurde kalt.

„Venusrebellen?", fragte der zweite Bogenschütze in die Stille hinein.

„Als ob", sagte die Gruppenführerin.

„Was dann?"

Sie schüttelte den Kopf. „Auf jeden Fall sind es keine von uns." Noch ein Stück lehnte sie sich nach vorn, so weit, dass man fast Angst haben musste, sie würde gleich auf dem Waldboden liegen, dann drehte sie sich zu den übrigen neun. „Dem Wagen nach sind das höchstens sechs Leute. Packt ihr das?"

Hier und da belustigtes Schnauben. Natürlich brauchte die Frage keine Antwort.

Levin öffnete den Mund und schloss ihn wieder. Er hatte Ameisen unter der Haut, aber er sagte nichts.

„Klar, das ist in zwei Minuten erledigt", sagte der andere Bogenschütze.

Keine weiteren Einwände. Sie würden das Lager stürmen; alle bis auf die Bogenschützen, die sich am Rand halten und versuchen sollten, in der Dunkelheit auf die richtigen Leute zu zielen. Der erste Schuss würde das Signal zum Angriff sein.

Na gut. Umso schneller es anfing, desto schneller war es wieder vorbei. Die Gruppe teilte sich auf.

Der andere Bogenschütze war hochmotiviert. Da Levins Beine schwer wie Blei waren, begann er, Levin mit sich zu ziehen. An die Hand hätte er ihn sicher auch genommen, wenn es nötig gewesen wäre. Hochmotivierte Leute waren unglaublich anstrengend.

Sie machten einen Bogen um das Lager herum, auf der Suche nach einer Öffnung, an der sich der Wald weit genug lichtete, dass sie einigermaßen schießen konnten, sie aber noch genug verdeckte, um sie nicht zu verraten.

„Ich sehe jemanden", fiepte Levin plötzlich.

Der andere blieb stehen, folgte Levins Blick und natürlich sah er ihn auch. Die Dunkelheit machte es zwar schwer, überhaupt jemanden auszumachen, aber hier schien fast das Gegenteil zuzutreffen. Eine Gestalt mit weißem Kopf stach aus der Nacht hervor.

Sie saß dort, wo das Dickicht begann, in dem sie sich versteckt hielten. Vermutlich eine Nachtwache, aufgestellt für einen Fall wie diesen und ein ausgesprochen leichtes Ziel. Der andere Bogenschütze nickte. Zum Schießen war der Platz nicht schlecht, man konnte beinahe die ganze Lichtung überblicken. Die Umrisse von Pferd und Wagen waren klar zu erkennen, obwohl sie sich auf der gegenüberliegenden Seite des Lagers befanden.

Der andere Schütze griff sich über die Schulter und zog einen Pfeil aus seinem Köcher, Levin tat es ihm gleich. Im Dunkeln schießen war unendlich schwer, aber zum einen hatten sie ein Ziel, das einfacher nicht sein konnte, und zum anderen waren sie zu zweit.

Als Levins Pfeil sicher in der Mitte des Bogens saß und die Sehne gespannt war, hörten seine Finger endlich auf zu zittern. Sein Herz fuhr herunter, seine Konzentration hoch.

Auch der andere ging in Position. „Los", flüsterte er.

Der Pfeil zischte in die Dunkelheit und wurde von ihr verschluckt. Nichts geschah. Es gab kein Geräusch und niemand fiel.

Die weiße Gestalt schreckte hoch. Levin hatte nicht nur danebengeschossen, sondern ihn auch noch alarmiert. Aber das machte nichts. So wie er da jetzt stand, bot er eine viel größere Angriffsfläche.

Der andere Bogenschütze ließ den Pfeil los und keine Sekunde später fuhr Levin ein Schrei durch Mark und Bein. Die weiße Gestalt kippte in den Dreck.

„Jawoll!", flüsterte der Bogenschütze und ballte die freie Hand zu einer triumphalen Faust.

Levin war nicht zum Jubeln zumute. Hinter dem Baum, gegenüber der weißen Gestalt, bewegte sich ein Schatten.

„Da waren zwei", wisperte Levin. Der zweiten Person war bestimmt nicht entgangen, aus welcher Richtung der Pfeil gekommen war.

Doch bevor sie etwas mit dieser Information anfangen konnte, stürmten die übrigen acht das Feld. Levin atmete auf. Er wich ein paar Zentimeter zurück und versuchte zu erkennen, was da unten vor sich ging. Den Schatten hatte er aus den Augen verloren und ein bisschen wurde ihm mulmig zumute, aber wahrscheinlich lag er bereits irgendwo am Boden. Alles was Levin sehen konnte, waren drei Gestalten, und die waren definitiv keine Feinde. Der Rest seiner Kameraden musste auf der Suche nach den übrigen Eindringlingen sein.

Dann knackte es unten auf der Lichtung. Kein Ast, kein Zweig, Knochen.

Es war der Schatten von vorhin, das war Levin sofort klar. Er wusste nicht, woher er gekommen war, nur, dass er hinter einem seiner Kameraden aufgetaucht sein musste. Dem Knacken nach zu urteilen, würde dieser nicht wieder aufstehen. Levin spürte, wie das Blut aus seinem Gesicht wich.

Er hörte Geräusche von Stahl auf Fleisch, sah mehrere Gestalten in der Nacht herumschwirren. Leute seines Teams – aber nicht nur.

Wieso?, war Levins erster und einziger Gedanke. Die Schärfe eines schlanken Schwerts blitzte im schwachen Mondlicht. Es steckte in einer Brust und verschwand aus derselben, bevor Levin einmal blinzeln konnte.

Wieso?

Sie hatten das Überraschungsmoment. Die Feinde waren früher auf den Beinen gewesen, als sie es hätten sein dürfen. Hatten sie nicht geschlafen? Hatten sie den Angriff zu früh bemerkt? Hatte sie jemand … die Nachtwache. Der Schrei war laut genug gewesen, um die ganze Lichtung aufzuwecken. Wieso hatte niemand daran gedacht?

„Pfeil!", hörte Levin neben sich und zuckte zusammen. Er bemerkte schnell, dass es keine Warnung, sondern eine Aufforderung war. „Schieß!"

Der andere Schütze hatte seinen Pfeil bereits im Anschlag.

Richtig, richtig. Das war keine gute Entwicklung, einer – *mehrere* seiner Leute waren tot. Aber kein Grund, den Kampf als verloren zu betrachten, es bedeutete lediglich, dass sich Levin jetzt ranhalten musste.

Er zog einen Pfeil, setzte ihn an und zielte. Aber die Lichtung war in Bewegung, *alles* war in Bewegung, alles war dunkel. Kaum meinte er, eine der Silhouetten ausmachen zu können, vermischte sie sich mit den anderen, wie bei einem Hütchenspiel.

Zu lange schoss Levin den Pfeil nicht ab und er sah das gleiche blitzende Schwert, wie es einen Kopf vom Rumpf teilte. Seine Hände waren schweißnass, ein bisschen rutschte der Pfeil durch seine Finger. Los ließ er ihn allerdings erst, als er das Krachen wieder hörte – als der Schatten ein Gesicht eintrat. Der Pfeil blieb zwei, drei Meter vor Levin im Boden stecken.

„Konzentrier dich", sagte der andere Schütze, dabei traf er selbst nicht.

Levin wagte es nicht, den Blick vom Kampf zu nehmen, während er nach einem neuen Pfeil griff. Wie viele seiner Leute waren überhaupt noch übrig? Es waren ja nicht nur der Schatten und die Klinge, die ihnen solche Probleme bereiteten; es waren mindestens zwei Schwerter im Einsatz, eine Axt.

Sie mussten sich beeilen. Und vielleicht gerade weil sie sich beeilen mussten, fiel Levin der Pfeil aus der Hand, so wie das Haarband in der Kaserne. In seinem Kopf drehte sich alles und statt einen neuen Pfeil zu ziehen, tastete er hektisch den Boden ab. Die Augen ließ er dabei nicht von der Lichtung. Die große Gestalt der Gruppenführerin stach zwischen den anderen hervor. Viel mehr war von Levins Truppe auch nicht mehr übrig. Ohne Zweifel hätte sie es geschafft, ihren Speer in einem der feindlichen Schwertkämpfer zu versenken, wäre das Knacken vorher nicht wieder ertönt.

„Scheiße", hauchte Levin.

Er konnte deutlich hören, wie der andere Bogenschütze mit

den Zähnen knirschte. „Los, nach vorn!"

Wieder zog er Levin mit sich. Er hatte recht, das war ihre einzige Chance. Wenn sie näher herankamen, dann konnten sie vielleicht einen tödlichen Pfeil in einen der Schwertkämpfer oder den Schatten jagen – so wie es bei der weißen Gestalt auch geklappt hatte, neben deren Leiche sich der andere Bogenschütze nun in Position brachte. Sie waren hier viel zu offen, aber es hieß alles oder nichts. So zu tun, als wären sie nicht da, und sich davonzumachen war keine Option mehr. Der Schatten wusste von ihnen.

Levin zog einen neuen Pfeil, setzte in an. Er zielte auf den Schatten, der vor der toten Gruppenführerin stand.

Er ließ los. Die Sehne schnellte nach vorn, der Pfeil zerschnitt die Luft – und er traf, allerdings nicht den Schatten – dieser hatte sich bewegt – sondern den Schwertkämpfer dahinter. Ein großer Körper prallte auf den Boden.

Gleichzeitig sah Levin den anderen Bogenschützen mit weiten Augen und offenem Mund nach unten blicken. Levin folgte seinem Blick und begegnete einer Hand. Eine bleiche Hand klammerte sich an den Knöchel des Bogenschützen und dann geschah etwas, was sich Levin beim besten Willen nicht erklären konnte: Seinem Kameraden fiel der Bogen aus der Hand, dann der gezogene Pfeil aus der anderen. Er knickte ein, wortwörtlich. Wie eine Puppe fiel der Schütze zu Boden und rührte sich nicht mehr.

Noch bevor Levin verarbeiten konnte, was gerade passiert war, hörte er rennende Stiefel auf dem knisternden Gras, den nachgebenden Zweigen. Noch nie hatte ihm ein Geräusch so viel Angst eingejagt.

Er riss den Kopf herum, zurück Richtung Schlachtfeld, aber da sah er das Gesicht bereits – viel zu nah an seinem.

Es war das Gesicht des Schattens, die vage Silhouette eines Mädchens mit lockigem Haar.

Bevor er seinen Bogen hätte ansetzen können, hatte sie seinen Kopf mit beiden Händen gepackt, ihn nach unten gerissen und ihr

Knie nach oben.
　　Es gab einen Aufprall und dann nichts mehr.

FRÜHESTER MORGEN, NIEMANDSLAND, VENUSNATION

AMARI LODERTE. NOCH NIE war so viel Adrenalin durch ihre Adern gerauscht.

Starr vor Angst war sie gewesen, als der erste Pfeil kam. Sie hatte ihn nicht kommen sehen, kommen hören schon gar nicht, und dann hatte er plötzlich die Nacht vor ihr zerschnitten. Felix fiel und auf einmal war Amari rundum von Sterblichkeit umgeben. Ein Schritt nach links, nach rechts, und sie würde sterben, so schien es.

Dann waren die Marssoldaten aufgetaucht. Drei, vier Silhouetten, die Amari sehen konnte – wer wusste, wie viele sie nicht sah. Es war mitten in der Nacht und sie hatte nur ihre Augen, auf die sie sich verlassen konnte. Das hatte sie nicht geübt, für so eine Situation hatte sie nie trainiert. Dann war da der Blickkontakt. Der Blickkontakt zwischen ihr und einem der Marssoldaten. Er hatte sie gesehen.

Amaris Beine hatten sich wie von selbst bewegt. Sie schnellte nach vorn und war dabei nicht sicher, was sie mit den Armen tun würde, bevor sie es getan hatte. Sie fühlte den harten Kiefer an ihren Knöcheln, ließ ihren Schlag davon nicht abbremsen und spürte, wie etwas brach. Dann wusste sie es.

Sie hatte es getan.

Es war schockierend, unwirklich. Die Stille im Kontrast zu den brechenden Knochen hatte unangenehm unter Amaris Haut gekribbelt, dabei war es doch *genau das*, was sie tun sollte. Genau das, wofür Amari Soldatin geworden war.

Und Amari *war* Soldatin. Sie konnte es. Sie tat es. Sie hatte es getan.

Jetzt stand sie hier, hinter den Sträuchern, wo sie dem Bogenschützen den Garaus gemacht hatte. Die Schlacht war vorbei und ihre Brust hob und senkte sich so schnell, dass sie befürchtete umzufallen. Ihre Beine pochten, ihre Hände brannten, ihre Knöchel waren blutig. Das hier war, wofür sie geboren wurde.

Langsam drehte sich Amari um. Eben war alles so schnell gegangen, dass jetzt jede Bewegung wie in Zeitlupe schien. Aus dem Augenwinkel sah sie, wie sich eine Gestalt vom Boden hob; sie zuckte zusammen, wirbelte herum und hätte Felix um ein Haar die Faust ins Gesicht gedonnert, hätte sie sich nicht noch rechtzeitig gebremst.

Der Feigling hatte sich also totgestellt. Felix hatte Matsch im Gesicht, war aber unversehrt. Der Pfeil hatte ihn nie getroffen. Amari hätte etwas dazu sagen können, sie hätte ihn auch fragen können, was er da mit dem Bogenschützen gemacht hatte, beschloss aber letztendlich, dass es den Aufwand nicht wert war.

Was jetzt wirklich wichtig war: Hatte sich Amari bewiesen? Sie hatte sich bewiesen, oder nicht? Sie funktionierte, wie eine Soldatin zu funktionieren hatte.

Schon als Amari den ersten Schritt zurück auf die Lichtung machte, merkte sie allerdings, dass etwas nicht stimmte. Sowohl Erin als auch Isaac sahen sie an; nicht mit Überraschung oder mit Stolz oder mit ‚Wow, Amari, du hast doch das Zeug zur Soldatin', sondern ganz anders. Erins Stirn war gerunzelt, Isaacs Blick war glatt.

Als Amari einen Körper auf dem Boden liegen sah, kam mit einem Schlag alles zurück.

Zum zweiten Mal an diesem Tag bewegten sich ihre Beine von selbst. Sie hätte bloß ein schwebendes Gesicht sein können und sie sah nichts anderes als ihren Vater auf dem Boden, mit offenen Augen und einer Eisenspitze tief in der Brust.

Er starrte sie reglos an und Amari starrte zurück.

IRGENDWANN, IRGENDWO, VIELLEICHT

LEVIN TRÄUMTE. ZUMINDEST meinte Levin, dass er träumte. Alles um ihn herum war dunkel, er konnte nichts sehen. Er war sich nicht sicher, ob er tot war, denn wenn man tot war, so hieß es, fühlte man gar nichts mehr, und Levin fühlte etwas. Hauptsächlich Schmerzen – eigentlich nur Schmerzen – in seinem Gesicht, in seinem Kopf. Dabei war er sich nicht sicher, ob sein Gesicht überhaupt noch sein Gesicht war. Nichts fühlte sich an, als wäre es da, wo es hingehörte.

Langsam kehrte Levins Hörvermögen zurück. Er hörte eine Stimme. Irgendjemand redete mit ihm, aber er wusste nicht, wer. Alles war gedämpft, von einem hohen Summen übertönt, und trotzdem war sich Levin sicher, dass es niemand war, den er in seinem Leben schon einmal gehört hatte.

Es war eine ruhige Stimme, eine kontrollierte Stimme. Es war nicht die Gruppenführerin, die war tot. Sie waren alle tot, auch der andere Bogenschütze. Levin hatte keinen einzigen der neun Namen gekannt.

Die Stimme wurde deutlicher – oder vielleicht nur lauter. Sie war über ihm und schien in jeder seiner Zellen widerzuhallen.

„Ich mach dir einen Vorschlag", sagte sie. „Du beantwortest mir eine oder zwei Fragen und dafür lasse ich dich hier liegen und rühre dich nicht weiter an." Die Stimme war streng und abschätzend. „Aber dass du nicht trotzdem sterben wirst, kann ich dir nicht garantieren."

Levin wollte etwas sagen. Er musste mit ihr sprechen, aber es schien einer von den Träumen zu sein, in denen man nicht sprechen konnte. Er war sich nicht sicher, wo sich sein Mund befand. Dafür, dass es ein Traum war, fühlte sich das mit dem Sterben allerdings furchtbar echt an.

So oder so wartete die Stimme keine Antwort ab. „Wie viele wart ihr?", fragte sie.

Das war eine leichte Frage, Levin musste das Wort nur irgendwie über die Lippen bringen. Er fühlte sich, als würde er sprechen, aber er hörte nichts. Er musste sich Mühe geben.

„Ze...hn."

Die Stimme sagte etwas. Nicht zu ihm, es klang viel weiter entfernt. Dann war sie wieder nah und eindringlich. „Was hattet ihr vor? Habt ihr von uns gewusst?"

Diese Fragen waren schwerer. Es war völlig unmöglich, sie in einer einzigen Silbe zu beantworten.

„Unter...stützung." Für das Wort allein schien Levin eine Ewigkeit zu brauchen. Er rang nach Atem und bekam keine Luft.

„Unterstützung", wiederholte die Stimme. „Wofür?"

Eine Weile war es ruhig.

„Wofür?", fragte sie noch einmal.

Die Schwärze vor Levins Augen schien mit jedem Moment dichter zu werden. Er öffnete den Mund und schob noch ein Wort über seine Lippen. Dann hörte er hastige Schritte und die Stimme entfernte sich, während ihm sein restliches Bewusstsein entglitt.

„Khansa" war, was er gesagt hatte.

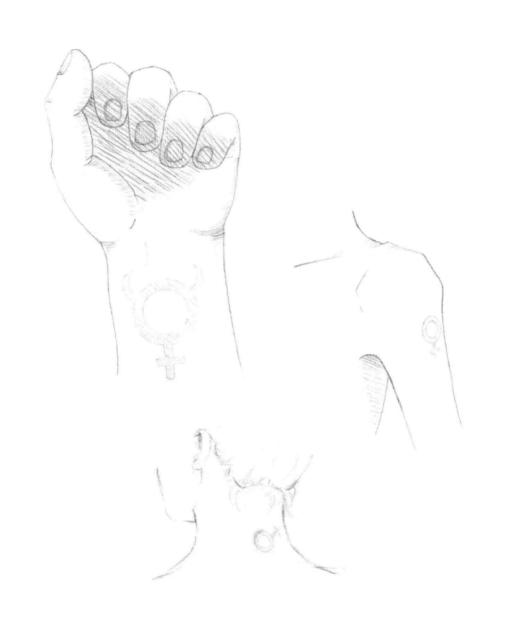

II
KHANSA

FRÜHER MORGEN, NIEMANDSLAND, VENUSNATION

NICHTS ÄNDERTE SICH wirklich. Die Sonne ging auf. Es wurde heller, aber nicht besser. Amari war in eine merkwürdige Starre verfallen. Sie konnte ihrem Vater nicht von der Seite weichen, aber sie konnte ihn nicht ansehen, ihn nicht anfassen. Wenn sie seine Hand berührte und diese kalt wäre, würde sie den Verstand verlieren.

Amari hatte geheult und geschrien, obwohl Erin, obwohl Isaac sie sahen, obwohl sie Soldatin, eine zukünftige Kommandantin war. Jetzt saß sie hier, mit aufgequollenem Gesicht, zitterte und konnte sich nicht rühren.

Erin war verschwunden. Felix hatte sich in den Schatten der Bäume zurückgezogen. Isaac stand untätig in der Gegend herum und hier und da lagen tote Marskörper. Amari wusste nicht, wann, wie, oder ob es weitergehen sollte. Vielleicht hätte sie es gewusst, wenn sie hören könnte, aber gleichzeitig war es ihr egal. Sollte sie doch mit den anderen Leichen auf der Lichtung verrotten.

Nach einer Weile verschwand auch Isaac und nur ein paar Minuten später kam er mit Erin zurück.

Dann bewegten sich Münder, vor allem Erins. Sie war die Erste, die redete, und sie sagte das meiste. Dann sprach Isaac, recht angestrengt. Felix sagte nichts, schirmte seine Augen vor der Morgensonne ab und sah den anderen beiden beim Diskutieren zu. Sein Mund war ein Stück weit geöffnet.

Amaris Gesicht pochte, verkrustete Haare klebten ihr an den

Wangen und ihre Augen waren ausgeweint. Es schien Nachrichten zu geben, aber sie brauchte keine neuen Nachrichten. Nicht heute, vielleicht nie wieder. Trotzdem folgten ihre Augen Erin, wie sie hin und her lief. Ihr Gesicht schien gealtert, gestresst. Isaac sah aus, als würde gleich jemand seinen Kopf verlieren.

Wie lange hatte Amari hier gesessen?

Wie lange war es ihr erlaubt, hier zu sitzen – vor sich hin zu starren und nichts zu tun –, bis man von ihr erwartete, dass sie sich zusammenriss? Amari wusste nicht, *wie* man es von ihr erwarten konnte, aber sie wusste, dass man es tat. Sie war Soldatin.

Eine Weile atmete Amari nur – es fühlte sich wie würgen an –, während sie den übrig gebliebenen Teil der Gruppe beobachtete. Die Luft kam ihr nicht wie ihre eigene vor. Ihre Nase war verstopft, ihr Schädel pochte. Niemand sah sie direkt an, aber trotzdem fühlte sich Amari, als würden alle Blicke der Lichtung auf ihr lasten, tot oder lebendig.

Sie *musste*. Amari war sich nicht sicher *was*, aber sie musste etwas tun, irgendetwas beitragen. Soldatin sein. Keine Enttäuschung sein. Zumindest musste sie wissen, was los war.

Egal was passiert, die Mission hat Vorrang.

Kaum rückte sie allerdings ein Stück an die anderen heran, kam es zurück wie ein Tritt in den Magen, und Amari fror auf halben Weg ein. Sie hatte die Tafel, sie hatte die Kreide, aber sie hatte niemanden, der für sie aufschrieb.

Amari blieb stumm sitzen, während sie zusah, wie Erin und Isaac hin und her diskutierten. Erin schüttelte den Kopf und zeigte nach Westen, Richtung Heimat, während sie redete.

Amari *musste*. Irgendwie musste sie mitbekommen, worüber geredet wurde, aber wie? Isaac mit seinem hohen Rang konnte sie auf keinen Fall bitten, für sie aufzuschreiben. Erin schon gar nicht. Felix –

Amari knirschte mit den Zähnen. Sollte sie ihren Kiefer lockern, würde sie wieder weinen, und jetzt, gerade jetzt, wäre das erbärmlich. Sie glaubte es selbst nicht, als sie Felix die Tafel hinschob. Damit gab sie nicht nur ein Stück von sich selbst, sondern auch von ihrem Vater in fremde, dürre Hände.

Felix antwortete mit einem stummen ‚Was?' und Amari nickte mehr oder weniger verzweifelt in Erins Richtung. Ein paarmal wechselte Felix' Blick zwischen ihr und Erin, dann zuckte er die Schultern, nahm die Kreide und begann zu schreiben. Amari versuchte mit aller Kraft zu ignorieren, wie falsch ihr das vorkam.

Sie bekam die Neuigkeiten als krakelige Schrift in der Mitte der Tafel zurück.

Mars greift euch an.

Darunter: *In Khansa.*

Amari fühlte sich, als würde sie durch den Boden fallen.

„Khansa?" Es war kaum mehr als ein Hauch.

Felix nickte.

Amari wandte sich ab und starrte auf die zertretenen Grashalme vor ihren Beinen. Es war zu viel.

Amari war Soldatin, aber das war zu viel.

Vor drei Tagen war sie Rekrutin geworden, jetzt war alles vorbei. Ohne Khansa, ohne ihren Schild, hatte die Merkurnation nicht den Hauch einer Chance. Und die Kämpfer, die etwas herumreißen konnten – Erin, Isaac, ihr Vater –, waren alle nicht in Khansa.

Seltsam also, dass Felix' nächste Nachricht Amari so hart traf.

Sie überlegen, ob wir zurückgehen, schrieb er.

Es sollte Amari erleichtern, wirklich, aber Panik schäumte in ihr auf. Sie wusste nicht gleich, wieso. Sie sah zu Erin, öffnete den Mund, aber wusste nicht, was herauskommen sollte. Irgendetwas musste sie sagen, irgendetwas tun.

„Müssen wir nicht weitermachen?" Amari spürte, wie heiser ihre Stimme klang. Sie scheuerte ihr im Hals. „Egal, was passiert, oder nicht?"

Vielleicht hatte sie lauter gesprochen als gedacht. Sie hatte zwar mit Erin geredet, aber nicht erwartet, dass sie sich tatsächlich zu ihr umdrehen würde. Sofort bereute es Amari, den Mund aufgemacht zu haben, aber Erins Lippen bewegten sich ruhig und konzentriert – nicht so, als würde sie sie anherrschen. Verstehen konnte es Amari trotzdem nicht.

Ein paar unbehagliche Augenblicke, dann schrieb Felix wieder auf der Tafel. Er spielte den Übersetzer.

Khansa zählt nicht zu ‚egal‘, schrieb er. *Könnt ihr nicht ignorieren.*

Als Amari von der Tafel aufsah, hatte sich Erin wieder Isaac zugewandt.

Sie hatte ja recht. Scheiße, natürlich hatte sie recht. Natürlich wusste Amari, dass sie Khansa nicht ignorieren konnten – immerhin war sie selbst im Schatten der Mauer, in Navoi, aufgewachsen. Aber trotzdem war ihr schlecht, trotzdem brannten ihr Tränen in den Augen.

Wieso quälte sie es so, wenn sie zurückgingen? Die Antwort kam prompt, in Form dessen, was sich hinter ihr befand, ein Stückchen weiter rechts. *Wer* sich da befand. Das konnte nicht umsonst gewesen sein. Amaris Lippen bebten, aber statt in einen neuen Heulkrampf auszubrechen, stieß sie Felix mit dem Ellenbogen an und zeigte auf Erin und Isaac. „Worüber reden sie jetzt? Was sagen sie?"

Felix schenkte ihr einen irritierten Blick, beschwerte sich aber nicht weiter.

Sie diskutieren Optionen.

„*Was* für Optionen?"

Er atmete ein und wieder aus. Im Gegensatz zu Amari hatte er es wohl nicht allzu eilig.

Schon verworfen.

„*Welche* Optionen?", fragte sie, entweder bestimmter oder nur näher am Wasser.

Aufteilen, schrieb Felix.

Es war wie ein kleiner elektrischer Schlag.

„Wieso machen wir das nicht?" Amari klammerte sich an Strohhalme, sie merkte es ja selbst.

Felix zeigte auf den herrenlosen Wagen. Den Fahrer hatte es auch erwischt, aber das war nicht der Grund. Der Grund war, dass es nur einen Wagen gab.

Amari blickte zu ihren beiden Vorgesetzten. Erin schüttelte beharrlich den Kopf, ihre Stirn in Falten gelegt, während Isaac mehr mit Armen und Händen redete als mit dem Mund.

Es musste eine Lösung geben. Es *gab* eine Lösung, und sie war nicht weit weg, Amari musste sie nur finden.

Dann setzte sich Isaac in Bewegung, Richtung Wagen. Erin blieb stehen, wo sie war, sie hatte die Arme verschränkt und beobachtete ihn skeptisch. Sie überlegte noch.

Erin überlegte noch, und währenddessen hatte Amari eine Erleuchtung. Seit dem Ritual war es nicht mehr so klar in ihrem Kopf gewesen.

„Ich kann schnell rennen", sagte Amari.

Der Satz blieb auf der Lichtung stehen. Felix blinzelte ein paarmal und Erin drehte sich fast in Zeitlupe zu ihr um. Ihr Mund allerdings bewegte sich schnell, kurz und knapp.

Ausgeschlossen, übersetzte Felix Erins Antwort.

Erin schien nicht überrascht – eher so, als hätte sie gehofft, dass es niemand ansprechen würde.

Amari tat, als hätte sie die Antwort nicht mitbekommen. Hastig stützte sie sich mit den Händen am Boden ab, schwankte, als ihre Beine sie plötzlich wieder tragen sollten, aber blieb stehen.

„Nehmt ihr den Wagen, ich laufe zur Jupiternation", sagte sie. Nie hätte sie gedacht, jemals so mit Erin zu reden, aber sie stand unter Strom. „Ihr könnt Khansa verteidigen und ich hole Hilfe!"

Erin sprach drei Silben, Felix schrieb sie auf. Da er immer noch saß, musste Amari den Kopf drehen, um von der Tafel abzulesen.

Unmöglich, sagt sie.

Amari ballte die Hand zur Faust – nur um sich und ihre Tränen im Zaum zu halten.

„Wieso?" Sie sah Erin an. „Ich kann schnell rennen. Ihr habt es alle gesehen, ich bin ... ich bin mindestens genauso schnell wie der Wagen, ich –"

Sie verstummte, als Erin einen Schritt auf sie zumachte – oder eher auf Felix. Sie nahm ihm Tafel und Kreide aus den Händen, drehte sich zu Amari und begann zu schreiben. Amari schwieg und schaute mit großen Augen zu, wie *Erin* die Kreide über *ihre Tafel* führte.

Amaris Glück hielt nicht lange.

Selbst wenn es die beste Option wäre, ich werde keine Rekrutin allein nach Jupiter schicken.

„Aber ..." Nur für eine Sekunde presste Amari die Lippen aufeinander. Keine Tränen. *Keine Tränen.* „Aber ich kann Feinden ausweichen, ich bin wendig, und – ihr habt es gesehen – und weit ist es auch nicht mehr, oder?" Sie wandte sich an Felix. „Oder?"

Felix hob die Schultern.

Egal.

„Wir sind schon im Venusgebiet, Jupiter kann man von hier nicht mehr verfehlen, es ist *Jupiter!*", rief sie.

Im Gegensatz zu Amari, die sich beim Sprechen fast ein Bein ausriss, schaute Erin lediglich etwas gequält. Dann schrieb sie.

Du hast keine politischen Erfahrungen. Und Kommunikationsprobleme, las Amari. Als sie zu Erin aufschaute, tippte diese mit dem Finger gegen die Tafel, als müsste sie noch erklären, was sie damit meinte. Das musste sie wirklich nicht.

„Kann ich es nicht trotzdem versuchen?", fragte Amari. Langsam kamen die Tränen doch. „Nur versuchen. Dadurch verlieren wir doch nichts! Mein Vater ... Wir können doch jetzt nicht einfach abbrechen!"

Statt eine Antwort zu geben, drehte Erin den Kopf Richtung Isaac – offenbar hatte er gerufen. Der Wagen musste bereit sein und sie würden gleich aufbrechen. Etwas missmutig erhob sich Felix und schlurfte zu ihm hinüber. Vorerst blieb Erin, wo sie war, aber sie strahlte Unruhe aus. Wenn sie eine Sache nicht hatten, dann war es Zeit.

„Bitte! Sie haben doch gesehen, wie ich – Sie haben gesehen, dass ich schnell bin und dass ich ... Wir müssen es doch wenigstens versuchen, sonst war ... *alles* umsonst."

Erin hob die Hand. Amari schwieg. Ihre Brust hob und senkte sich, als bekäme sie zum ersten Mal seit Stunden wieder Luft.

Über die Schulter rief Erin Isaac etwas zu, dann sah sie Amari an.

Flehend schaute Amari zurück.

Erin atmete aus. Sie schloss die Augen, fest, sodass sich überall kleine Fältchen auf ihren Lidern abzeichneten. Als sie sie wieder öffnete, hatte ihr Gesicht einen Ausdruck von vorzeitigem Bedauern.

Erin schrieb auf die Tafel und gab sie Amari zurück in die Hand.

Du hast nur eine Chance, stand darauf. *Lauf.*

MITTAGSZEIT, KHANSA, MERKURNATION

DER GRENZPUNKT brannte.

Schon lange bevor Felix, Isaac und Erin Khansa erreichten, hatte Erin es prophezeit. „Es riecht beißend", hatte sie gesagt, und recht hatte sie behalten. Khansa leuchtete hell in Gelb, Rot und Orange – all den Farben, die Felix als Male am Körper trug.

„Oh, das sieht nicht gut aus!", rief er über das Lodern hinweg, als sie ein paar großzügige Meter vor der Hitze Khansas zum Stehen kamen. Er blickte zu den giftigen Rauchsäulen, die sich hinter der Mauer in die Luft streckten. Die Mauer selbst war in sich zusammengebrochen, als könnte sie die Verantwortung nicht mehr tragen. „Scheint, als wär Khansa durch."

Von Isaac bekam er eine auf den Hinterkopf. „Als ob du irgendeine Ahnung von Khansa hast. Nichts ist hier durch."

„Isaac hat recht", sagte Erin und drehte sich zu den beiden um. „Wir können Khansa nicht aufgeben."

Mit der ganzen Länge seines Armes deutete Felix auf die brennende Stadt. Er sah zu Erin, zu Khansa und wieder zurück. „Bin ich der Einzige, der das sieht?"

„Wir gehen rein", verkündete Erin und setzte sich in Bewegung. „Sie kämpfen noch, also gibt es noch was zu retten."

Isaac folgte ihr. „Jawohl!"

„Sicher", sagte Felix. „Ihr beide habt ja auch Rüstungen."

So liefen die drei durch eine zertrümmerte Mauer in eine brennende Stadt. Erin voran, dann Isaac, und Felix hing hinterher.

Rückblickend hätte es ihm wohl von Anfang an klar sein sollen, dass er Erin und Isaac keine Minute nach dem Eintauchen in den Rauch verlieren würde. Sie waren nun mal Merkurgeborene und selbst – wie in Isaacs Fall – mit einer Streitaxt in den Händen noch ein paar ganze Ecken schneller als er.

Bald war Felix allein. Es war zu heiß, es war zu trocken. Der Qualm brannte ihm in der Kehle und das Feuer – greller, als er Feuer in Erinnerung hatte – machte ihn halb blind.

Wieder umdrehen, den Weg hier raus finden und Khansa hinter sich lassen. Das wäre Felix' beste Option, aber zum einen hing auch sein Kopf an Merkur – denn so langsam gingen ihm die Nationen aus – und zum anderen war ihm diese Seite der Grenze wesentlich lieber, auch wenn sie in Flammen stand.

Das wiederum hieß, auch Felix musste jetzt seinen Teil beitragen, um Khansa aufrechtzuerhalten. Das *dürfte* im Bereich des Möglichen liegen. Zählte der Überfall diese Nacht nicht, hatte Felix seine Fähigkeit zwar noch nie in einem richtigen Kampf ausprobiert, aber es würde schon klappen – immerhin musste es das. Eine Rüstung wäre trotzdem nett gewesen.

Felix folgte der Schneise der Verwüstung. Zu seiner Rechten und zu seiner Linken fraßen sich Flammen durch Häuserwracks. Wenn man in Khansa wirklich noch am Kämpfen war, dann nicht hier. Hier gab es nur Qualm, Feuer und Funken. Felix blieb stehen, um zu husten, dann zog er sein Hemd über Mund und Nase. Mit der anderen Hand versuchte er, seine Augen abzuschirmen. Wie lange er wohl hierbleiben musste?

Eine gute Minute später traf Felix endlich auf Menschen. Allerdings waren es leider – *leider* – keine Soldaten und leider waren sie auch nicht mehr am Leben. Richtig, auch an hochmilitärischen Orten wie diesem gab es Zivilisten. Die meisten lagen neben ihren Häusern oder dem, was davon übrig war. Vielleicht waren sie vor dem Qualm nach draußen geflohen, nur um hier noch mehr vorzufinden. Das musste schon vor einer Weile gewesen sein, manche der Körper waren bis zur Unkenntlichkeit verbrannt. Ihm war schlecht.

Felix behielt seinen Mageninhalt, lief vorwärts, aber nach kaum drei Schritten gefror ihm das Blut in den Adern. Ein Hilferuf. Jemand rief um Hilfe. Langsam drehte sich Felix um. Das hätte er wirklich nicht tun sollen.

Mit Ruß beschmiert und vielleicht ein bisschen angekokelt, aber auf jeden Fall ein Mensch. Mit Armen, die sich in den Trümmern eines Hauses ausstreckten, auf dem noch das Feuer saß. Mit Augen, die auf Felix gerichtet waren – und das war es, was es erst wirklich schlimm machte. Die Person bat nicht nur um Hilfe, sie bat *ihn* darum.

Felix konnte nicht mehr so tun, als hätte er sie nicht gehört, nicht gesehen, sie hatten Blickkontakt gehabt, und jetzt wurde Felix von einem enormen Gewicht erdrückt. Er presste die Zähne aufeinander.

Keine Chance.

Felix drehte sich um und rannte. Weiter den Weg entlang, weg von der Person, weg von ihrem Scheiterhaufen, in den er sich auf keinen Fall stürzen würde.

Anstatt auf seine Gedanken konzentrierte sich Felix auf das, was er hörte. Das heiße Knistern der Flammen, sein gedämpfter Atem unter dem Stoff seines Hemdes, das Geräusch seiner Stiefel auf dem aschebedeckten Boden. Kein Rufen mehr. Vielleicht war die Person Einbildung gewesen. Warum eigentlich nicht? Das konnte er mit sich vereinbaren.

Felix bremste ab, so plötzlich, dass er beinahe vornüberfiel. Hier ging es nicht weiter. Eine Sackgasse. Vielleicht war es einmal das Ende der Straße gewesen, abgegrenzt durch die zwei letzten Häuser, die sich nicht links oder rechts in die anderen einreihten, sondern in der Mitte und somit im Weg standen. Sie leuchteten, brannten sich hoch in den Himmel. Ohne Feuer hätte man wohl zwischen den beiden Häusern durchgehen können, aber so, wie sie jetzt waren, ließen sie nur eine Handvoll Zentimeter zwischen den Flammen frei.

Felix hielt den Atem an. Er sollte umdrehen und einen anderen Weg finden, aber er bewegte sich nicht vom Fleck. Sicher ging es nicht vorwärts, aber zurück – das war ganz ausgeschlossen. Er konnte vergessen, was er gesehen hatte, einmal konnte er das auf jeden Fall. Zweimal? Das wusste er nicht. Felix tat einen Schritt zur Seite, einen Schritt zur anderen, schaute nach links und nach rechts, nur nicht hinter sich.

Das ist albern. Dreh dich um und geh zurück. Du kannst nicht wegen so was draufgehen.

Felix schloss die Augen, nicht länger als eine Sekunde, dafür war Khansa zu gefährlich. Vielleicht hätte er sich überwunden und wäre umgekehrt – hätte der heiße, trockene Wind die Stimme nicht noch einmal angeschleppt. Rau und hysterisch und fast weit weg.

Ob die Person wirklich gerufen hatte oder ob es pure Einbildung war, das war letztendlich egal.

Felix sprintete zwischen den beiden Häusern hindurch und im nächsten Moment bereute er das bitter. Feuer fraß an seinen Armen, seinen Beinen. Es war *heiß*, heißer, als er es für möglich gehalten hatte. Blendend, verheerend heiß. Er stolperte – kämpfte sich vorwärts – und dann war es vorbei.

Fast.

Felix war draußen, aber nicht allein. Die Flammen hingen an seinem Hemd, fraßen hartnäckig weiter. Er ließ sich fallen und wälzte sich schreiend auf dem Boden. Tatsächlich konnte er sein Hemd ersticken – vielleicht würde er nicht einmal so viele Brandnarben davontragen, wie er gedacht hatte.

Felix wäre gerne hier sitzen geblieben. Nicht weil es hier besonders schön war, sondern weil er unbedingt einmal durchatmen musste. Er keuchte, hustete, zog das Hemd wieder vor seine Nase und hob seinen Körper, nun doppelt so schwer, vom Boden auf. In

Khansa konnte man nicht durchatmen. Und Felix war noch nicht einmal weit genug gekommen. Er musste ins Herz von Khansa, dorthin, wo er vielleicht, vielleicht auch nicht, einen Unterschied machen konnte.

Von hier aus lief Felix schnurgerade, wenn auch ein wenig taumelnd, weiter. Häuser grundsätzlich zu vermeiden, schien ihm wie eine gute Idee. Bald hörte er Geräusche von Metall auf Metall und von Metall auf Fleisch. Schreie, alle möglichen Arten davon.

Die Luft wurde klarer, sodass er fast – und nur fast – frei atmen konnte. Das Flackern nahm ab und Felix sah mehr. Als er das Schlachtfeld erreichte, wünschte er sich allerdings, dass es nicht so wäre.

Sie waren leicht zu unterscheiden: Die Marsrüstungen waren schwer und klobig. Die Harnische der Merkurnation waren leicht und schlank, damit ihre Schnelligkeit nicht verloren ging. Ebenso leicht zu erkennen war das Verhältnis der einen zu den anderen: Auf jeden noch stehenden Merkurharnisch kamen zwei, drei Soldaten von Mars.

Felix wusste besser als jeder andere, dass die Marsnation eine riesige Armee hatte, und auch in Kenko war sie der Merkurarmee haushoch überlegen gewesen – aber das hier war lächerlich. Hatte sich die ganze Nation hier versammelt?

Nein. Halt. Stopp. Das war ein schlechter Gedanke, ein ganz schlechter. Felix wischte ihn weg, versuchte zu vergessen, dass er ihn je gedacht hatte. Natürlich war es nicht nur *eine* Nation, aber wenn er sich dem aktiv bewusst war, dann wurde das, was jetzt kam, unmöglich werden.

An Unmöglichkeit grenzte es ohnehin. Die Luft war gespickt mit blitzartigen Lanzen, rasiermesserscharfen Schwertern, jeder Art von Metall – jede Person war sein potenzieller Mörder. Und Felix stand hier, in einem angesengten Leinenhemd.

Es war das dritte Mal – das dritte Mal heute, dass er besser hätte umkehren sollen.

Aber das blendende Feuer. Die Luft. Der Rauch. Dort zu warten, würde ihn umbringen. *Hier* zu sein, würde ihn umbringen. Ein Plan musste her.

Verdammt, es *gab* einen Plan.

Kurz ballte Felix die Fäuste, dann ließ er wieder locker. Gut. Schön. Er würde es versuchen – versuchen müssen. Er musste sie nur berühren, egal wie, egal wo.

Mit dem nächsten Anblick war dieser Vorsatz allerdings wie weggewischt. Ein Soldat kam auf ihn zugewalzt, riesig, schwitzend, schnaufend. Aber vor allem –

„Schei–"

Felix hatte sie vergessen: Rüstungen. Das hier waren keine Bogenschützen, das waren Frontliniensoldaten – und zwar von Mars. Das hieß: von Kopf bis Fuß in Metall gehüllt.

Er rannte, wollte aber gleichzeitig den Soldaten nicht aus den Augen lassen, stolperte rückwärts und – weil es kam, wie es kommen musste – landete auf dem Boden.

Felix' Blut schien sich nicht mehr die Mühe zu machen, durch seine Beine zu fließen, warum auch – der Soldat war bloß Schritte entfernt. Klirrende, scheppernde Schritte. Auch mit Rüstung gäbe es keine Chance, sich von hier unten zu verteidigen, das Schwert eines Soldaten war länger als ein Arm.

Dann riss es den Soldaten weg, mitten im Lauf. Ein Pfeil blieb quer in seinem Gesicht stecken.

Einen Moment Schockstarre, dann lachte Felix auf – kurz und hoch. Woher der Pfeil gekommen war, interessierte ihn nicht. So schnell er es hinbekam, kraxelte er zurück auf die Beine. Sein Glück, sein *verdammtes* Glück.

Und jetzt? Glück hatte er zwar gehabt, aber die Situation selbst hatte sich nicht einen Deut gebessert. Wenn überhaupt, dann war er sich jetzt nur noch mehr der feindlichen Bogenschützen bewusst, die ihn jeden Moment aus dem Spiel nehmen konnten. Und dafür mussten sie nicht mal gut zielen.

Keine Zeit, darüber nachzudenken. Felix konnte sowieso nichts daran ändern. Was er jetzt brauchte, war ein neuer Plan. Die Soldaten boten nicht genug Angriffsfläche. Als Zivilist könnte er zwar durchgehen, aber helfen würde ihm das ganz bestimmt nicht.

Nichts. Ihm fiel nichts ein. Er war ein Idiot auf dem Schlachtfeld.

Als Felix herumwirbelte, tauchte das Gesicht einer Marssoldatin vor ihm auf. *Direkt* vor ihm.

Natürlich!

Felix stieß seine Hand in das Gesicht der Soldatin. Seine Finger trafen auf schweißnasse Haut. Die Axt, die sie mit beiden Händen schwang, stockte in der Luft, erreichte seine Hüfte nicht, und fiel der Angreiferin aus der Hand. Dann fiel sie selbst. Ihre Augen rollten sich ein winziges Stück zurück in ihren Schädel und sie brach auf dem Boden zusammen.

„H...ha!" Es hatte tatsächlich funktioniert. Er hatte es tatsächlich geschafft.

Felix *konnte* sie erwischen.

Felix *konnte* sie erwischen, aber nur, wenn er schneller war.

Schlecht.

Er brauchte Rückendeckung, und zwar dringend. Natürlich kannte er keine Menschenseele in der Merkurnation, schon gar nicht in Khansa. Er kannte Erin, aber die hatte Besseres zu tun, und er kannte Isaac, aber der würde ihm wahrscheinlich selbst den Kopf von den Schultern hauen.

Jetzt hieß es, flexibel sein.

Felix rannte, drehte den Kopf dabei nach links, drehte den Kopf nach rechts. Bis ihm eine Marsrüstung den Weg blockierte, eine Marsrüstung, die ihn vielleicht – vielleicht auch nicht – bemerkt hatte.

Mit einem Sturz bekam Felix die Finger in das Gesicht des Soldaten, bevor dieser verstand, was geschah. Falls er ihn tatsächlich gesehen hatte, dann hatte er bestimmt nicht erwartet, dass jemand wie Felix sich in die Offensive warf. Zugegeben, das war unter Umständen dumm und auch ein wenig lebensmüde gewesen – aber es hatte geklappt.

Der Soldat kippte, Felix allerdings auch, da ihm jetzt der Widerstand fehlte. Zum zweiten, vielleicht zum dritten Mal lag er auf dem rußbedeckten Boden von Khansa. Als er sich aufrappelte, sah er eine Gelegenheit.

Ein Schwertkämpfer – Merkurrüstung, wohlgemerkt. Auch er sah Felix, und das lag vermutlich daran, dass Felix ihm mit seiner Aktion soeben einen Angreifer weniger bereitet hatte.

„Hilf mir!", rief Felix, während er wieder auf die Beine stolperte. Wenn er Glück hatte, dann war ihm der Soldat jetzt etwas schuldig. Sein Ruf ging über den Lärm hinweg, und der Soldat verstand. Er nickte schnell und so hatten sich beide ein stilles Einverständnis gegeben, den anderen möglichst nicht sterben zu lassen.

Das allerdings gestaltete sich zunehmend schwieriger.

Jeder Soldat, den Felix anging, war ein Glücksspiel. Er zielte auf die, bei denen es eine realistische Chance gab, sie zuerst zu erwischen, und hoffte, dass der Schwertkämpfer ihm den Rest vom Hals hielt. Hoffen, riskieren – das war alles, was ihm zur Verfügung stand, und dummerweise schien es so, als ob es für eine Weile reichen müsste.

Die Marssoldaten waren wohl Kanonenfutter, das war der positive Aspekt. Es war zwar eine enorme Menge von ihnen, aber die meisten schienen nicht mehr Erfahrung zu haben als Felix. Viele von ihnen waren ekelhaft jung.

Mit der Zeit hatte sich eine Strategie ausgearbeitet und die Soldaten wurden weniger zu einem Problem als die Erschöpfung. Der immerwährende Rauch brannte in den Augen, im Hals und benebelte die Sinne. Er machte langsam und schwach. Felix sah bereits schwarze Punkte, und wer konnte sagen, wie lange sein Soldat schon mit seinem Schwert in Khansa herumgefuchtelt hatte. Soweit es Felix einschätzen konnte, würde er bald umkippen, und der Rest der Armee sah nicht besser aus. Die Marssoldaten litten zwar auch unter Hitze und Rauch, aber sie waren auch wesentlich mehr.

„Ich glaube, wir schaffen's nicht", würgte der Soldat hervor. „Es geht nicht mehr."

„Doch!" Felix blickte sich um. Er hielt Ausschau nach Merkurkriegern, die noch standen. Zumindest hier sah er nicht allzu viele. Vielleicht lag es an seinen tränenden Augen, aber auch die Marssoldaten schienen sich nicht mehr zu vermehren.

„Es werden weniger", rief Felix. Jede Silbe kratzte in seinem Hals, aber diese drei Worte klangen so schön und er hoffte, dass sie seinen Schwertkämpfer noch ein bisschen länger durchhalten ließen. Es war keine Lüge, aber helfen würde es ihnen nicht mehr. Die übrigen Merkursoldaten waren zu schwach und zu wenige. Felix war an dem Punkt angekommen, an dem er mit offenem Mund nach Luft schnappte. Er wusste, dass ihn das schneller dahinraffen würde, aber er konnte nicht anders.

Etwas Nasses klatschte Felix ins Gesicht. Nässe an sich wäre zwar schön gewesen – aber das hier war Blut. Die Frage war, wessen Blut. Schnell lugte er hinter sich, sein Soldat stand noch. Im nächsten Moment musste Felix einen weiten Schritt zurück machen, sodass er ihn beinahe anrempelte. Dieser Schritt war bitter nötig gewesen, denn sonst hätte ihn ein kopfloser Rumpf unter sich begraben.

Felix sah das blanke Fleisch, den blutspritzenden Stumpf Hals und den weißen Knochen, der nur ein kleines Stück herauslugte. Es gab viele Dinge, die Felix ertragen konnte, aber das nicht – nicht so nah. Das Schlachtfeld wankte und seine Beine konnten ihn nicht mehr halten. Er stieß mit dem anderen Soldaten zusammen, der ihn mehr schlecht als recht auffing und wieder auf die Füße schob.

Felix versuchte, nicht noch einmal nach unten zu blicken. Stattdessen sah er nach oben und sein Blick begegnete Erin. Natürlich, sie war es, die den Marssoldaten enthauptet hatte. Auf der Lichtung der Venusnation hatte sie das auch schon getan, aber da war es Felix nicht vergönnt gewesen, es aus nächster Nähe zu erleben.

Erins Kiefer war versteift und ihre Augen bitter. Ihre Stimme war ebenfalls vom Rauch verätzt, aber immer noch laut genug, als sie rief: „Rückzug, sofort! Wir geben Khansa auf!"

MITTAGSZEIT, NIEMANDSLAND, VENUSNATION

AMARI RANNTE. MIT JEDEM SCHRITT wurde ihr Atem flacher und hinter ihrer Stirn wurde es heißer. Im Kontrast dazu: der eisige Regen, der sie die ganze Zeit über begleitet hatte. Er hatte Amaris Haare durchweicht und sie auf ihre Haut geklebt. Kleine Rinnsale liefen von den Spitzen über ihr Gesicht, den Hals hinunter und wurden von ihrem Kragen aufgesogen. Hier und da brannte das Wasser auf ihrer Haut, dort wo Zweige und Dornen an Amaris Kleidung gezerrt und in ihr Gesicht geschnitten hatten. Ihren Harnisch hatte Amari schon vor gut einer Stunde aufgegeben, jedes zusätzliche Gramm war ein Gramm zu viel.

Wäre Amaris Situation nicht so, wie sie war, hätte sie nichts in der Welt dazu bewegt. Ihr Vater hatte ihr den Harnisch machen lassen, vor gut einem Jahr, als nicht mehr zu erwarten war, dass sie noch weiter wachsen würde. Jetzt lag er irgendwo zwischen garstigen Sträuchern im Nirgendwo der Venusnation. Amari fühlte sich krank. Wie Übelkeit kam es in Wellen, das Gefühl, als müsste sie heulen, schreien, sich hier im Wald auf den Boden legen und nie wieder aufstehen. Aber dafür hatte sie keine Zeit. Alles, was sie jetzt noch tun konnte, hing davon ab, dass sie weiterlief.

Noch zweimal stürzte Amari, noch zwei Atempausen musste sie einlegen, und ein oder zweimal wäre sie fast im vollen Lauf gegen eine Tanne geprallt.

Das war ein Déjà-vu. Es war nicht das erste Mal, dass Amari sich fühlte, als ob sie nur noch aus Beinen bestand, und ihren Kopf vergaß. Nur war es damals keine Tanne gewesen, sondern eine Hauswand. Kein Wald, sondern festgetretener Lehmboden. Brennende Mittagssonne, Rufe von ihrem Vater. Der Tag, an dem sie Nev im Garten zum ersten Mal überholt hatte. Er war fünfzehn gewesen, Amari elf, und seit Jahren hatte sie das Training nicht einen Tag ausfallen lassen. Nev hatte angefangen, sich immer häufiger zu drücken, aber an dem Tag war er da und an dem Tag überholte Amari ihn beim Sprinten – möglicherweise die wichtigste aller Übungen. Bis jetzt hatte es für sie kein besseres Gefühl gegeben. An dem Tag hatte sie unwiderruflich bewiesen, dass sie nicht mehr schwach war.

Der Regen fiel noch immer, als sich ein beeindruckendes Gebilde vor Amari aufzutürmen begann. Eine Mauer, neben der sich Khansas Mauer in Grund und Boden schämen würde. Beinahe doppelt so hoch und grau wie der Himmel. Nach links und nach rechts dehnte sie sich bis an die Grenzen von Amaris Blickfeld aus. Weder ein Anfang noch ein Ende noch ein Eingang waren irgendwo zu sehen. Umso näher Amari kam, umso unzweifelhafter wurde es, dass sie ihr Ziel erreicht hatte: die Jupiternation.

Oben auf der Mauer meinte Amari, Wachen auszumachen, höchstwahrscheinlich Bogenschützen. Eines stand fest: Hier würde niemand hineinkommen, der nicht hineinkommen sollte.

Amari stand ratlos im Regen und blickte die Mauer hinauf. Sie musste dahinter. Sie musste mit jemandem von dort drinnen sprechen. Nur wie sollte sie das anstellen?

Die ganze Zeit über war der Gedanke an eine Verhandlung der Grund gewesen, dass sich Amaris Magen auf die Größe einer Faust zusammenkrampfte. Jetzt scheiterte sie schon daran, dass man ihre Anwesenheit überhaupt zur Kenntnis nahm. Sie konnte nicht einfach an ein Tor klopfen.

Amari holte tief Luft, versuchte, ihre Magenschmerzen zu betäuben, und lief näher an die Mauer heran. Nur nicht *zu* nah.

„Hallo?", rief sie mit allem Druck, den sie aufbringen konnte.

Es kam ihr unendlich dumm vor. Und was, wenn sie nicht mal ein Geräusch von sich gegeben hatte? Vielleicht war sie durch die Kälte so heiser geworden, dass ihre Stimmbänder zwar vibrierten, aber trotzdem kein Ton hervorkam. Amaris Augen blieben auf die Bogenschützen geheftet. Ihr Anblick ließ die Bilder der Nacht wieder aufblitzen. Sie schloss die Lider und versuchte, das Zittern in den Griff zu kriegen.

„HALLO!", schrie sie noch einmal, dann entschied sie sich, die Botschaft zu ändern. „HILFE!" Soweit sie wusste, sprach auch die Jupiternation die Westliche Sprache, wenn nicht, war Amari verloren.

Es konnte alles an ihrer Einbildung liegen, vielleicht am Wunschdenken, aber eine der Wachen schien etwas bemerkt zu haben. Amari schrie noch einmal und wedelte mit den Händen – und der Tafel – in der Luft. Jetzt war sie sich sicher, dass man sie bemerkt hatte. Aber falls eine der Wachen etwas erwiderte, etwas zu ihr herunterrief, wie um alles in der Welt sollte sie das wissen?

Im nächsten Moment rückte dieses Problem in weite Ferne, denn was zu Amari herunterkam, waren keine Worte. Ein Pfeil steckte vibrierend im Boden, ein Meter vor ihren Füßen. Amari traten die Tränen in die Augen.

Sie hasste Pfeile. Sie hasste Pfeile und Bogenschützen auf den Tod.

Jede Zelle in Amaris Körper schrie danach, sich einfach umzudrehen und fortzurennen. Aber Amari tat es nicht. Sie ließ die Tränen laufen – im Regen würde man sie nicht einmal sehen –, aber sie durfte jetzt nicht rennen. Sie durfte hier nicht scheitern.

Amari war sich sicher, dass die Wache oben auf der Mauer irgendetwas rief. Aber wie konnte sie herausfinden, was es war? Nein, wie konnte sie die Wache wissen lassen, dass sie nicht verstand?

Amari zog die Kreide aus dem kleinen Beutel, den sie am Gürtel trug. Der Anblick von Tafel und Kreide war noch immer unerträglich. Sie musste sich jetzt zusammenreißen.

HILFE, schrieb sie auf die Tafel, in den größten Buchstaben, die diese zuließ.

Ganz bestimmt konnte die Wache oben ihre Nachricht nicht lesen, aber vielleicht gab es ihr eine Ahnung, dass Kommunikation mit Amari nicht ganz so funktionierte, wie sie sich das vorstellte. Alles, was Amari wollte, war, dass die restlichen Pfeile blieben, wo sie waren.

Eine lange Zeit passierte gar nichts. Der Regen wusch die Kreide ab, die ohnehin auf der nassen Fläche nicht gut gehalten hatte. Amari verfasste die erbärmliche Botschaft noch einmal und noch einmal. Oben auf der Mauer herrschte Bewegung, aber Amari wusste nicht, was ihr diese Bewegung zu sagen hatte.

Sie hatte keine Ahnung, wie lange sie dort stand. Eine halbe Stunde vielleicht, möglicherweise zwei volle. Sie spürte bald nur noch einen Schatten ihrer Hände und ihre Zähne klapperten. Für späten Frühling war es überraschend kühl.

Fast zwei ganze Kreidestücke später – als Amari nur noch einen kleinen, aufgeweichten Stummel in der Hand hielt – tat sich etwas.

Zuerst sah Amari sie nur aus dem Augenwinkel; eine Gestalt kam im Regen auf sie zu. Ob freundlich oder feindlich, das konnte Amari unmöglich sagen, aber wenn man sie tot sehen wollte – damit tröstete sie sich – dann hätten die Bogenschützen das schon längst erledigt.

Die Silhouette war groß und beim Näherkommen wurde sie nicht kleiner. Bald konnte Amari eine Frau ausmachen: irgendwo in ihren Dreißigern, riesig, beigefarbene Haut, helle Augen, dunkle Haare – genau auf Kinnlänge geschnitten. Aber das Wichtigste an ihr: ein Mal, grün wie eine Tanne, direkt auf ihrem Hals. Es war das erste Mal, dass Amari ein Jupitermal sah, und diese Tatsache allein reichte aus, um sie einzuschüchtern.

Ungefähr einen Meter vor Amari blieb die Frau stehen, ihre

Lippen bewegten sich und Amaris Magen sackte zu ihren Knien. Ihr war übel. Sie wünschte, sie könnte Sätze einfach von den Lippen ablesen, aber alle Mundbewegungen sahen für sie gleich aus.

Es war der Moment in Amaris Leben, in dem sie sich bis jetzt am dümmsten gefühlt hatte. Zögerlich und ohne ein Wort zu sagen, reichte sie der Frau die Tafel. Amari wollte mit *ihr* reden, nicht umgekehrt, und trotzdem war es die Frau, die auf der Tafel schreiben musste. Das konnte Amari nicht von ihr erwarten und trotzdem musste sie es. Entschuldigend deutete sie auf ihre Ohren. *Kommunikationsprobleme.* Sie fühlte sich furchtbar.

Eine Weile sah die Frau Amari misstrauisch an, bevor sie die Tafel tatsächlich langsam entgegennahm. Regen tropfte Amari vom Kinn. Die Kreide hielt kaum auf der Tafel. *Alles* war furchtbar.

Was soll das?, sagten kleine, löchrige, aber ordentliche Buchstaben. Die Frage konnte sich auf vieles beziehen und Amari wusste nicht, welche Antwort die richtige war.

„Ich bin eine Gesandte der Merkurnation", sagte sie, vermutlich lauter als nötig. „Ich möchte ... verhandeln!"

Die Brauen der Frau wanderten so weit nach oben, dass sie unter ihren Haaren verschwanden. Sie schrieb, dabei ließ sie sich Zeit – und Amari nie länger als zwei Sekunden aus den Augen.

Warum schickt ihr jemanden, der nicht hören kann?

Amari konnte sich kaum vorstellen, wie verdächtig das alles wirkte. Zu jung. Zu unerfahren. Es gab nichts, was die Worte aus ihrem Mund glaubwürdig erscheinen ließ. Am liebsten würde sie tot umfallen.

„Ein Notstand", sagte Amari langsam. „Ich muss mit ..." sie stockte. Mit wem musste sie reden? Sie hatte kaum eine Ahnung, wie die Jupiternation funktionierte. „Mit ... einem König ... oder Königin reden?"

Die Frau blickte kühl. Dann schrieb sie.

Wir haben keine.

„Mit einem Befehlshaber?", versuchte es Amari. *Bei Merkur,* all ihre Sätze waren Fragen – wie überzeugend sie wirken musste. „Ich muss mit einem reden."

Warum?

„Wir brauchen Hilfe!", platzte Amari heraus, was vermutlich alles andere als professionell klang. „Wir brauchen Hilfe im Kampf ... gegen die ..."

Der Rest des Satzes verlor sich. Die Frau drehte die Tafel zu ihr, offensichtlich mit der Absicht, sie Amari zurückzugeben.

Geh.

„Nein!" Amari musste wirklich anfangen, zu denken, bevor sie sprach. „Ich meine, ich bitte Sie. Es ist wichtig. Es geht um die Marsnation." Sie hatte die Hoffnung, dass das die Frau hellhörig machen würde oder zumindest ein bisschen interessiert. Jupiter und Mars hatten eine Vergangenheit, eine recht blutige. Aber das hatte wohl die halbe Welt.

Tatsächlich reckte ihr Gegenüber das Kinn.

Inwiefern?, schrieb sie auf die Tafel.

„Insofern, dass sie uns alle auslöschen könnten", sagte Amari. Vor der riesigen Mauer der unantastbaren Jupiternation schien der Satz geradezu lächerlich. Dennoch war er nicht ganz falsch.

Die Jupiterdame zeigte sich nicht beeindruckt.

Ich bezweifle das.

Sollte Amari es wagen? Sie wagte es. „Könnte ich das bitte mit einem Befehlshaber besprechen?"

Die Augen der Frau wurden lediglich enger.

Ich bin fast einer.

Na gut, kein Problem, kein Problem. Amari atmete tief ein. „Mars hat die Venusnation eingenommen."

Neben dem Offensichtlichen sagte sie mit diesem Satz noch zwei Dinge.

Erstens: Mars war wieder stark.

Zweitens: Mars hatte sich nicht an die Vereinbarung mit Jupiter gehalten.

Die Frau sah sie an.

Lüge.

„Wahrheit." Amari presste die Lippen aufeinander.

Eine Weile, eine wirklich lange, ungemütliche Weile lagen die Augen der Frau auf ihr. Dann sagte sie ein Wort und Amari versuchte vergebens, auch nur eine Silbe zu verstehen. Ob es etwas damit zu tun hatte, was die Frau danach aufschrieb, wusste Amari nicht.

General Vera wird mit dir reden wollen.

Erleichterung durchflutete Amari, aber in gewisser Weise klemmte der Gedanke, mit einer Generalin zu reden, sie nur noch mehr ein. Die Frau deutete ihr, mitzukommen, und Amari setzte sich in Bewegung.

Neben ihr zu laufen war seltsam, aber hinter ihr ließ die Jupiterdame Amari nicht laufen und vor ihr konnte sie nicht. Die Mauer war noch größer als angenommen, es war ein Fußmarsch von gut fünf oder zehn Minuten – oder vielleicht kam es Amari nur so lange vor –, bis sie einen Eingang, ein großes, schweres Tor, erreichten. Die ganze Zeit über hatte die Frau Amari im Auge und ihre Hand auf der kleinen handlichen Axt behalten, die sie am Gürtel trug.

Zwei gewaltige Wachen ließen sie und Amari ungefragt durch. Sicher wussten sie, dass Amari keine von ihnen war. Selbst wenn die Frau nicht erzählt hatte, dass sie gerade eine Merkursoldatin einschleuste, war das Mal auf Amaris Handgelenk nicht gerade verdeckt. Bei dem Gedanken wurde ihr ein wenig flau im Magen – und noch flauer wurde ihr, als sie tatsächlich durch das Tor trat. Sie war in der Jupiternation.

Aber viel bekam Amari davon nicht zu sehen. Anders als in Khansa schien die Mauer nicht bloß eine Mauer zu sein, sondern ein ganzes Gebäude mit engen Gängen, Treppen und Türen. Aus Gründen, die ihr selbst nicht bekannt waren, fiel Amari zuerst auf, dass die Türrahmen ein kleines bisschen höher waren, als sie es gewohnt war. Die Türen selbst bestanden aus Holz, schienen aber dicker – stabiler – als die in der Merkurnation. Hier und dort hingen verzierte Wandteppiche mit dem Symbol Jupiters. Alles war geradeso vertraut genug, dass Amari wusste, sie war nicht *schrecklich* weit von zu Hause weg – aber fremd genug, dass ihr Kopf nicht aufhören konnte, ihr zu sagen, dass sie hier nicht hingehörte.

Vor einer Tür, äußerlich wie jede andere, blieb die Jupiterdame stehen und so auch Amari. War es Zeit? Würde sie mit der Generalin reden können? Ihr Herz klopfte schneller, ähnlich wie vor dem Ritual.

Dass die Frau einen Riegel beiseiteschieben musste, um die Tür zu öffnen, war das erste schlechte Anzeichen. Als die Tür sich öffnete, brachte sie nicht viel zum Vorschein. Ein paar Stühle in einem halbdunklen Raum aus Stein.

Amari sah die Frau an und die streckte lediglich ihren Arm aus. Eine Geste. *Bitte, geh doch rein.* Amari war sich nicht sicher, ob es Enttäuschung oder Furcht war, was sich in ihr breitmachte. Immerhin folgte die Frau ihr hinein.

Mitten im Raum blieb sie stehen und winkte die Tafel zu sich. Amari gab sie ihr. Was sollte sie auch sonst tun? Es gab keinen Grund, ihr nicht die Tafel zu geben, auch wenn sich Amari dabei noch nie so unwohl gefühlt hatte wie jetzt gerade. Sie konnte nicht genau sagen, wieso.

Die Frau schrieb, konzentriert und irgendwie triumphierend. Als sie die Tafel zu Amari umdrehte, stand *Warte hier* darauf. Amari sah die Worte zweimal, vielleicht dreimal länger an, als es nötig war. Sie wollte etwas sagen, aber ihr fiel nichts ein, also machte sie den Mund wieder zu. Die Jupiterdame machte große Schritte zurück zur Tür, die Tafel unter den Arm geklemmt. Amari rührte sich nicht.

Dann stand die Frau außerhalb des Raumes und nickte noch einmal in Amaris Richtung, fast ein bisschen höhnisch. Die Tür fiel zu – oder wurde vielmehr zugeschlagen. Amari musste es nicht testen, um zu wissen, dass sie von außen verschlossen war.

Es war eine ganze Reihe dunkler als vorher. Der Raum hatte keine Fenster, das einzige Licht kam vom Schlitz unter der Tür.

Amari stand in der Mitte eines annähernd leeren Raums und auch ihre Hände fühlten sich furchtbar leer an. Die Frau hatte ihre Tafel mitgenommen und obwohl Amari geschworen hatte, sich zusammenzureißen, traten ihr wieder die Tränen in die Augen.

Warte hier.

Etwas anderes blieb ihr ja nicht übrig, oder? Amari setzte sich auf einen der beiden Stühle und zog die Beine an. Plötzlich erinnerte sie sich an Orla, den Jungen, der beim Ritual den Stuhl beschlagnahmt hatte. Jetzt gehörte der Stuhl Amari, es gab hier allerdings auch niemanden, der ihr darum Konkurrenz machte.

Amari saß und wartete. Vielleicht berieten sie sich, ob sie ihr eine Audienz gewähren sollten, und so lange musste man sie irgendwo wissen, wo sie keinen Schaden anrichten konnte. Das konnte sie doch verstehen, gar kein Problem. Vielleicht wollten sie testen, wie wichtig es Amari tatsächlich war, wie diszipliniert sie hier drin sitzen und die Langeweile über sich ergehen lassen würde. Wie professionell sie war. Amari begann an ihren Fingernägeln zu kauen. Kein Problem, sie hatte sich unter Kontrolle. Die Dunkelheit, vermischt mit dem schwachen Licht, das unter der Tür hindurchsickerte, ließ es ihr vorkommen wie ein Morgen, an dem sie krank im Bett lag, zu viel geschlafen hatte und zu früh wach war.

Nach ungefähr zehn Minuten begann Amari, ihren Körper zu spüren. Hier drin war sie allein mit sich selbst und rennen konnte sie auch nicht. Sie spürte, wie ihre Beine pochten, wie die Muskeln sich zusammenzogen und entspannten, ohne dass sie damit etwas zu tun hatte. Nach ein paar Minuten zog sie einen ihrer Stiefel aus, betastete ihre Fußsohle. Sie war voller Blasen und brannte wie Feuer. Ihre Knie knirschten. Manches davon kam vielleicht vom heftigen Zusammentreffen mit dem Boden, anderes vom heftigen

Zusammentreffen mit Knochen. Ihre Handflächen kribbelten, ihre aufgeschürften Knöchel nässten. Amari konzentrierte sich auf die Schmerzen ihres Körpers, auf das Brennen und das Pochen, das ihr Tränen in die Augen trieb. Mit sich selbst allein zu sein, mit ihren Gedanken, das konnte sie nicht ertragen. Nicht jetzt.

Nach einer Stunde waren Amaris Fingernägel blutig und sie kaute nicht mehr. Den Stiefel hatte sie wieder an und trotz Schmerzen tappte sie nun mit dem Fuß. Ihr Zeitgefühl drohte ihr jeden Moment aus den Fingern zu rutschen. Sie *hatte* keine Zeit. Khansa kämpfte, während sie hier saß. Ihr war nach Schreien zumute. Vielleicht wollten sie sie *wirklich* testen, vielleicht berieten sie sich noch.

Was, wenn sie sich entschlossen hatten, sie umzubringen, nur noch überlegten, wer es tun sollte, und jeden Moment würde die Tür aufgehen, die Jupiterdame zurückkommen und Amari mit ihrer Handaxt den Kopf abschlagen? Vielleicht so präzise und schmerzlos, wie Erin es tat, wenn Amari Glück hatte.

Oder was, wenn sie sich entschieden hatten, Amari einfach hier drin verhungern und verschimmeln zu lassen? Das konnten sie nicht machen. Sie wurde doch gebraucht. Sie mussten ihr zuhören. Bitte.

Später – Amari wusste nicht, wie viel später – war der dominante Gedanke in ihrem Kopf, dass sie die Tür eintreten könnte. Sicher könnte sie die Tür eintreten, die war zwar dick, aber am Ende war es doch nur Holz. Wenn sie Amari nicht mehr hinausließen, könnte sie die Tür eintreten, einfach so. Einfach so.

Später – vielleicht ein paar Minuten – oder Stunden – wischte sich Amari hektisch über ihr Gesicht. Sie saß immer noch auf dem Stuhl, ihre Beine waren immer noch angezogen, ihre Tränen waren schneller als ihre Arme. Sich auf Schmerzen zu konzentrieren, Fingernägel zu kauen, zu üben, was man einer Generalin erzählte, die praktisch keinen Grund hatte, einem zu helfen – all das hielt nicht ewig. Irgendwann war Amari *doch* mit ihren Gedanken allein gewesen und wenn sie einmal in ihrem Kopf waren, dann wurde sie sie nicht mehr los: ihr Vater, der dunkle Raum, die Tatsache, dass sie keine Ahnung hatte, wie lange sie hier drinnen war und wann sie rauskommen würde, dass sie Khansa enttäuschte, die Merkurnation genau in diesem Augenblick vor die Hunde ging und sie keine Hilfe bekommen würde. Die Auswahl war groß.

Später, irgendwann, öffnete sich die Tür, und Amari sprang auf. Es waren zwei Soldaten, nicht die Frau von vorhin und vermutlich auch keine Generalin. Einen Moment dachte Amari wirklich, dass sie gekommen waren, um sie zu töten, aber das stimmte nicht. Sie verstand zwar kein Wort von dem, was sie zueinander sagten, aber sie meinte zu verstehen, was geschah. Sie tasteten sie ab, sie untersuchten sie auf Waffen. Natürlich fanden sie keine, und dass Amaris Waffen theoretisch ihre Arme und Beine waren, das musste sie ihnen jetzt nicht auf die Nase binden.

Die Wachen verschwanden, die Tür schlug zu, und Amari war wieder allein. Sie setzte sich nicht noch einmal. Sie lief im Kreis, nutzte dabei jeglichen Platz aus, den der Raum zu bieten hatte, und fiel mehr als einmal fast über den zweiten Stuhl.

Dann kam die Jupiterdame zurück.

Amari fiel sofort ins Auge, dass sie ihre Tafel nicht dabeihatte. Amari *brauchte* ihre Tafel – wie stellte es sich die werte Dame vor, mit ihr zu kommunizieren?

Vielleicht musste sie das nicht. Sie würden sie *doch* umbringen.

Amaris ängstlichen Blick erwiderte die Frau lediglich mit einer hochgezogenen Braue. Sie machte eine Geste, ihr zu folgen.

Ein wenig betäubt folgte Amari der Frau ein zweites Mal durch das verschlungene Innere der Mauer. Ob es möglich wäre, im Notfall allein wieder hinauszufinden? Und wo war ihre Tafel? Amari war fertig, völlig fertig.

Die Tür, vor der die Frau stehen blieb, war so identisch wie der Rest. Allerdings hatte sie kein Schloss. Das war gut, sehr gut. Der

Raum hatte Fenster, noch besser. Einen Tisch und passende Stühle. Auf einem von ihnen saß eine ausgesprochen kleine Frau. Und viel wichtiger: Amaris Tafel lag auf dem Tisch.

Die Frau war klein, nicht jung. Sie konnte gut in Erins Alter oder darüber sein, nur war ihr Körper zu klein für ihren Kopf, ihre Arme ein wenig zu lang und auch der Rest von ihrem Körper wirkte ein bisschen verschoben.

Sicher war sie Soldatin – oder Soldatin gewesen – oder hatte es zumindest versucht. Ein Mal sah Amari zwar nicht, aber nicht jeder hatte es an so einer auffälligen Stelle wie sie selbst. War das die Generalin?

Die große Frau ging um den Tisch herum und blieb hinter der kleinen stehen, aufmerksam, wachsam. Es war ziemlich klar, welchen Zweck sie hier erfüllte. Auch die Augen der vermeintlichen Generalin waren auf Amari geheftet.

Amari konnte ihr Gesicht nicht lesen, es verriet absolut nichts. Vielleicht war es gang und gäbe in der Jupiternation, seine Emotionen nicht offen zu zeigen. Oder *Feinden* seine Emotionen nicht offen zu zeigen.

Generalin Vera nickte zum Stuhl ihr gegenüber. Zögerlich trat Amari vor, langsam setzte sie sich. Kurz fragte sie sich, ob sie noch verheult aussah.

Anka sagt, du hast Informationen für mich, schrieb die Generalin.

Amari blickte auf zu der Frau, Anka, die sie abgeholt hatte. *Informationen* war zwar nicht ganz falsch, aber auch nicht die ganze Wahrheit.

„Ah ... ja, ich hab welche – ich meine, ich hab noch ein anderes Anliegen, aber ..." Amari atmete scharf ein. „Ja, ich meine ja."

Vera starrte sie an, ohne auch nur mit der Braue zu zucken. Amari meinte, dass sich der Blick durch ihren Schädel bohrte. Sollte sie einfach anfangen zu erklären? Sollte sie warten, bis Vera etwas tat? Was *machte* sie hier überhaupt?

Vera nahm die Tafel erneut, Amari atmete auf.

Erkläre, schrieb sie.

Das war keine besonders klare Anweisung. Amari wusste nicht, wie oder wo sie anfangen sollte. Oder wie sie es sagen sollte, oder was Vera schon wusste, oder, oder, oder.

„Wir brauchen Hilfe im Kampf gegen Mars", platzte es Amari in einem einzigen, undiplomatischen Atemzug heraus.

Veras Brauen rutschten auf ihrem Steingesicht tatsächlich nach oben. Anka schüttelte den Kopf, fast ein bisschen belustigt. Amari bereute jeden Augenblick seit ihrer Geburt, der zu dieser Situation geführt hatte.

„Wir brauchen Unterstützung", versuchte sie es noch mal, nun, da Vera sowieso wusste, warum sie hier war. „Weil die Marsnation ..." Ihre Worte blieben in der Luft hängen, denn Vera schrieb. Redete Amari, während Vera schrieb, dann fühlte sie sich, als würde sie sie unterbrechen, und das wollte sie auf keinen Fall.

Vera nahm sich Zeit.

Du willst, dass wir mit euch gegen Mars kämpfen.

Amari schluckte – und nickte.

Vera verwischte die Buchstaben auf der Tafel mit der Hand und schrieb erneut, diesmal etwas kürzer. *Ist das ein Scherz?*

Amari presste die Lippen aufeinander und schüttelte den Kopf. Sie mied Veras Blick, erst nach ein paar Sekunden der Stille sah sie auf. „Wir haben ..."

Vera schrieb, Amari war ruhig und starrte auf ihre Hände. Als Vera fertig geschrieben hatte, stellte sie die Tafel aufrecht auf den Tisch, sodass Amari die Antwort nicht deutlicher sehen konnte.

Ein Bündnis wäre komplett gegen den Willen Gottes. Aller Götter. Ausgeschlossen.

Amari öffnete ihren Mund, aber Vera war noch nicht fertig. Sie nahm die Tafel zurück, schrieb weiter. Passend, denn ihre eigene Antwort hatte Amari sowieso noch nicht gekannt.

Und wenn wir etwas von der ersten Menschheit gelernt ha-

ben, dann ist es, sich nicht in fremde Angelegenheiten einzumischen, schrieb Vera. *Die Jupiternation führt keinen Krieg.*

Amari starrte die Worte an, für eine gute, lange Weile, vor allem die letzten. Etwas brodelte dabei in ihrem Magen und schob sich dann ihren Hals hinauf.

„Wir schon."

Vielleicht war es der Stress gewesen, der Druck. Erst nach ein paar Sekunden fiel Amari auf, wie feindselig – wenn nicht gar *bedrohlich* – man diese Antwort verstehen konnte. Hinter Vera schien Anka bereit, Amari bei der kleinsten Unannehmlichkeit in Stücke zu hacken.

„Wir haben keine Wahl, ist, was ich sagen will." Amari holte flatternd Luft. „Niemand würde sich mit der Jupiternation anlegen – aber *wir* sind weder groß, noch haben wir ein großes Militär, noch sind wir von Natur aus robust, *noch* hat unsere Mauer dunkle Gefängniszellen." Amaris Hände umklammerten die Kante des Tisches so fest, dass sie meinte, ihn zerbrechen zu können. Trotzdem konnte sie sich nicht davon abhalten, lauter zu werden. „Wenn wir Krieg führen, dann nicht, weil wir uns das ausgesucht haben."

Eine Weile blickte Vera Amari an, dann begann sie zu schreiben – in aller Seelenruhe, während Amari von Ankas feindseligen Blicken durchbohrt wurde.

Als Vera fertig war, wurde Amari furchtbar schwindelig.

Hier gibt es nichts zu holen. General Vera schob die Tafel zu Amari. *Geh zurück zu deiner Nation.*

Amari spürte, wie ihre Lippe zitterte und wollte es trotzdem nicht wahrhaben. Hier drinnen konnte sie nicht weinen.

„Nein", hauchte sie, den Blick abwechselnd auf die Tafel und auf Vera gerichtet. Dann sprang sie auf. „Nein, warten Sie, bitte. Unser Grenzpunkt wird in diesem Moment angegriffen –"

Vera brauchte weder Anka noch irgendwelche Worte, um Amari zu unterbrechen. Ein stummer Zeigefinger, wie beiläufig auf die Tür gerichtet, war mehr als genug. Amari tat ihr Allerbestes, um ihn zu ignorieren, und redete einfach weiter. Sie musste.

„Wir ... Khansa wird angegriffen. Wir werden in diesem Moment ausgelöscht! Von Mars. So wie die Venusnation."

Ein wenig öffneten sich Veras Lippen. Sie sah Amari an und wieder war ihr Blick unergründlich. Schließlich beugte sie sich nach vorn und zog die Tafel zurück auf ihre Seite. Amari atmete.

Ist das die Information? Veras Blick war erwartungsvoll, skeptisch.

„Ja!", sagte Amari, vermutlich zu laut. Sie hatte sich noch nicht wieder gesetzt und war nun viel zu aufgekratzt dafür. „Sie haben die Venusnation eingenommen. Und sie haben sie zwangsrekrutiert. Mars ist doppelt so groß wie vorher und doppelt so mächtig. Sie werden gefährlich, für uns *alle*."

Kaum merklich schüttelte Vera den Kopf. Ihr Gesicht war härter, als sie diesmal schrieb. Die Buchstaben waren deutlicher als vorher.

Wir fürchten die Marsnation nicht.

„Ihr solltet", rutschte es Amari heraus und sie verfluchte sich selbst.

Vera hatte es nicht gesagt, nicht geschrieben, das trockene ‚Was?' konnte Amari ausnahmsweise von ihrem Gesicht ablesen.

„Sie haben ..." Amari stolperte über ihre Worte. „Sie haben die Venusnation eingenommen und Leute zwangsrekrutiert", sagte sie noch einmal. „Und wir sind die Nächsten. Wenn sie uns auch einnehmen und ihre Armee weiterwächst, dann kommen sie auch an euch ran!"

Vera schrieb.

Wir können es mit Mars aufnehmen. Heute wie morgen.

Das war, was auf der Tafel stand, aber nicht alles, was Vera dachte. Die Art, wie sie sich ein wenig in ihrem Stuhl zurücklehnte, die Augen ein bisschen zusammenkniffen, machte Amari stutzig. Machte Amari Hoffnung. Vera schaute sie lange an, oder vielleicht eher durch sie hindurch.

„Wir nicht", sagte Amari schließlich, als sie sich fühlte, als müsste sie jetzt etwas sagen. Sie stand gerade, wie es sich für eine Soldatin gehörte. „Wir können es nicht mit der Marsnation aufnehmen, und ich weiß, ihr führt keinen Krieg, aber wir tun es. Wir haben keine Wahl. Und wenn wir keine Hilfe bekommen, dann wird es früher oder später auch gegen euch sein."

Das klingt wie eine Drohung.

Amari war auf hauchdünnem Eis.

Sie schüttelte den Kopf und presste die Lippen zusammen. „Es ist die Wahrheit."

Vera starrte, dabei tippte sie mit dem Zeigefinger auf Amaris Tafel. Schließlich schrieb sie. *Mars hat also die Venusnation übernommen?*

„Ja."

Und wie viele zwangsrekrutiert?

„Mehr als die Hälfte", riet Amari.

Vera nickte langsam, während sie an Amari vorbeisah. Es war, als wäre sie von einem Moment auf den anderen verschwunden und als dächte Vera über etwas völlig anderes nach.

Amari wartete eine Weile und entschied dann, dass sie das heute genug getan hatte.

„Bitte", sagte sie, weil sie alle anderen Argumente ausgeschöpft hatte, weil sie nicht mehr wusste, was es sonst noch zu sagen gab. „Bitte."

SPÄTER NACHMITTAG, KHANSA, MERKURNATION

„KHANSA AUFGEBEN?"

„Ganz genau." Erin rauschte an Felix vorbei, kurz danach hörte er ihr Kommando ein zweites, dann ein drittes Mal. Andere Stimmen gaben es wieder.

Aufgeben. Sich zurückziehen. Khansa hinter sich lassen.

„Alle nach Navoi!" Wie eine Lawine ging der Befehl durch die Reihen der übrigen Soldaten. Das Muster war schnell ausgemacht. Man hörte es, wiederholte es – und lief.

Schön, Felix hielt es sowieso keine Minute länger hier aus.

Er begann zu laufen, den andern hinterher, und dann fiel es ihm siedend heiß wieder ein: Merkurgeborene. Der berüchtigte Rückzug der Merkurnation. Von dem hatte Felix gehört, immerhin hatten auch Merkur und Venus einmal gegeneinander gekämpft – und das war noch gar nicht lange her.

Was den Rückzug der Merkurkrieger so besonders machte, war natürlich ihre Schnelligkeit. Hatten sie erst einmal beschlossen zu fliehen, dann konnte ihnen niemand folgen, der nicht unter dem Zeichen Merkurs geboren war.

Wie Felix jetzt feststellte, war das ein Problem.

Er rannte zwar so schnell, wie seine Beine, seine Lunge es noch hergaben, aber innerhalb weniger Sekunden schien die halbe Welt an ihm vorbeigezogen zu sein. Auch der Soldat, mit dem Felix sich zusammengeschlossen hatte, war bald aus seinem Blickfeld verschwunden. Selbst die, die verwundete Kameraden auf den

Schultern trugen, waren schneller als er.

Sie *alle* waren schneller als er. Keine Chance.

Felix wurde langsamer. Ein paar Nachzügler rauschten an ihm vorbei. Er blieb stehen. Der Rückzug lebte von der Ohnmacht des Gegners, wenn sich alle in diesem Tempo und fast zeitgleich davonmachten. Die Marssoldaten würden nie zu den Merkurkriegern aufschließen können, aber zu Felix schon. So ganz allein gab er ein ausgesprochen gutes Ziel ab.

Es war eine komische Situation. Bis jetzt hatte er nicht nur Rauch und Feuer überlebt, sondern auch noch den rüstungslosen Kampf. Jetzt war es vorbei, weil er nicht schnell genug war. Zum Schießen.

Etwas riss an seinem Arm und ihn wieder in den Laufschritt. Fast wäre er vornüber in den Dreck gefallen, aber die Geschwindigkeit ließ ihm keine Zeit dafür.

„Leg 'nen Zahn zu, Venus!"

Er hatte sich noch nie so gefreut, Erin zu sehen. Vielleicht hatte sie noch die restlichen Soldaten informiert, vielleicht ging sie aus Prinzip als Letzte.

„Erin, Erin, Erin, Erin, ich weiß es zu schätzen", rief Felix. Seine Füße berührten nur knapp den Boden. „Aber ich brauch den Arm noch!"

Abrupt hörte das Ziehen in seiner Schulter auf und Felix stieß mit einer stehenden Erin zusammen. Sie hatten Khansa noch nicht verlassen, aber immerhin einen Vorsprung vor eventuellen Marssoldaten.

„Dann musst du schneller laufen", sagte Erin.

„Ich *kann* nicht", sagte Felix.

Erin knirschte mit den Zähnen. Sie stemmte die Hände in die Hüften und richtete ihren Blick irgendwo in die Ferne. Sie dachte nach.

„Na schön", sagte sie schließlich. In ihrer nächsten Bewegung warf Erin ihr Schwert ins Gebüsch, kurz darauf folgte die Schwertscheide.

„Was?"

Erin löste die Riemen ihrer Lederrüstung und ließ sie zu Boden fallen.

„Es ist jetzt auch egal", sagte sie, „welches Gewicht ich mit mir herumschleppe."

Fünf Sekunden später war Felix wieder in Bewegung, die zusammengestürzten Häuser Khansas wurden kleiner, aber seine Füße berührten nicht den Boden. Erin trug ihn huckepack.

„Ein dummer Kommentar und du fällst."

Zu beidseitiger Überraschung ließ Erin ihn tatsächlich nicht fallen, bis sie vor der Mauer der Stadt ankamen, bei der es sich allem Anschein nach um Navoi handelte. Wie erwartet waren sie ohne Khansa schutzlos – Navoi würde den Feind höchstens vor Lachen in die Knie zwingen. Im Vergleich zu Khansa war die Mauer mickrig, geradezu peinlich, und auch Navoi selbst war es kaum wert, als Stadt bezeichnet zu werden.

„Du bist doch schwerer ... als ich gedacht hab", sagte Erin zwischen Atemzügen, als sie Felix ein paar Meter vor dem geöffneten Schutzwall ablud. Sie setzte sich ins Gras und gab sich ein paar Augenblicke, um wieder zu Luft zu kommen. „Und bilde dir nichts darauf ein", sagte sie, „du hast nun mal dieses orangefarbene Mal ... und wer dieses orangefarbene Mal hat, den lasse ich nicht zurück, wenn es sich irgendwie vermeiden lässt ... selbst wenn er vorher für Mars, Venus oder sonst wen gekämpft hat."

„Klingt fair", keuchte Felix vom Boden aus. „Danke."

Endlich konnte er klare Luft atmen. Seine Augen brannten noch immer, seine Stimme krächzte und sobald er die Lider schloss, loderte Khansa wieder vor ihm auf. Alles, von den verbrannten Zivilisten über die toten Soldaten bis hin zum kopflosen Rumpf flackerte im Schnelldurchlauf an ihm vorbei. Felix blinzelte heftig.

„Ich hab keinen Schimmer", sagte Erin, „wie du Khansa überlebt hast. Du bist der formloseste Soldat, den ich je gesehen hab."

„Ich hab mehr Glück als Verstand", sagte Felix.

„Nur Glück, würde ich fast sagen. Hast du vor Mars jemals auf einem Schlachtfeld gestanden?"

„Nicht aktiv."

Erin schüttelte den Kopf. „Was die Sache mit deinen Händen angeht ... ich würde dir ja raten, dass du damit aufhörst – das könnte ein paar Leute ziemlich nervös machen. Aber anscheinend rettet es dir den Hintern."

Es hätte Felix nicht gestört, noch ein paar Stunden, vielleicht Monate hier liegen zu bleiben, aber Erin riet ihm, aufzustehen, wenn er Navoi noch betreten wollte. Sie schienen zwei der Letzten zu sein, und bald würde man die Tore schließen. Felix verkniff sich die Anmerkung, dass es bei dieser Mauer nicht viel Unterschied machte, ob die Tore geöffnet oder geschlossen waren.

„Und was jetzt?", fragte er, als er sich hinter Erin durch den Torbogen schleppte.

„Genauer?"

„Mit Mars direkt vor der Tür. Vor der kleinen Tür."

Erin seufzte. Nicht wehleidig, sondern angestrengt. Genervt vielleicht. „Wir versuchen rauszufinden, wie viele Soldaten wir noch haben, sehen zu, dass zumindest die ausgerüstet und kampfbereit sind – und dann warten wir." Sie blieb stehen und ließ den Blick über die Überlebenden schweifen, die sich in Navoi den Staub aus den Lungen husteten. „Wir haben Mars zugesetzt, sie werden sich erst erholen wollen, bevor sie hier einfallen. Und wir hoffen, dass Amari vor ihnen wieder zurückkommt."

„Perfekt! Auf Marsangriffe zu warten ist die eine Sache, die ich wirklich gut kann."

„Sarkasmus musst du dir erst verdienen." Erin setzte sich in Bewegung.

Jetzt erkannte Felix auch Isaac, der mit düsterer Miene auf sie wartete.

„Du solltest dich vielleicht von jemandem ansehen lassen", sagte Erin über die Schulter hinweg. „Siehst ein wenig verbrannt aus."

„Oh?" Felix fuhr sich durchs Haar. Verkohlte Spitzen lösten sich und zerfielen auf seiner Handfläche zu winzigen schwarzen Krümeln. „Ah."

Er wischte seine Hand an den Überbleibseln seines Hemdes ab und schaute sich um. Überall lagen Soldaten auf dem Boden; sie husteten, atmeten lautstark, oder übergaben sich auf allen vieren, während ihre Körper versuchten, die Giftstoffe loszuwerden. Zwischen den Flüchtigen aus Khansa huschten hier und da Einwohner aus Navoi umher, die Wasser brachten, Verletzte trugen, oder Wunden vor Ort versorgten. Man konnte sie allein durch den fehlenden Rußfilm von denen unterscheiden, die in Khansa gekämpft hatten.

Felix dachte gar nicht daran, sich von jemandem untersuchen zu lassen. Nicht nur weil die Helfer so oder so schon alle Hände voll zu tun hatten, sondern auch, weil er sich ziemlich sicher war, ein bekanntes Gesicht gesehen zu haben.

Warten, hatte Erin gesagt – und Felix würde das ganz bestimmt nicht ohne eine vernünftige Ablenkung tun.

„Hey!", sagte er also, als er vor seinem Schwertkämpfer aus Khansa stand. „So sieht man sich wieder."

Der Schwertkämpfer sah zu ihm auf und blinzelte angestrengt. Seine Augen waren rot vom Rauch.

„Oh", machte er und rieb sich das rechte Auge. „Wo kommst du denn her?"

„Aus ... Khansa?"

„Aber ..." Wie zur Demonstration warf der Soldat einen Blick über seine Schulter. „Ich hätte schwören können, du wärst direkt hinter mir gewesen."

„Nee, nee." Felix ließ sich ins Gras fallen, streckte die Glieder von sich und merkte erst jetzt, wie erschöpft er eigentlich war. „Ich bin nicht schnell."

Das großäugige „Wieso das?" des Soldaten war fast ein bisschen lustig.

„Schnell sein ist so ein Merkur-Ding", sagte Felix. „Kein Venus-Ding."

Der Soldat hob eine Braue.

Natürlich hätte Felix ihn anlügen können, aber so viel Stolz hatte er noch. Er tippte sich auf die Schulter – seine geniale Aktion mit der Sackgasse hatte dort die Sicht auf ein großzügiges Stück Haut freigelegt.

„Oh, du bist …" Lange schaute der Soldat auf das fremde, gelbe Zeichen. „Du kommst aus Venus?" Er sah ein bisschen zerknirscht aus. „Das erklärt einiges. Hätte ich das gewusst, hätte ich dich nicht stehen lassen, ehrlich."

Ein paar Augenblicke vergingen, dann prustete Felix. „Nein?"

„Nein", sagte der Soldat, fast erschrocken. „Du hattest mich doch um Hilfe gebeten."

Eine Weile sah Felix ihn verdutzt an. Dann grinste er. „Da hast du wohl recht. Danke dafür übrigens. Ohne dich wäre ich wohl ziemlich tot."

Der Soldat lachte kurz auf. „Das kann ich nur zurückgeben."

Felix verstand nicht sofort, was die Pause und der fragende Blick danach bedeuten sollten, doch dann machte es klick. Sein Name.

„Felix", sagte er.

„Nev", sagte der Soldat. „Ich gehöre zu der Hälfte, die sie aus Dostoevskij abgezogen haben."

„Sieht aus, als hätten wir heute beide kein Glück, Nev."

„Das kann man wohl so sagen." Nev lächelte ein zurückhaltendes Lächeln und kratzte sich am Hals. „Wie kommt's, dass du keine Rüstung hast?"

„Hat sich noch keiner die Mühe gemacht, mir eine zu geben. Ich bin erst seit ein paar Tagen Soldat – also, für Merkur."

Leise wiederholte Nev: „Ein paar Tage ..." Seine Augen leuchteten auf, er wurde hibbelig. „Das ist wahrscheinlich eine dumme Frage, aber kennst du meine Schwester?"

„Deine Schwester?"

„Äh, sie ist auch vor ein paar ... sie muss in einem der letzten Rituale gewesen sein, und wenn du da auch ..." Nevs Blick hing kurz an Felix' Merkurmal, dann sah er ihn wieder an. „Amari. Ihr Name ist Amari."

„Ach was." Felix brauchte einen Moment, das zu verarbeiten.

„Du kennst sie?"

„Kennen ist übertrieben."

Nev wechselte von hibbelig zu zappelig. Er sah sich unter den Geflüchteten und Verletzten um. Gerade versuchte man, herauszufinden, wer sicher in Navoi angekommen war, wen es in Khansa erwischt hatte und wer noch immer als vermisst galt. „Weißt du zufällig, wo sie ist?"

„Ah." Felix gab ein nervöses Lachen von sich. „Eventuell läuft sie gerade zur Jupiternation."

„Was?"

Felix kratzte sich am Kopf. Ein paar mehr bröselige Haare rieselten auf den Boden. „Also, wir waren beide in Erins lustiger Jupitertruppe. Waren schon halb da, wurden angegriffen, haben rausgefunden, dass Khansa angegriffen wird, sind wieder umgedreht." Er hob die Hände. „Und sie wollte die Mission nicht abbrechen, also hat sie vorgeschlagen –"

„Allein zur Jupiternation zu laufen."

„Bingo."

Nev ließ sich hintenüber ins Gras fallen und schlug die Hände vors Gesicht. „Merkur, gib mir Kraft", sagte er gedämpft. „Warum muss sie so lebensmüde sein?"

„Na ja, wir waren schon so weit gekommen und ich nehme mal an, dass sie nicht wollte, dass der Tod von ihrem ... oh."

Nev setzte sich wieder auf. „Oh?"

„Du bist Amaris Bruder, ja?"

„Ja." Nev furchte die Stirn. „Wieso?"

Felix sah zum Tor, zu den anderen Soldaten, zu zwei Helfern aus Navoi, von denen eine gerade beunruhigt auf ihn zeigte; erst dann schaute er Nev wieder an. Er hatte nicht erwartet, dass er heute noch so eine Nachricht überbringen müsste, und ehrlich gesagt hatte er dafür auch keine Energie mehr.

„Dein Vater wurde von 'nem Pfeil erwischt", sagte er schnell und brachte es hinter sich. „Tot."

Für geschlagene zehn Sekunden regte sich Nev nicht.

Dann kam eine einzige Silbe aus seinem Mund: „Oh."

Bevor einer der beiden noch etwas hätte sagen können, ertönte eine schrille Stimme hinter Felix. „Gute Güte!"

Felix drehte sich um. Es war die Helferin, die er eben schon gesehen hatte. Ein aufgeregtes Mädchen mit Sommersprossen und roten Haaren.

„Du siehst von Nahem ja noch furchtbarer aus!", rief sie.

„Danke."

„Kannst du stehen? Deine Arme bewegen? Wie sieht es mit den Beinen aus? Kannst du atmen?"

„Mir geht's gu–"

„Oh, du meine Güte!" Die Helferin schnappte nach Luft, als sie ihn genauer betrachtete. „Du musst ja von oben bis unten mit Brandwunden bedeckt sein!"

Felix blickte an sich herunter. Seine Kleidung war teilweise abgefackelt, aber das war ja nichts Neues. Stellen seiner Haut waren verdächtig schwarz, ob das nur Ruß und Asche oder tatsächliche Verbrennungen waren, konnte er nicht genau sagen. Seiner Meinung nach taten sie dafür nicht genug weh. „Ich –"

„Alles wird gut!" Entschlossen zog sie an seinem Arm. „Ich bring dich zur Krankenstation."

„Zur *was*?"

„Keine Sorge, sie ist zwar provisorisch und auch sehr auf die

Schnelle angelegt worden und wir haben hier auch keine richtigen Ärzte aber" – sie strahlte ihn zuversichtlich an – „wir geben unser Bestes!"

„Schön. Das ist schön, aber ich brauch das wirklich ni–"

„Wir haben schon genug Leute verloren, weil sie den Helden spielen mussten! Lass dich *bitte* behandeln!"

Vermutlich wäre Felix in der Lage gewesen, sich seiner Entführung noch länger zu widersetzen, wenn die übereifrige Helferin nicht genau an dem Arm gezogen hätte, den Erin ihm vor gut einer halben Stunde schon einmal fast ausgeleiert hatte.

„Bis später dann, schätze ich", sagte er zu Nev, der noch immer verdutzt in die Gegend starrte, und ließ sich von dem Rotschopf durch halb Navoi ziehen.

Dafür, dass sie vermutlich schnell zur Verfügung stehen sollte, war die sogenannte Krankenstation erstaunlich weit vom Tor entfernt. Wie fast alles in der Merkurnation war auch das längliche Gebäude, zu dem die Helferin ihn führte, aus Holz, und lag wuchtig und unpassend zwischen den kleinen Häusern Navois. Immerhin konnte man die Gebäude hier – anders als in Dostoevskij – auseinanderhalten. Felix versuchte noch immer, der jungen Dame glaubhaft zu versichern, dass er nicht am Sterben war, aber das wollte sie nicht hören.

Dem Inneren nach zu urteilen, handelte es sich bei dem Gebäude um eine Art Speisesaal, zumindest war es das bis vor Kurzem noch gewesen. Bänke und Tische waren an die Wände gerückt worden und stapelten sich beinahe bis zur Decke. Wo sie früher gestanden hatten, waren nun Leinen ausgebreitet, auf denen sich ächzende Menschen wälzten oder schlaff herumlagen. Im Angebot waren Brandwunden, Fleischwunden und sogar ein oder zwei abgetrennte Gliedmaßen. Viele Helfer wuselten umher, trugen Lappen – einige blutig, andere nicht –, Wassereimer und Alkohol durch die Gegend. Felix war beinahe erleichtert, seinen Geruchssinn verloren zu haben – noch erleichterter wäre er allerdings, könnte er einfach wieder gehen.

Man müsste meinen, so viele Leute konnten Khansa gar nicht überlebt haben. Der Raum war zwar groß, aber er war auch berstend voll. Das eifrige Mädchen tänzelte zwischen den provisorischen Matten hindurch und fand tatsächlich noch einen Platz an der Wand, an dem sich Felix setzen konnte. Erst dann ließ sie ihn los und bat ihn, doch kurz hier zu warten.

So wie Felix dort in der Ecke des Raumes saß, sich im Stillstand befand und weder etwas zu tun noch etwas zu bereden hatte, sank sein Adrenalin langsam und er begann, den Schmerz zu spüren. Nicht den in seiner Lunge oder den in seinen Augen, sondern den auf Armen und Beinen. Ja, er hatte sich verbrannt, keine Frage, da hatte das Mädchen recht gehabt.

Sie kam zurück, mit einem Wassereimer im Schlepptau. Als sie allerdings mit dem nassen Lappen in Aktion treten wollte, schnappte Felix ihn ihr weg. Sie sah ihn verwirrt an und er lächelte. „Das kann ich schon selbst."

Vermutlich hätte sie etwas einzuwenden gehabt, aber genau in diesem Moment grummelte Felix' Magen.

„Das hab ich gehört!", rief sie, als hätte sie ihn beim Stehlen erwischt, und eilte davon. Hoffentlich, um etwas zu Essen zu holen, denn Felix hatte nichts mehr in den Magen bekommen, seit er mit Erins Gruppe aufgebrochen war.

Als Felix in den Eimer lugte und sein Spiegelbild auf der glatten Wasseroberfläche betrachtete, konnte er nicht anders, als sich anzugrinsen. Er sah wirklich interessant aus. Ruß und Asche klebten ihm auf der Stirn, der Nase und den Wangen. Abgesehen von seinen pechschwarzen Handflächen lag eine gleichmäßige graue Schicht auf Haaren, Haut und dem, was von seiner Kleidung übrig war. Er legte den Lappen zur Seite und tauchte kurzerhand seinen ganzen Kopf in den Wassereimer.

Während sich Felix den Ruß von Gesicht, Armen und Beinen schrubbte, fand er die Stellen, die erst richtig wehtaten, als er sie berührte: rote irritierte Haut, feuerrote glühende Haut und sogar ein paar milchig-weiße Brandblasen, die ihn scharf Luft holen ließen. Zu Felix' Überraschung streckten sich Flächen roter Haut auch über seinen Hals, seine Unterarme und – vermutlich – sein Gesicht aus: Stellen, die nichts mit Feuer zu tun gehabt hatten. Er hatte sich ja drauf eingestellt, dass mit der Sonne jetzt nicht mehr zu spaßen war, aber dass er sich *so* schnell einen derart heftigen Sonnenbrand einfing? Nun, immerhin war es Mittag gewesen, als sie Khansa erreicht hatten.

Bald kam das Mädchen zurück und drückte ihm eine Schale mit heller Suppe in die Hand. Felix nahm sie etwas umständlich, um ihre Finger nicht zu berühren. Erst nachdem sie an ihm vorbei und zum nächsten Patienten gehuscht war, fiel ihm auf, dass er das getan hatte. Er schnaubte. Komisch. Er *konnte* Menschen anfassen, ohne sie gleich in Gefahr zu bringen, das wusste er – auch wenn es nach Khansa vielleicht nicht mehr ganz so selbstverständlich schien.

Wie erwartet schmeckte die Suppe nach nichts. Ohne Geruchssinn schmeckte nun mal gar nichts nach irgendetwas.

„Bist du ein Sammler oder so was?", tauchte eine Stimme neben Felix auf. „Ich hab selten jemanden gesehen, der sich so exzessiv mit Malen bedeckt."

Ein kleines Schiebefenster in der Wand war aufgezogen worden und eine Gestalt mit einem weißen Kopftuch, so tief ins Gesicht gerutscht, dass man ihre Augen kaum erkennen konnte, lehnte mit beiden Armen auf dem Rahmen. Es musste das Fenster einer Essensausgabe sein, hinter dem Kopftuch war etwas zu erkennen, das wohl eine Küche darstelllten sollte. Obwohl er nur die Hälfte des stoppeligen Gesichts sehen konnte, war sich Felix sicher, dass der Mann ein völlig Fremder war.

Statt eine Antwort zu geben, fragte Felix: „Wie kommt es, dass du überhaupt etwas siehst?"

Der Mann gluckste. „Tue ich nicht. Nicht wirklich. Ein paar

abstrakte Farbflecke vielleicht." Er wedelte demonstrativ mit einer Hand vor seinem eigenen Gesicht umher. „Aber du hast ein gelbes, ein rotes und ein oranges Mal. Ich kann es spüren."

„Spüren", wiederholte Felix und nickte nachdenklich. „Klingt gar nicht seltsam."

„Seltsam, seltsam." Der Mann grinste. „Wenn ich wetten müsste, würde ich sagen, dass du der Seltsame von uns beiden bist. Ich hab nur ein Mal – war ja auch mal Soldat – und mein Mal spürt andere Male. Das ist gar nicht so selten." Während er sprach, bewegte sich eine lange Narbe an seinem Kinn hin und her.

Felix nahm einen weiteren, langen Schluck von der geschmacklosen Suppe, setzte die halb volle Schüssel auf den Boden und schob sie von sich weg. Dann sah er das Kopftuch an. „Sicher, dass du Soldat warst?"

„Ziemlich." Das Kopftuch lächelte. „Meine Augen waren nicht immer so schlecht, weißt du?"

„Und was bist du dann jetzt?"

„Koch." Träge hob er die Hände vom Rahmen und richtete beide Zeigefinger auf sich selbst. „Navois Spitzenkoch, Lor ist mein Name, zu Diensten."

Felix stieß einen anerkennenden Pfiff aus.

„Und ich fühle mich nur ein bisschen verletzt, dass du meine Suppe nicht magst."

„Es liegt nicht an der Suppe", sagte Felix. „Es liegt an mir."

Lor grinste. „Muss eine ganz schöne Umstellung sein, Venus zu Merkur."

„Moment", sagte Felix. „Sagen wir, dass ich dir glaube, dass du Male …" Er wackelte dramatisch mit den Fingern „… *erspüren* kannst. Nach allem, was du weißt, könnte ich genauso gut ein Marsgeborener sein."

Zugegeben, dieser Satz hinterließ einen pelzigen Geschmack auf Felix' Zunge.

„Glaube ich nicht", sagte Lor. „In Anbetracht der momentanen

Lage ist es so rum doch wesentlich wahrscheinlicher."

Das Lächeln war noch da, aber darunter knirschte Felix ein wenig mit den Zähnen.

„Dass du von Venus bist, hätte ich wahrscheinlich auch so erkennen können", sagte Lor, „würden meine Augen noch so funktionieren wie früher. Bist bestimmt umwerfend und so weiter."

„Schon."

„Mich würde nur interessieren, wie du hierhergekommen bist. *Warum* du hergekommen bist, kann ich mir vorstellen."

„Kenko", sagte Felix. „Da hab ich die Seiten gewechselt."

„Oh, *Kenko*." Lor nickte wissend. „Das war bestimmt nicht angenehm."

„Wirklich nicht."

„Und Erin hat dich einfach so mitkommen lassen? Ganz schön riskant – erst recht für jemanden, der gerade erst das Kommando übernommen hat."

„Sicher, vertraut hat sie mir nicht, aber ich habe Informationen gegen Asyl getauscht." Felix stützte sein Kinn auf die Faust. „Wo kommen die ganzen Fragen her?"

„Reines Interesse." Lor lächelte und lehnte sich ein Stück in dem Stuhl zurück, der hinter dem Fenster stand. „Und ich hab noch eine."

„Okay?"

„Wie stehst du zum Schlachtfeld?", fragte Lor mit plötzlicher Ernsthaftigkeit.

Felix blinzelte ein paarmal. „Wie jetzt?"

„Du scheinst schon eine ganze Weile Soldat zu sein, warst bestimmt in vielen Schlachten dabei."

Langsam schüttelte Felix den Kopf. „So viel Krieg hat die Venusnation nicht geführt. Ich stand nur einmal auf dem Feld und da hab ich eher zugeguckt … und das war gegen Merkur."

Lor zeigte ihm ein halbes Lächeln, fast ein bisschen entschuldigend. „Faszinierend, wie schmal die Linie zwischen Feinden und

Verbündeten ist." Dann raffte er sich wieder auf, legte seine Arme auf den Fensterrahmen der Essensausgabe und fragte: „Und? Magst du es?"

„Was? Merkur?"

Lor schüttelte den Kopf. „Ist es gut, auf dem Feld zu stehen? Macht es Spaß?"

Felix hob eine Augenbraue. Lors Worte klangen vorwurfsvoll, sein Ton war allerdings unverändert freundlich. Es war ihm ein Rätsel, was er von ihm wollte.

„Nicht wirklich", antwortete Felix.

„Hm." Lor stützte seine Wange auf die Hand. „Lass mich anders fragen. Hasst du es, auf dem Feld zu stehen?"

Felix überlegte. Die Marssoldaten aus Khansa blitzten vor seinem geistigen Auge auf. Er war sich ziemlich sicher, dass er sich ihretwegen so gar nicht schuldig fühlte.

„Ich glaube, dafür bin ich zu tief drin", sagte Felix.

„Finden wir das Mittelmaß: Ist es akzeptabel?"

Felix schwieg eine Weile. Nicht weil die Frage so seltsam war – was sie war –, sondern weil er keine Antwort hatte.

„Eigentlich nicht."

„Eigentlich?"

„Ich kann nicht viel daran ändern, dass ich auf dem Feld stehe", sagte Felix. „Als ich noch in Venus war, hat meine Familie die Steuersenkung gebraucht, und hier ..." Einen Moment hielt er inne. „Gut, hier *will* ich kämpfen. Aber das ist persönlich."

Lor nickte – entweder ehrlich oder gespielt verständnisvoll, das war schwer zu sagen. „Pass nur auf, Rache geht schnell nach hinten los."

„Oh, na ja." Felix lachte kurz und kratzte sich am Hals. „Bei mir ist sowieso schon alles nach hinten losgegangen. Viel schlimmer kann es nicht werden."

Lor nickte weiter, scheinbar in Gedanken. Gerade, als es still zu werden drohte, fragte er: „In Venus gibt's für Soldaten also eine

Steuersenkung?"

„Noch nicht lange. In den letzten paar Jahren ist denen da oben nur wirklich nicht mehr viel eingefallen, wie sie noch Soldaten in die Armee bekommen."

„Ach so?" Von einem Moment auf den nächsten schien Lor wesentlich aufmerksamer. Seine Lippen bogen sich zu einem Lächeln. „Erzähl mir bloß noch, dass die Armee in der Venusnation nicht besonders beliebt war."

Felix sah ihn eine Weile an. „Du bist Pazifist, oder?"

Lächelnd hob Lor die Schultern. „Das kommt darauf an, was du unter Pazifist verstehst."

Felix lehnte sich gegen die Wand in seinem Rücken und starrte eine Weile in die Luft. „In meiner Stadt", sagte er schließlich, „also, nicht *nur* in meiner Stadt, gab es ein paar Leute, die das Militär wirklich nicht leiden konnten. Zumindest am Anfang waren es ein paar Leute, aber es ist schnell eine ganze Bewegung draus geworden. Die meisten meinten, dass Krieg überhaupt nicht im Interesse von Venus sein kann." Er grinste. „Immerhin ist sonst immer alles Liebe und Leben mit uns."

„Und was denkst du dazu?", fragte Lor.

„Ich denke nichts. Steuersenkung, weißt du noch?"

„Hm." Lor hatte das Kinn auf seine verschränkten Hände gestützt. „Hm. Hm. Tatsächlich glaub ich, dass die Leute in deiner Stadt da gar nicht so falschlagen."

„Was weißt du über Venus?"

„Vielleicht nicht so viel über Venus. Aber über die Götter an sich – das schon. Ich war ein gebildetes Kind mit reichen Eltern, musst du wissen. Und ich habe viele Bücher gelesen, als meine Augen mich noch gelassen haben."

„Und?"

„Und", sagte Lor, „dabei habe ich festgestellt, dass es in unserer ganzen original dokumentierten Götterkommunikation nicht einen Zeitpunkt gab, an dem die Götter uns gebeten haben, Krieg gegen irgendjemanden zu führen."

Träge hoben sich Felix' Augenbrauen.

„Dass wir die anderen Nationen beseitigen müssen, das ist erst in viel späteren Texten aufgetaucht", sagte Lor. „In Texten über die ersten Texte. Deswegen glaube ich, dass der *Wille Gottes* erfunden ist. Vielleicht falsch interpretiert. Auf jeden Fall von uns dazugedichtet." Beinahe stolz verschränkte er die Arme.

Felix starrte ihn an.

„Hä?"

Lor lehnte sich ein Stück aus seinem Küchenfenster. „Du kommst doch gerade aus Khansa, oder? Der Schlacht, die momentan dafür sorgt, dass alle unsere helfenden Hände voll sind?"

„Leider."

„Und deine Nation wurde so ziemlich vernichtet, oder?"

„Leider."

„Hast du irgendwo dazwischen nicht einmal dran gezweifelt, ob es wirklich das ist, was die Götter von uns wollen? *So was?*"

„Du hast gut reden", sagte Felix. Es sollte noch etwas folgen, aber er vergaß, was.

Lor schien nicht zu wissen, was er damit anfangen sollte.

„Ich jedenfalls glaube nicht, dass es das ist, was die Götter von uns wollen", sagte er. Einen Moment schwieg er, dann schüttelte er heftig den Kopf. „Das *kann* es gar nicht sein. Die Götter wollen die anderen Nationen angeblich loswerden, damit der Erdengott aus ihren eigenen Reihen kommt, aber wenn sie einen Erdengott – irgendeinen – haben wollen, dann würden sie keinen Krieg anzetteln. Wir müssen uns weiterentwickeln, um den Stärksten Menschen zu stellen. Krieg ist das Gegenteil von Entwicklung!"

Felix rutschte ein Stückchen weiter an seiner Wand herunter. „Spannende Theorie", sagte er. „Ich wünschte nur, du würdest mir nicht sagen, dass meine Nation zerstört, meine Leute getötet und versklavt wurden, weil ... weil *einfach nur so?*"

Lor schnalzte mit der Zunge. „Ich will sagen, dass es nicht hätte passieren dürfen."

Felix verharrte, wie er war, mit dem Blick in die Luft.

„Das stimmt", sagte er schließlich.

Eine Weile redete keiner von beiden, bis Lor wieder das Wort ergriff.

„Weißt du", sagte er, „ich werde den Krieg beenden."

„Natürlich. Das waren auch meine Pläne für heute Abend."

„Ich mein's ernst." Lor hob den Zeigefinger. „Ich bin Revolutionär, musst du verstehen."

„Ich dachte, du bist Koch."

„Ich bin Koch *und* Revolutionär. Wir schreiben das Jahr vierhundertneunundneunzig, da kann man schon mal zwei Berufungen haben." Lor wedelte ungeduldig mit der Hand. „Aber das ist nicht der Punkt. Wir bilden uns zwar immer ein, wir hätten aus den Fehlern der ersten Menschheit gelernt, aber ehrlich gesagt glaube ich das nicht. In diesem Moment befinden wir uns auf dem gleichen Selbstzerstörungskurs. Wenn wir wirklich aus ihren Fehlern lernen wollen, dann müssen wir zu allererst den Krieg beenden."

Felix stützte sein Kinn in die Hand. Auf seinen Lippen lag ein halb belustigtes Lächeln. „Du willst also eine Revolution anzetteln und den Krieg beenden. Überall."

„Ganz genau."

„Und wie willst du das anstellen?"

Lor sah ihn lange an. „Das ist geheim."

„Du weißt es nicht."

„Natürlich weiß ich das. Aber es ist geheim."

„Alles klar." Felix grinste. „Es ist also geheim."

Lor lehnte sich zurück in seinen Rahmen, als hätte ihn das ganze Reden erschöpft. „Weißt du, als Experte, wie lange es dauern wird bis Mars hier einfällt?", fragte er schlaff.

Irgendwo fühlte Felix einen plötzlichen, scharfen Stich. Die ausgelassene Atmosphäre wurde wieder schwerer auf seinen

Schultern. Wie beiläufig starrte er aus einem der Fenster. „Gute Frage."

Nach Khansa war die Marsnation unberechenbar geworden. Vielleicht waren sie in einer Woche zum nächsten Angriff bereit, vielleicht in drei Tagen, vielleicht schon morgen. Aber so wollte Felix das auf keinen Fall aussprechen – nicht um Lor zu schonen, sondern sich selbst. Auch dass nur noch eine übereifrige Rekrutin übrig geblieben war, um die Jupiternation um Hilfe zu bitten, war keine besonders schöne Aussicht.

Wassertropfen bahnten sich ungleichmäßige Wege die schmutzigen Fensterscheiben hinab. Es trommelte auf das Dach der Krankenstation. Draußen hatte es begonnen zu regnen.

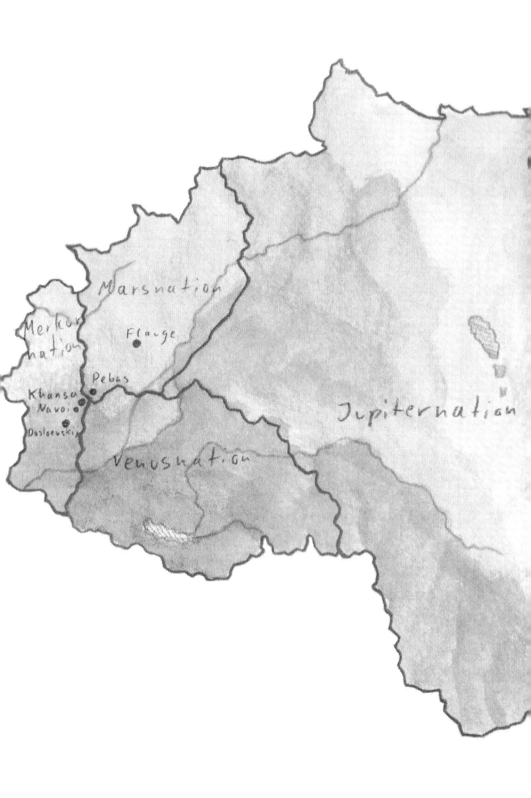

III
NAVOI

NACHMITTAG, FLAUGE, MARSNATION

DAS ERSTE, WAS LEVIN WAHRNAHM, WAR ein beißender Geruch. Dann immer deutlicher werdendes Stöhnen und Ächzen. Dann Schmerzen; sie stachen und pochten, sie pulsierten, als wären sie lebendig – und teilten Levin mit, dass er bedauerlicherweise wach war.

Er öffnete die Augen. Das Lazarett, immer noch. Die Truppe, die auf dem Rückweg von Khansa auf die Überreste von Gruppe sechs gestoßen war, war nett genug gewesen, denjenigen wieder mitzunehmen, der noch nicht völlig hinüber war. Levin war recht froh, dass niemand wusste, was genau ihm zugestoßen war, und dass daher niemand hinterfragte, warum er nicht tot war.

Er wollte weiterschlafen und dem Pochen im Gesicht, den Geräuschen und dem *Geruch* entkommen, aber seit er hier war – und er hatte nicht den Hauch einer Ahnung, wie lange das war –, hatte er nichts anderes getan als zu schlafen, und irgendwann ging selbst das nicht mehr. Also starrte Levin die brüchige Decke an, hoffte, dass sie ihm nicht auf den Kopf fiel, und versuchte, die Geräusche auszublenden. Was den Geruch betraf, war jede Anstrengung verloren.

„Ach du Scheiße, Levin, dein Gesicht!", sagte jemand. Dann noch einmal, trockener: „Scheiße."

Langsam setzte sich Levin auf. Für einen Moment meinte er, dass sein Gesicht dabei vom Rest seines Kopfes rutschen würde, es pochte und spannte mit jedem Muskel, den er bewegte. Und es waren überraschend viele Gesichtsmuskeln, die sich bewegten, als er sah, dass Ira nicht allein war.

„Nicht fluchen, Ira", sagte Maya von Iras Rücken herab. Ihre Augen huschten zu Mika. Dann sagte sie: „Morgen, Levin."

„Morgen, Levin!", sagte Mika, laut.

Kipp murmelte vermutlich etwas Ähnliches.

Levin fühlte sich ein bisschen wie aus dem Hinterhalt angegriffen. Ira war hier, und all ihre Halbgeschwister auch. Er brauchte einen Moment. „Wieso hast du sie alle –"

„Ich hab dir gesagt, wir essen alle zusammen, wenn die Khansa-Geschichte vorbei ist", sagte Ira. „Und das machen wir jetzt auch."

Sie setzte Maya auf dem Boden ab. Maya hatte letztes Jahr ihr Ritual gemacht und dabei ihre Beine verloren. Oft zerrte es am Zusammenhalt einer Familie, wenn ein Kind dem Militär beitreten konnte und ein anderes nicht, aber weder diese Tatsache noch die, dass sie von verschiedenen Vätern stammten, konnte Ira und ihren Geschwistern irgendetwas anhaben.

Ira selbst hatte vor fünf Jahren ihre Farbwahrnehmung – genauer gesagt, die der Farbe Rot – eingebüßt. Sie sah die Welt hauptsächlich in Grün- und Blautönen, ihr Mal in grauschwarz. Darüber hatte sich Ira früher stundenlang aufgeregt, aber jetzt störte es sie schon lange nicht mehr.

Mika setzte sich auf den Holzboden des Lazaretts und wickelte das große Bündel aus, das er hereingetragen hatte. „Guck dir das an!"

Zum Vorschein kamen Metallteller. Auf dem obersten war braunes Zeug. Es sah aus wie Kartoffeln, irgendeine Soße, irgendeine Art Fleisch. Fleisch. Gute Güte.

„Ich musste die Hälfte meiner Tagesladung dafür eintauschen", sagte Maya und grinste stolz.

Es roch gut, wirklich gut, aber Levin war überfordert. Dass das Lazarett keine abgetrennten Räume hatte und er und Iras Familie sich einige nicht besonders freundliche Blicke einfingen, trug nicht positiv dazu bei.

„Das ist ein Lazarett, Ira", sagte er, so gut das eben ging. „Du kannst hier kein Essen reinbringen."

Ira zuckte mit den Schultern und ließ sich auf den Boden fallen. „Blöd nur, dass ich es trotzdem mache."

„Es stinkt hier", sagte Mika, und wurde weitläufig ignoriert.

Levin seufzte.

Maya verteilte bereits das Essen auf Holztellern.

„Komm schon, als ob das jetzt irgendjemanden interessieren würde", sagte Ira. „Dank Khansa platzen die Lazarette aus allen Nähten. Die haben hier genug damit zu tun, dass ihnen die Hälfte der Patienten nicht wegrottet."

„Ira ...", sagte Maya.

„Schon klar. Saubere Wörter." Ira reichte Levin einen vollen Teller.

Kipp hatte schon angefangen. Mit beiden Händen langte er zu, es sah ein bisschen nach Frustessen aus.

Levin starrte auf seinen eigenen Teller. „Ich glaub nicht, dass ich das essen kann."

Ira sah ihn fast ein bisschen enttäuscht an. „Bist du sicher? Wenn du nur so viel bluten würdest wie ein normaler Mensch, dann sähe das bestimmt nur halb so schlimm aus."

„Ich glaub, wenn ich kaue, fällt irgendwas ab", sagte Levin

„Tut es sehr weh?", fragte Mika.

„Oh ja."

Von irgendwo links knurrte es: „Ich komm gleich rüber."

Levin nuschelte eine Entschuldigung in die ungefähre Richtung. Dann sagte er zu seinen Besuchern: „Ihr müsst leiser sein."

Mika wandte sich zu Ira. „Wieso?"

„Weil die Leute in Ruhe verrecken wollen", sagte Kipp.

Ira tat so, als würde sie ihm eine Ohrfeige verpassen, und Kipp aß still, aber missmutig weiter.

Levin warf Ira einen fragenden Blick zu. Sie biss von einem Stück Kartoffel ab und schüttelte energisch den Kopf, was so viel hieß wie ‚Frag nicht'. Natürlich erzählte sie es ihm trotzdem.

„Er wird nächsten Monat vierzehn", sagte sie mit vollem Mund.

Kipp warf ihr einen bösen Blick zu, immerhin saß er keine zwei Meter entfernt.

„Und er hat keinen Bock aufs Militär", sagte Ira, zwar zu Levin, erwiderte dabei aber Kipps Blick.

„Verständlich." Levin seufzte. Ebenso verständlich war, dass Ira sich darüber aufregte. Ihr Soldatengehalt reichte nicht für alle vier.

Ira schüttelte erneut den Kopf. Damit meinte sie nicht, dass es *nicht* verständlich war, sondern dass sie das Thema nicht mehr hören konnte.

„Hast du überhaupt mitgekriegt, was in Khansa los war?", fragte sie, nachdem sie den Bissen runtergeschluckt hatte. Ihre Stimme klang jetzt ernster. „Dich hat's ja vorher schon erwischt."

Levin schüttelte den Kopf.

„Oh, verdammt." Ira stellte ihren Teller beiseite und störte sich nicht daran, dass Mika ihr Stück Fleisch stibitzte.

„Die Hälfte!", rief sie und zog damit die Aufmerksamkeit des ganzen Raumes auf sich. „Die Hälfte, nein, sicher mehr als die Hälfte von unseren Leuten haben sie abgeschlachtet!" Sie riss die Arme in die Luft. „Deren Nation ist kleiner als mein Fußabdruck, aber Bestien haben die da!"

„Ira", sagte Maya. „Lautstärke."

Levin dankte ihr dafür.

„Hast du eine Ahnung, wie viele Leute wir dort hatten?", fragte Ira, jetzt gepresster. „Und die Hälfte von ihnen, die *Hälfte* ist tot! Dabei waren da nicht mal halb so viele von denen wie von uns. Vielleicht ein Viertel!" Sie hielt inne und atmete tief ein und wieder aus. Eigentlich war das Levins Trick, aber bei ihr funktionierte er besser. Einen Moment lang sah sie ihre Geschwister an. Kipp schlug Mikas Hand weg, als die sich auch seinem Teller näherte.

„Klar, wir haben den Grenzposten", sagte Ira. „Aber zu *dem* Preis? Ich meine, ich war *da*. Das war ..." Sie schüttelte den Kopf und stopfte sich den Rest der Kartoffel in den Mund.

Levin starrte vor sich hin. Nicht nur sein Gesicht, sondern auch sein Magen schmerzte jetzt. Das Essen hatte er nicht angerührt. Die Hälfte, sagte Ira, die Hälfte ihrer Leute dort waren tot – und weit weniger Merkurkrieger hatten es getan. Dazu noch die kleine Merkurgruppe im Wald. Was, wenn sie Merkur unterschätzt hatten? Was, wenn sie im Begriff waren, einen riesigen Fehler zu begehen?

„Du guckst schon wieder so", sagte Ira. „Selbst mit einem demolierten Gesicht kannst du das noch."

Levin sagte nichts. Er holte tief Luft, aber sie schien seine Lungen nicht zu füllen. Er kratzte sich an den Armen.

„Sieh mal", sagte Ira. „Außer vielleicht den ganz Großen kann uns keiner was. Das musst du mal in deinen pessimistischen Schädel kriegen."

„Wer sagt das?", krächzte Levin.

„Na, alle." Ira wedelte mit der Hand in der Luft. „Ich, zum Beispiel. Jeder in der Armee. Der Erste Mann." Sie hielt kurz inne. „Dein Vater."

Unwillkürlich verzog Levin das Gesicht – und bereute es bitter. „Au."

Ira änderte ihre Position, sodass sie Levin genau gegenübersaß. Ihre Geschwister waren untereinander beschäftigt; ein Streit, vermutlich wegen des Fleischs.

„Du weißt, dass du mir irgendwann erzählen musst, warum er dich rausgeschmissen hat?"

„Keine Ahnung, wieso", sagte Levin und sah Ira dabei nicht an.

„Lügner", sagte sie.

Levin seufzte lange. Er hätte nicht gedacht, dass er sich das

Thema um die Merkursoldaten zurückwünschte.

„Das war vor sechs Jahren", sagte er schließlich und meinte damit ‚Lass es doch endlich gut sein'.

Vor sechs Jahren schon hatte sich Levin vor Fragen nicht retten können. Und schon damals hatte er keine beantwortet. Eine Berühmtheit war er gewesen, so konnte man es sagen. Eine unschöne, unangenehme Berühmtheit.

Was hätte er tun können? Die Menschen sehnten sich nach Skandalen, und jemand vom Status seines Vaters, der seinen einzigen Sohn im Alter von zwölf Jahren aus dem Haus jagte, war definitiv ein Skandal. Dazu kam die Tatsache, dass niemand so recht wusste, wer Levins Mutter war, und so waren Verschwörungstheorien links und rechts aus dem Boden gewachsen.

„Versteh mich nicht falsch", sagte Ira, wie so oft. „Ich respektiere Asmus, aber wenn er dich einfach so rausschmeißt, dann ist er ein Riesenarsch."

Levin schwieg, wie immer.

„Dann eben nicht", sagte Ira. „Wann immer du so weit bist."

Jetzt schwiegen beide, während Maya Kipp und Mika voneinander trennte. Mika beschwerte sich, dass Kipp ihn gehauen hätte. Kipp schien das nicht zu interessieren.

Ira seufzte laut. Es war immer sie, die das Anschweigen nicht mehr aushielt.

„Jedenfalls musst du dir wegen Merkur keine Sorgen machen", sagte sie. „Die Mauer ist durch und mehr haben sie nicht."

Levin gab sein Bestes, ihr zu glauben. Er wollte sich keine Sorgen mehr machen, wirklich nicht.

„Wir haben noch die Hälfte von denen, die in Khansa waren, und die Rekruten werden auch immer mehr. Morgen früh schicken wir Verstärkung rüber. Es läuft doch alles. Es läuft doch alles wie geplant." Ira schien nun eher mit sich selbst zu reden. Ihr Gesichtsausdruck war unergründlich. „Wenn wir Merkur erst mal haben, kriegen wir auch Jupiter, dann ist es fast vorbei." Sie sah

Levin an. „Wir werden den Krieg gewinnen, ganz bestimmt."

MORGEN, NAVOI, MERKURNATION

VON DER ERSTEN SEKUNDE AN wusste Felix, dass es ein Traum war. Der gleiche Traum wie immer, nur diesmal nahm er ihn bewusst wahr. Zuerst änderte das nichts. Es war Angst, dieselbe Beklemmung, derselbe kopflose Rumpf.

Dann war da das Grinsen. Das breite Grinsen ohne Gesicht, obwohl er genau wusste, wem es gehörte. Nachdem es verschwunden war, befand sich Felix im selben klaustrophobisch überfüllten Raum wie immer. Die Angst der Menschen hier äußerte sich in verschiedenster Form: Manche standen einfach nur da, zähneknirschend, den Blick an die Wand genagelt, manche weinten, manche kauerten sich zusammen, machten sich so klein sie konnten und taten so, als würden sie nicht existieren.

Felix wusste, was hier geschah. Es war ein passiver Traum, jedes Mal. Ein Traum, in dem er sich weder rühren noch etwas sagen konnte, und so war er gezwungen, das Gleiche mit anzusehen, immer wieder.

Aber heute war es anders.

Der gequetschte Raum wurde leerer. Nach und nach verschwanden die Menschen, einer nach dem anderen löste sich auf. Es hatte in der hintersten Ecke begonnen und sich quer durch den Raum zu ihm vorgearbeitet. Es hätte auch Felix fortwischen sollen, aber er blieb stehen. Das jagte ihm eine riesige Angst ein. Er stand immer noch da, allein im Raum.

Er meinte, aus dem Augenwinkel eine Hand zu sehen, eine

einzelne. Als er sich umdrehte, fand er sie auch, aber diesmal war es keine entfremdete Hand, die zu keinem gehörte. Diesmal streckte sie auch ihre Finger nicht nach ihm aus, sondern fiel schlaff an die Seite ihres Besitzers. Jemand stand Felix gegenüber. Jemand, den er nicht kannte, aber der ihm doch so vorkam, als hätte er ihn schon mal gesehen. Es war ein Soldat, von Mars. Auch sonst waren Marssoldaten in seinen Träumen, aber dieser hier war anders.

Er stand regungslos im Raum, die Augen ebenso auf Felix geheftet wie umgekehrt, und er war jung. Vielleicht fünfzehn. Er sah nicht so aus, als könnte er Felix tatsächlich etwas antun, aber trotzdem traute Felix ihm nicht. Die Rüstung verkörperte alle Warnsignale auf einmal.

Noch eine ungewöhnliche Entwicklung: Felix konnte sich bewegen, das konnte er normalerweise nicht. Langsam lief er auf den Soldaten zu – und ganz natürlich, als hätte er nie in seinem Leben etwas anderes getan, streckte er die Hand aus. Er berührte den Soldaten an der Stirn, einer Stelle, die seine viel zu große Rüstung nicht abdeckte.

Der Soldat sah Felix entsetzt an. Nur für einen Moment, aber er schien ihm alle Vorwürfe dieser Welt zu machen. Dann erschlaffte sein Gesicht und der Soldat, der Junge, fiel tot zu Boden. Felix begriff nicht, was er getan hatte, aber er hatte auch keine Zeit zu begreifen.

Die Wände des Raums veränderten sich. Sie kamen näher, sie begannen zu leuchten, zu brennen, sich aufzulösen und zusammenzufallen. Es wurde heiß, Rauch und Staub füllten Felix' Lunge. Er war in Khansa.

Die Feuerwand rückte näher, mit jeder Sekunde wurde die Hitze unerträglicher und der Rauch stechender. Das Feuer nahm sich nicht die Zeit, an Felix' Fleisch zu lecken, es umhüllte ihn ganz.

Sofort saß Felix kerzengerade. Sein Mund war geöffnet und mehrere Blicke ruhten auf ihm. Hatte er geschrien? Irgendetwas gerufen? Die Leute, die sich umgedreht hatten – die meisten irritiert, manche fast besorgt – ließen ihn davon ausgehen.

„Albtraum." Felix setzte ein entschuldigendes Lächeln auf. Kollektiv drehte man sich wieder zu dem Würfelspiel, das wohl gerade die Attraktion der Unterkunft war. Sekunden später hörte er Jubeln und gedämpftes Fluchen.

Felix bereute es fast ein wenig, nicht auf der sogenannten Krankenstation geblieben zu sein. Er hatte alle Hebel in Bewegung gesetzt, um dort rauszukommen – nur um festzustellen, dass die Soldatenunterkunft der Krankenstation in Sachen Überbelegung in nichts nachstand. Navoi war winzig und auf solche Probleme ganz und gar nicht vorbereitet. Es gab eine tatsächliche Kaserne, aber in der hausten die Navoier Soldaten. Immerhin waren die hier schon gewesen, bevor die Überlebenden aus Khansa – noch einmal halb so viele Menschen, wie hier lebten – durch das Tor geschossen kamen. Erin weigerte sich partout, Soldaten außerhalb Navois zu stationieren oder gar wegzuschicken. Mit einem Angriff, dem Niedertrampeln der kleinen Mauer, musste man zu jeder Tageszeit rechnen.

Felix stand auf und schwankte. Er wusste nicht, wann er eingeschlafen war, und er nahm es sich übel, dass es überhaupt passiert war. Schlaf, da war er sich sicher, war schlecht für seine Gesundheit. Tatsächlich fühlte sich Felix krank, der Schweiß stand ihm auf der Stirn und jeder Muskel, jeder Knochen seines Körpers schmerzte. Das konnte durchaus sein, weil er in einer seltsamen Position dort in der Ecke herumgelegen hatte, aber das war nicht alles. Khansa forderte seinen Tribut.

Er tastete sich an der Wand zum Ausgang, bedacht, auf niemanden zu treten. Er brauche frische Luft, antwortete er, als ihn jemand fragte, ob es ihm gut ginge.

Die Tür zu erreichen, war eine Erleichterung; sie hinter sich zuzuschlagen, noch viel mehr. Felix fand sich auf einer Art Terrasse wieder, ein freies Stück der Erhöhung, auf der die Unterkunft stand, mit einem hölzernen Zaun begrenzt und – zum Glück für Felix' Haut – überdacht. Wie warm und stickig es da drin gewesen war, merkte er erst jetzt, als Wind und Kälte ihm in die Knochen fuhren. Er lehnte sich an die Wand der Unterkunft, schloss die Augen und atmete tief durch.

„Alles in Ordnung?", hörte Felix nun schon zum zweiten Mal, diesmal jedoch um einiges unerwarteter. Er war sich sicher gewesen, allein zu sein. Er öffnete die Augen und sah die Gestalt vor dem Geländer sitzen. Die Stimme war ihm bekannt vorgekommen. Er musste zugeben, dass er erleichtert war.

„Klar", sagte Felix, blieb aber an die Wand gelehnt. Bunte Flecken schwebten vor seinen Augen. „Warum sollte es das nicht sein?"

Nev runzelte die Stirn „Du siehst irgendwie" – er hielt inne – „blass aus?"

Felix lachte. Er zupfte an einer milchig-weißen Haarsträhne. „So seh ich jetzt wohl immer aus – das heißt, wenn ich mich nicht gerade abgefackelt hab."

Nev lächelte. „Scheint ganz so."

Nach ein paar Sekunden waren die Flecken vor seinen Augen verschwunden. Felix meinte, dass sein Hirn wieder Luft bekam. Er trat vor, stützte sich auf das Geländer und blinzelte auf Navoi.

Hier wuchs kein Gras mehr, wie noch am Stadteingang. Der Boden bestand ausschließlich aus festgetretenem Lehm. Ein paar unscharfe Leute gingen ruhig und gemächlich die Straße entlang und ihren Geschäften nach, als wäre nie etwas geschehen. Auch gen Osteingang, Richtung Khansa, regte sich nichts, sodass man ihnen fast glauben konnte.

„Hast du es drinnen auch nicht ausgehalten?" Trotz seiner schmerzenden Arme drückte Felix sich am Geländer hoch, setzte sich darauf und baumelte mit den Beinen. „Ich glaube, es ist nur eine Frage der Zeit, bis ich aus Versehen auf irgendein Gesicht trete. Nicht, dass mir das was ausmachen würde, aber anderen Leuten bestimmt."

Nev nickte. „Da drin kann man nicht denken."

„Denken", wiederholte Felix. Er meinte zu wissen, was im Moment in Nevs Gedanken umherflatterte. Und wer im Grunde daran schuld war. „Wie kommst du mit den Neuigkeiten klar?", fragte er ihn also beiläufig, während er eins seiner Hosenbeine hochrollte und seine verheilenden Brandwunden inspizierte.

„Welchen Neuigkeiten?"

„Dein Vater."

„Ach, *die* Neuigkeiten." Nev verzog ein wenig das Gesicht. „Ich mach mir ehrlich gesagt mehr Gedanken um Amari."

Felix schürzte die Lippen, noch immer konnte er seine Beine nicht stillhalten. „Du scheinst das ziemlich gut wegzustecken."

„Das mit meinen Vater?"

„Mhm."

Nev lehnte seinen Kopf ans Geländer. „Wir haben ... hatten nicht unbedingt das beste Verhältnis, schätze ich."

Stille breitete sich aus. Felix war taktvoll genug, nicht weiter nach Nevs Vater zu fragen, und beide versuchten aktiv, nicht das anzusprechen, was momentan jedem in Navoi auf den Lippen lag. Was passieren würde, sollte Amari mit leeren Händen zurückkommen. Oder zu spät. Oder gar nicht.

„Ich habe eine Frage", sagte Nev schließlich, langsam, als wäre er sich nicht sicher, ob er sie stellen sollte. „Hat nichts mit dem Thema zu tun."

„Ich höre."

„Was hast du in Khansa gemacht? Mit deinen Händen, meine ich."

„Oh, das." Felix sah auf seine Hände. Er wackelte mit den Fingern, ein kleines Grinsen auf seinem Gesicht. „Gruselig, was?"

„Nicht wirklich ungruselig", stimmte Nev zu.

„Also ..." Obwohl Felix es schon einmal erzählt hatte – und zwar Erin – hatte er keine Ahnung, wie er es so vermitteln konnte, dass es glaubwürdig war. Er sammelte Worte zusammen und versuchte, aus ihnen die bestmögliche Erklärung zusammenzubauen. „Ich hab keine Ahnung."

Nev lachte. „Was?"

„Nein wirklich, das ist mein voller Ernst. Ich weiß nicht, wie oder was, und ich hab nur eine Vermutung, warum, aber ... manchmal sterben Leute, wenn ich sie anfasse?"

Nevs Blick war äußerst schwer zu deuten. „Manch...mal?"

„Ja, also, das heißt, wenn ich es will. Wenn ich mir denke: *Dieser Typ muss tot umfallen, dieser Typ muss sterben*, und ihn dabei berühre, dann passiert es auch." Felix grinste, nervös tappte sein Zeigefinger auf das Geländer. „Also ich ... ich kann es kontrollieren! Das kann ich auf jeden Fall!"

Nevs Augenbrauen waren weit oben.

„Ich weiß, ich weiß. Aber du hast es gesehen."

„Von so einer Fähigkeit hab ich noch nie gehört."

„Ich glaube auch nicht, dass es eine ist", sagte Felix. „Zumindest bin ich mir ziemlich sicher, dass ich das nicht durchs Ritual gekriegt hab. Eigentlich ist es mein venusgegebener Job, mit einer Lanze rumzufuchteln – wenn wir von Mars reden, dann mit einem Dolch – aber weder mit dem einen noch mit dem anderen bin ich besonders gut. Für Merkur hab ich nicht mal versucht, es rauszufinden." Noch einmal wackelte er mit den Fingern. „Das hier ist einfacher."

„Warte, das Marsritual hast du auch ...?" Nev stockte. „Tut mir leid, das hätte ich mir denken können. Ich meine –"

Felix machte eine wegwerfende Geste. Eine weit wegwerfende. „Das tut jetzt nichts zur Sache. Ich bin mir jedenfalls ziemlich sicher, dass es nicht von irgendeinem Gott kommt."

Eine Weile war es ruhig. Felix kratzte an seinen immer noch rußigen Fingernägeln herum, Nev dachte nach.

„Aber", sagte er schließlich, „wenn es nicht vom Ritual kommt, was ist es dann?"

„Da fragst du mich was." Felix lehnte sich zurück, so weit, dass er an dem Dach vorbeisehen konnte, die Sonne ihm in die Augen biss und er sich sofort stark blinzelnd und halb blind zurück in seine Ausgangsposition schob. „Meine einzige Vermutung ist, dass es damit zusammenhängt, dass ich mehr als ein Mal hab. Die ganze Sache hat nämlich erst nach dem Marsritual angefangen. Als ich nur das Venusmal hatte, konnte ich das noch nicht ... Andererseits hat sich mit dem Merkurmal nichts verändert, also ..." Er zuckte die Schultern.

Wieder legte sich Stille und Nev schien in Gedanken, wenn nicht gar angespannt. Vielleicht hätte Felix es ihm nicht erzählen sollen. Er ließ sich vom Geländer rutschen und hatte nun wieder festen Boden unter den Füßen.

„Was denkst du jetzt?", fragte er geradeheraus.

Überrascht hob Nev den Kopf. „Ich denke ...", begann er und schien nicht weiterzuwissen. Nach ein paar Sekunden nahm ein halbes Lächeln Gestalt an. „Ich denke, dass ich ganz froh bin, dass du jetzt auf unserer Seite stehst."

Felix' Grinsen kehrte zurück. „Ich geb dir 'ne Woche, dann willst du mich loswerden."

Sollte Nev zu einer Antwort angesetzt haben, dann wurde sie vom grellen Geschrei eines Kindes abgeschnitten. Ein Junge rannte vorwärts und zog seinen Vater an der Hand hinterher. Sein anderer Arm war ausgestreckt, der Finger aufgeregt in die Ferne gerichtet. „Was ist das?"

Nev drehte den Kopf, sein Blick folgte dem plumpen Kinderfinger. Was auch immer er sah, seine Augen schienen sich daran festzubeißen. Er regte sich nicht.

Unbehagen wuchs in Felix. Schnell positionierte er sich so, dass er sehen konnte, was Nev sah. Und was er sah, verursachte Kälte.

Eine Rauchsäule, eine dünne zwar, nicht zu vergleichen mit der von vor zwei Tagen, aber dennoch eine Rauchsäule, streckte sich in den Himmel.

„Ist das Khansa?"

Nev presste die Lippen aufeinander. Er stand auf, hastete die kleine Treppe hinunter und blieb vor der Terrasse stehen, nicht weit von Kind und Vater. „Es *ist* Khansa", sagte er mit belegter Stimme. „Khansa brennt wieder."

„Aber wieso?" Ungeschickt kletterte Felix über das Geländer. „Die haben Khansa doch schon! Wieso sollten sie es wieder anzünden?"

„Ich weiß nicht." Halb wandte sich Nev zu Felix, halb blieb sein Blick auf dem aufsteigenden Qualm. „Feuer ist eine Waffe. Vielleicht wird dort gekämpft?"

„Aber gegen wen sollen sie kämpfen? Wir sind doch alle hier."

In dem Moment fiel es Felix wie ein Stein auf den Kopf. Nev sah ihn mit großen Augen an.

„Jupiter!"

MORGEN, KHANSA, MERKURNATION

AMARI WÜRDE ZUSAMMENBRECHEN, SIE wusste es. Noch rauschte Adrenalin durch ihre Adern und hielt sie aufrecht, aber sobald sich die Gelegenheit ergab, würde sie umknicken wie ein dürrer Baum.

Zwei Tage – glaubte sie – war Amari unentwegt auf den Beinen gewesen; dazwischen nicht wirklich geschlafen, nicht wirklich gegessen. Schmerzende Augen, schmerzende Beine, schmerzender Körper, ein Kopf schwindlig vor Stolz.

Vera war mit Sicherheit keine Frau, die sich von „Bitte, bitte" weichklopfen oder Mitleid ihre Entscheidungen treffen ließ. Umso weniger konnte es sich Amari erklären, dass sie nicht rausgeworfen worden war, dass niemand sie getötet hatte – und vor allem, dass sie nicht allein nach Khansa zurückkehrte.

Amari wies den Weg. Hinter ihr folgte Vera. Hinter Vera folgten gut einhundert Soldaten.

Nichts, was Amari je erlebt hatte, war mit diesem Moment vergleichbar. Sie hatte sich noch nie so stark gefühlt und noch nie so unsicher. Es war, als wäre sie ganz oben, aber es brauchte nur einen Hauch, um sie herunterkrachen zu lassen.

Der Hauch kam, als Khansas Mauer in Sichtweite rückte.

Natürlich. Es waren Tage vergangen, seit hier der Kampf stattgefunden hatte, und Amari war sich nicht sicher, was sie erwartet hatte, hier zu finden. Die Mauer war demoliert, die Tore eingebrochen, das konnte man schon von Weitem sehen. Khansa war gefallen.

Amari atmete heftig ein, aus, und ging weiter vorwärts, auch wenn sie dafür kurz die Augen schließen musste. Die Merkurnation, Erin, ließen sich nicht so einfach unterkriegen und schon gar nicht innerhalb von zwei Tagen. Außerdem hatten sie Hilfe. Sie *hatten* Hilfe, verdammt, wenn auch nur vorerst. Wenn auch nur hundert Soldaten. Sie würden Mars austreiben, egal wie tief sie schon drin waren.

Umso näher die Mauer kam, desto deutlicher wurden die Verwüstung und der Geruch von vergangenem Feuer. Als sie die Mauer passiert hatten und Amari inmitten von dem stand, was sie beim besten Willen nicht mehr als Khansa wiedererkannte, knotete sich ihr Magen zusammen. Die Stadt lag im wahrsten Sinne des Wortes in Schutt und Asche. Rundum waren Häuser zu Ruinen geworden. Die, die noch standen, machten den Eindruck, als würden sie jeden Moment in sich zusammenbrechen. Schwarz bedeckte den Boden, aber selbst so war es nicht schwer, die eine oder andere verbrannte Leiche auszumachen. Amari war um einiges zu spät.

Vera trat an ihre Seite. Amaris Tafel wanderte zur Generalin und wieder zurück.

Ist das die Stadt?

Amari nickte ohnmächtig. „Das war die Stadt."

Wesentlich schlimmer als die Angst vor den Marssoldaten war der Gedanke, nach all dem Zittern, dem Rennen, dem dunklen Raum, dem Bitten und Betteln *endlich, tatsächlich* die Jupiterarmee mobilisiert – und sie dann völlig umsonst hergeführt zu haben.

„Es ist keiner mehr da", sagte Amari, aber Vera beachtete sie kaum.

Ihre hellgrauen Augen verengten sich, als sie in die Ferne spähte. Ohne den Blick abzulassen, deutete sie Amari, ihr erneut die Tafel zu geben.

Doch, einige.

Amari starrte angestrengt in die Richtung, in die auch Vera blickte.

Häuserskelette, Ruinen, Asche, die ganze Stadt war so einfarbig grau, dass Amari den Rauch zuerst nicht wahrnahm. Das Feuer allerdings schon. Es war noch klein, versuchte an dem halb verbrannten Haus zu wachsen und war dabei mittelmäßig erfolgreich.

Sie wollen uns durch Rauch schwächen. Es biss sich etwas Grimmiges auf Veras steinernem Gesicht fest. *Wenn sie mit uns kämpfen wollen, können sie das haben.*

Amari brauchte keine weiteren Worte, um zu wissen, dass sie die Tafel jetzt zurück an ihren Gürtel hängen konnte. Vera drehte sich zu ihren Soldaten um, alle bereits ordentlich hinter ihr aufgereiht. Sie rief etwas, etwas sehr Lautes höchstwahrscheinlich. Zu erraten, worum es dabei ging, war wirklich nicht so schwer. Die Soldaten antworteten im Einklang und im nächsten Moment schwärmten sie alle an Amari vorbei, an Vera auch. Sie kämpfte nicht selbst auf dem Schlachtfeld, sondern schien sich eher im Hintergrund zu halten.

Amari folgte den Soldaten ein Stück, blieb dann aber stehen. Sollte sie kämpfen? Nein, keine gute Idee. Wer wäre schon so dumm, sich ohne Rüstung in den Kampf zu stürzen?

Nach und nach tauchten immer mehr Marsgesichter auf, die sich versteckt gehalten hatten, ein zweites Haus brannte, aber Amari nahm es kaum wahr. Ihr Blick klebte an der Flut von Jupitersoldaten, die durch Khansa strömte.

Sie hatte das getan. *Sie* hatte die Jupitersoldaten hergebracht. Vielleicht hatte sie die Merkurnation gerettet. Dass Khansa immer noch besetzt war, deutete zumindest darauf hin, dass Mars noch nicht tiefer vorgedrungen war. Es konnte –

Amaris Gedanken rissen schlagartig ab. Grund dafür war ein Gefühl von Unbehagen tief in ihrem Magen. Vielleicht eine Sekunde, vielleicht nur eine halbe – das genügte, um ihr zu sagen, dass etwas ganz gewaltig nicht in Ordnung war. Sie drehte sich gerade rechtzeitig, um ein Bild zu sehen, das sich umgehend in ihr Gehirn einbrannte.

Es war das Gesicht eines Marssoldaten, viel zu nah. Vielleicht hatte er sich angeschlichen – vielleicht war er auch donnernd gerannt, es machte kaum einen Unterschied. Eine spitz zulaufende Keule in der Hand, hatte er bereits ausgeholt. Amari reagierte nicht eine Sekunde zu früh. Sie riss ihren Arm nach oben und ihr Ellenbogen traf das Gesicht des Soldaten, als sei er gegen eine Wand gerannt. Ohne einen weiteren Gedanken, eine weitere Sekunde zu verschwenden, machte sie sich schwer und rammte ihn in den aschebedeckten Boden.

Für eine Weile schien die Zeit wie angehalten. Nichts geschah. Alles schien still zu stehen und Amari bemerkte erst nach zwei, drei weiteren Sekunden, warum es ihr so vorkam. Sowohl sie als auch der Marssoldat hatten aufgehört, sich zu bewegen.

Mit der freien Hand stützte sich Amari ab und richtete sich langsam auf. Sie atmete schwer, keuchte fast. Ihr Arm brannte, dass es ihr Tränen in die Augen trieb. Neben dem Gesicht des Soldaten hatte sie auch ihren Ellenbogen geöffnet.

Der Soldat sah zerquetscht aus. Auf der Lichtung war es dunkel und hektisch gewesen, Amari hatte nicht gesehen, was sie anrichtete. Sie hatte es gespürt, aber ein Gefühl war so viel leichter zu vergessen als ein Anblick. Kämpfen fühlte sich anders an als auf der Lichtung. Es war nicht besser, aber sie konnte auch nicht sagen, ob es schlechter war. Es war eben anders.

Ein toter Körper brachte das Bild eines anderen toten Körpers zurück zu Amari. Sie versuchte, Tränen hinunterzuschlucken.

Zwei Bogenschützen – das war ein Gedanke, den Amari auf der Lichtung hatte liegen lassen, aber jetzt war er zurück, äußerst deutlich. Es waren zwei marsgeborene Bogenschützen dort gewesen und einer von ihnen musste der sein, der an allem schuld war. Erin hatte Informationen von einem von ihnen, einer lebte also noch – vielleicht.

Aber welcher war es gewesen? Welcher hatte den Pfeil geschossen? Der, den Felix getötet hatte? Oder der, dem Amari ihr Knie ins Gesicht gerammt hatte – und der noch lebte? Sie erinnerte sich. Nein, keine Chance. Langfristig konnte er das nicht überlebt haben. Oder? Amaris Schädel brummte. Rache schien ihr so sehr angebracht – aber wie sollte sie?

Konzentrier dich, warnte sie die Stimme in ihrem Kopf. Gerade hatte sie noch mal Glück gehabt, aber dass sie sich auch beim nächsten Mal rechtzeitig umdrehen würde, war nicht sehr wahrscheinlich. Vorsichtig bewegte sich Amari an den Rand des Geschehens, versuchte dabei, so viel wie möglich im Blick und immer eine der verkohlten Hauswände im Rücken zu haben. Wenn jemand sie jetzt angreifen wollte, dann würde er von vorn oder von der Seite kommen müssen – und das würde sie sehen. Allerdings schienen die Marssoldaten momentan größere Probleme zu haben als eine einzelne Soldatin.

Amari wusste, dass Jupitersoldaten robust waren – jeder wusste das –, aber gesehen hatte sie es noch nicht. Jupiters Rüstungen waren zwar dicker als Merkurs, aber dünner als die von Mars – trotzdem sah sie Jupitersoldaten, die in der Not einen Schwerthieb mit einem gerüsteten Arm auffingen und diesen danach noch benutzen konnten; sie sah Jupitersoldaten, die einen Stoß mit einer Lanze einsteckten, taumelten und vor Schmerz aufschrien, aber trotzdem stehen blieben. Ob man diese Fähigkeit irgendwie trainieren konnte, war Amaris erster Gedanke. *Kein Wunder, dass sie die mächtigste Nation sind*, war der zweite. Auch einen Angriff von Amari – vielleicht sogar dann noch, wenn sie all ihre Kraft hineinsteckte – würden sie wohl überleben können.

Mit einem Blick weiter westlich auf das Schlachtfeld stellte Amari fest, dass sie nicht mehr die einzige Merkursoldatin in Khansa war. Neue Figuren hatten das Feld betreten, allen voran Erin. Ohne zu zögern lief Amari auf Erins kleine Truppe zu. Dabei achtete sie nur noch sporadisch darauf, dass etwas ihren Rücken deckte.

Erin starrte auf die Soldaten, die die Ruinen von Khansa spickten. Ihr Mund war leicht geöffnet – ein Du-willst-mich-doch-verarschen-Gesicht. Dann fiel ihr Blick auf Amari. Amari, die auf sie zugerannt kam, mit drei Worten auf den Lippen. „Sie sind hier!"

Noch bevor sie zum Stehen kam, fummelte Amari die Tafel von ihrem Gürtel. „Sie. Sind. Hier!"

Erin nahm die Tafel entgegen und Amari wartete. Erst dann fiel ihr auf, dass *sie* diejenige war, die etwas Wichtiges mitzuteilen hatte.

„Sie sind nur für Khansa hier", sagte die schnell. „Zumindest jetzt. Deswegen nur so wenige Soldaten. Wenn wir länger Hilfe brauchen, müssen Sie mit ihnen verhandeln."

Erin nickte, dabei wanderte ihr Blick über das Feld. Sie schrieb auf Amaris Tafel, diesmal wesentlich zügiger und wesentlich weniger ordentlich als noch auf der Lichtung: *Mit wem?*

„General Vera. Sie müsste weiter hinten sein."

Erin nickte noch einmal.

Halb hatte Amari erwartet, dass Erin und ihre Soldaten nun das Schlachtfeld stürmen und Jupiter unter die Arme greifen würden, aber andererseits war das wohl keine so kluge Idee. Es könnte zu unschönen Verwechslungen kommen, sollte sich eine Horde Fremde in den Kampf einmischen. Natürlich waren Mars- und Merkurrüstungen grundverschieden, aber Amari glaubte nicht, dass sich die Jupitersoldaten in einem Kampf die Zeit nahmen, zwischen verschiedenen feindlichen Rüstungen zu unterscheiden.

Erin drehte sich zu ihren Soldaten um und verkündete etwas. Die Hälfte nickte, wandte sich um und zog ab. Dann lag ihre ungeteilte Aufmerksamkeit auf den Soldaten Jupiters. Es sah nicht so aus, als ob sie in naher Zukunft irgendeine Art von Hilfe benötigten. Es schien, als ob im Gegensatz zu den Marssoldaten noch kein Soldat Jupiters zu Boden gegangen war. Ein paar schwere Rüstungen begannen, das Weite zu suchen.

Erin wechselte noch ein paar Worte mit Isaac, dann schrieb sie auf Amaris Tafel.

Du bist keine Rekrutin mehr. Das sollte klar sein.

Amari nickte ehrfürchtig und mit großen Augen. Der Stolz war zurück. Seit ihrem Ritual waren nur Tage – wenige Tage – vergangen und jetzt war sie eine waschechte Soldatin. Nev, ihre Mutter, und wer sonst nicht an sie geglaubt hatte, sie alle konnten daran ersticken.

Hättest du die nötige Erfahrung, würde ich dich in die Fußstapfen von Javid lassen, schrieb Erin. *Warten wir ein paar Jahre. Du bist zu Großem bestimmt.*

Amari musste allerlei Knoten herunterschlucken. Irgendwie hatte sich ihre Stimme verfangen und sie brachte keinen Ton heraus. Stattdessen nickte sie heftig. Es war viel, was heute passierte. Viel Gutes und viele böse Gedanken.

Erin klopfte ihr auf die Schulter und drückte ihr die Tafel zurück in die Hand. *Und jetzt, um Himmels willen, geh nach Navoi und ruh dich aus.*

Das musste sie ihr nicht zweimal sagen. Jetzt spürte Amari wirklich, wie steif ihre Glieder und wie müde ihre Muskeln und wie quälend der Hunger waren. Sie schlurfte an Erin vorbei. Navoi war kaum weiter als ein mittelkurzer Sprint von hier entfernt. Amari kannte den Ort in- und auswendig, als Kind hatte sie ihn oft genug gesehen.

Unglaublich, dass sie auf der kurzen Strecke noch aufgehalten wurde.

Nev kam auf sie zu, seiner Zivilkleidung zufolge war er nicht Teil von Erins Truppe gewesen, sondern hatte sich auf eigene Faust auf nach Khansa gemacht. Seine Augen waren groß, als könnte er es nicht fassen, sie tatsächlich hier zu sehen. Zwei Schritte vor Amari blieb er stehen.

Sie versuchte, die gleiche Maske aufzusetzen wie General Vera.

„Was willst du?"

Er begann zu reden. Amari stand reglos da, mit verschränkten Armen und wartete darauf, dass es ihm wieder einfiel. Schließlich sah sie ihn schlucken.

Nev atmete ein. Für einen Moment hingen seine Augen an Amaris aufgeschürften Ellenbogen, dann wieder an ihrem Gesicht. Zögerlich streckte Nev seine Hand aus. Seine Lippen bewegten sich wieder, diesmal in halber Geschwindigkeit, vermutlich so, dass Amari sie gut lesen konnte, und so, dass Amari sich dumm vorkam.

Egal. Gerade konnte sie ihn auch ohne seine Lippen lesen. Was er wollte, war die Tafel.

Amari hielt ihre schweren Arme verschränkt und blickte müde geradeaus.

Mit einer fast unverschämten Geduld verharrte Nev in seiner Position. ‚Bitte', formten seine Lippen.

Amari starrte auf seine leere Hand. Nichts passierte. Wie lange würden sie noch so stehen? Das war albern. Sie beide waren albern.

Amari musste sich zusammennehmen, nicht die Augen zu verdrehen, als sie – erneut – die Tafel von ihrem Gürtel löste und sie Nev gab. Die Kreide warf sie direkt hinterher, sodass es ihm nur knapp gelang, sie aufzufangen. Er sagte wohl ‚Danke', aber sicher war sie sich nicht.

Nun hatte Nev also die Tafel und als er sie einige Sekunden später umdrehte und Amari die Nachricht zeigte, war sie nicht das kleinste bisschen überrascht.

Du musst damit aufhören, bitte.

„Womit?" Amari sprach das Wort heftig aus, mit viel Gewicht. Sie sah Nev herausfordernd an.

Nevs Mund wurde ein wenig schmaler. Er wusste, dass sie wusste, was er meinte.

Wenn du noch kannst – geh zurück nach Hause, zeigte er ihr dann. *Du willst nicht im Militär sein, wirklich nicht.*

Eine Weile wartete Amari noch, aber es kam nichts weiter. Nev ließ die Tafel sinken, mit beiden Händen hielt er sie fest und mal waren seine Knöchel an der linken, mal an der rechten Hand deutlicher zu sehen.

„Was für ein Heuchler du bist", flüsterte Amari schließlich. „Für dich konnte es ja gar nicht schnell genug zum Militär gehen." Sie sah Nev an, hoffte, dass er es war, der zuerst wegschauen würde. „Ich tue nichts, was du nicht auch getan hast. Ich tue dasselbe, was Hunderte von anderen Menschen auch tun. Und ich bin *wirklich* gut darin."

Sie hielt die Luft an. Nev hingegen atmete jetzt deutlich sichtbarer. Ein paar Mal sah er so aus, als würde er die Kreide ansetzen wollen, ließ es dann aber bleiben.

„Nein", sagte Amari. „Darum geht es dir gar nicht. Denkst du, ich bin zu schwach? Denkst du, ich halt das nicht aus? Das tue ich nämlich."

Nev öffnete den Mund und schloss ihn wieder.

„Ich steh dir in nichts nach", sagte Amari.

Jetzt begann Nev zu schreiben, sein Gesicht ein bisschen gequält.

Was, wenn du rückfällig wirst?, schrieb er.

„Ich war seit sechs Jahren nicht mehr krank!", rief Amari. Das war zu viel Druck, zu viel Lautstärke. Sie senkte ihre Stimme. Sie würde Nev nicht die Chance geben, sie als trotziges Kind abzustempeln. „*Sechs Jahre*. Ich bin lange nicht mehr schwächlich! Ich hab die Jupiternation hergeholt. Erin hat mich gelobt, ich …" Sie schluckte ein aufwallendes Gefühl in ihrem Hals herunter, fast musste sie dabei die Augen schließen. „Ich bin nicht schwach."

Ich hab nie gesagt, dass du schwach bist, schrieb Nev. *Ich will nur nicht, dass du den gleichen Fehler machst wie ich.*

„Was kümmert es dich, ob ich Fehler mache? Du hast mich seit vier Jahren nicht mehr gesehen. Du interessierst dich nicht wirklich für mich."

Du weißt, dass das nicht stimmt.

„Woher? Woher soll ich das wissen? Du könntest auch ein völlig Fremder sein. Ich hab dich vielleicht früher mal gekannt, aber ich hab keine Ahnung, wer du jetzt zu sein versuchst."

Nev schob die Brauen zusammen. Leicht schüttelte er den Kopf, bevor er schrieb.

Merkst du nicht, dass er dich komplett im Griff hat?, stand auf der Tafel.

Hitze schoss Amari in den Kopf. Sie unterdrückte die Tränen.

Du willst nicht zur Armee. Er sagt dir, dass du es willst.

„Wie kannst du in tausend Jahren irgendwas darüber wissen, was ich will?!" Die Lautstärkte, beschloss Amari, kümmerte sie nicht mehr. „Nein. Nein, das ist dir egal. Es geht dir nicht um mich, oh, es geht um Vater! Du willst ihm einfach nur eine reinwürgen. Du bist dagegen, weil er mich unterstützt hat! Deswegen willst du mir das hier kaputt machen. Du hast Probleme, Nev!"

Nev schrieb, wie wild kratzte die Kreide über die Tafel und irgendwie schaffte es das allein, Amari zum Kochen zu bringen. Nev hatte nicht das Recht, über ihn zu reden. Nev hatte nicht das Recht, jetzt *irgendetwas* über ihn zu sagen.

Mich hat er auch mal unterstützt. Aber nur, bis er gemerkt hat, dass du mehr Potenzial hast.

Amari brannte. Mit der Faust verwischte Nev die Buchstaben auf der Tafel, bevor er neue daraufsetzte.

Es ging ihm nie um dich oder um mich. Er will nur, dass irgendjemand sein Erbe antritt. Er hat sich in deinem Hirn eingenistet, aber wir sind ihm scheißegal.

„Rede nicht so über ihn, nicht jetzt, ich warne dich!" Amari musste sich nicht hören, um zu wissen, dass ihre Stimme brach. Vor Nev würde sie auf keinen Fall weinen. „Er ist tot! Vater ist tot!"

Nevs Brust hob und senkte sich. Er schien ruhiger als vorher, aber ruhig auf eine beunruhigende Weise. Als er schrieb, waren seine Knöchel an der Tafel fast weiß. Eine Weile sah er noch auf seine Worte, bevor er sie Amari zeigte.

Wurde langsam Zeit.

Nicht eine Sekunde musste Nev auf Amaris Reaktion warten. Mit einem großen Schritt trat sie vor und schmetterte ihre Faust in sein Gesicht.

Sie hatte nicht komplett vergessen, dass Beine und Arme ihre Waffen waren. Sie bremste die Faust in der Luft, gerade noch rechtzeitig. Trotzdem schickte ihr Schlag Nev zu Boden. Staub wirbelte auf, als sein Körper die Erde traf. Tafel und Kreide fielen ihm aus den Händen. Beides las Amari auf, so schnell sie konnte, und klammerte sich geradezu daran.

Nevs Hand grub sich in die Erde. Er versuchte, sich aufzurichten, zumindest in eine sitzende Position, hatte damit aber nur halben Erfolg. In seinen Augen stand der Schock. Den Rest seines Gesichtes sah Amari nicht, denn er presste sich die andere Hand vor die Nase. Blut rann zwischen seinen Fingern hindurch.

Amari konnte ihren Blick nicht davon losreißen. Ihre Beine, ihre Hände zitterten. Sie öffnete den Mund, als wollte sie etwas sagen, aber sie konnte nicht. Zu wütend, zu aufgewühlt, zu viel. Viel zu viel. Amari drehte sich um, die Tafel fest an sich gedrückt, und begann zu laufen.

SPÄTER NACHMITTAG, NAVOI, MERKURNATION

„MEINST DU, SIE helfen uns?"

Nev blinzelte Felix entgegen, als sei er gerade erst aufgewacht. Schon seit er zurückgekommen war, wirkte er abwesend und es dauerte eine Weile, bis er antwortete: „Keine Ahnung. Wirklich nicht."

Vor ungefähr einer Stunde – aber gefühlten Tagen – hatten sich Erin und Jupitergeneralin Vera hinter den verschlossenen Türen einer für diesen Zweck geräumten Taverne die Hände gegeben. Seitdem waren dort Verhandlungen im Gange und überall sonst lag Anspannung in der Luft.

Felix atmete lange aus und rutschte am Zaun der Terrasse ein Stück tiefer. „Gehen wir einfach davon aus", sagte er, ein halbes Lächeln auf den Lippen. „Der geistigen Gesundheit wegen."

Die Sonne stand tief, der Nachmittag war langsam, und die Soldaten draußen waren mehr geworden. Sie lungerten auf der Terrasse, am Zaun oder verstreut um die Unterkunft herum. Manche liefen rastlos hin und her. Felix war müde.

Obwohl sich andere Soldaten nicht einmal zwei Meter von ihnen entfernt unterhielten, lag eine surrende Stille in der Luft.

„Ich fass es nicht, dass sie sie tatsächlich hergebracht hat", sagte Felix, halb weil es so war, halb um etwas zu sagen.

Nev lächelte, es war ein komisches Lächeln, irgendwie stolz, irgendwie auch nicht, und es lebte nicht lange. Eine Weile bewegte er den Kopf auf und ab, als würde er nicken, dann sagte er ganz beiläufig: „Sie hasst mich."

„Wer, Amari?"

„Ja, Amari."

„Bist du sicher?" Felix schob sich wieder ein Stück nach oben. „Immerhin ist sie deine Schwester, oder ni..."

Die Silbe verlor sich, als Nev auf sein Gesicht zeigte. Felix rutschte näher heran und legte den Kopf schief. Tatsächlich: Unter Nevs linkem Auge begann sich, ein violetter Kranz von seiner Haut abzuheben.

„Oha." Vielleicht schaute Felix eine Sekunde länger als nötig, bevor er sich wieder zurücklehnte. Nev hatte Sommersprossen, ganz leichte. Man bemerkte sie nicht, wenn man nicht ganz genau hinsah. „Sag bloß, sie hat dir das Veilchen verpasst."

Nev atmete zu lange ein und nicht lange genug aus. „Es ist alles irgendwie ... sehr kompliziert. Wir haben uns vorhin gestritten und ich habe gesagt, dass ich nicht um Vater trauere." Er rieb sich das Gesicht – die unverletzte Hälfte. „Vielleicht auch, dass es besser so ist. Also, dass er jetzt tot ist."

Ein paarmal blinzelte Felix mit großen Augen. „Wow."

„Hast du ihn gekannt?", fragte Nev. „Immerhin hast du zuerst gewusst, dass ..." Er gestikulierte mit den Händen.

„Nicht wirklich. Er war bei Erins Jupiter-Mission. Konnte mich nicht ausstehen, aber das hat er nur mit ungefähr" – kurz zählte Felix an seinen Fingern ab – „allen anderen hier gemeinsam. Ich verstehe gar nicht, wieso, ich bin so eine reizende Person."

Nev lächelte, aber wieder hielt es sich nicht lange. „Ich weiß, es ist nicht richtig, so was zu sagen. Aber ich bleibe dabei, dass es mir um ihn nicht leidtut."

„War dein Vater so schlimm?"

„Nein", sagte Nev. „Doch. Schon, irgendwie." Er verlagerte sein Gewicht, rutschte ein wenig hin und her, kratzte sich an der Wange. „Auf jeden Fall hat er zu viel vom Militär gehalten ... und zu viel von seiner Position im Militär. Natürlich würde so jemand seine Kinder drauf abrichten, da weiterzumachen, wo er aufhört."

„Oh", sagte Felix. „Hat er es übertrieben?"

Nev lachte. „Das könnte man so sagen. Wobei, am Anfang eigentlich nicht. Es war alles noch kein Problem, als er nur mich trainiert hat. Erst, als es um Amari ging." Einen Moment schien er zu überlegen. „Das ist vielleicht nicht mehr so einfach zu glauben, aber Amari war damals nicht so ... stabil?" Nev runzelte die Stirn. „Sie war zerbrechlich, ist, was ich sagen will. Anfällig, vielleicht. Es gab früher kaum einen Monat, in dem sie nicht irgendein Fieber hatte. Sie ist ein bisschen zu früh geboren worden, musst du wissen."

Felix' Mund formte ein Stilles ‚oh'.

„Mutter dachte, es wäre selbstverständlich, dass Amari keine Kämpferin wird. Es war ja immerhin gut möglich, dass sie nicht mal ein zweistelliges Alter erreichen würde. Nie hatten wir auch nur dran gedacht, dass Vater Amari trainieren würde."

„Hat er aber", schloss Felix.

„Hat er aber, sobald sie rennen und eine Waffe halten konnte. Das war der Anfang von dem ganzen bösen Blut in unserer Familie. Amari hat das gleiche Training bekommen wie ich in ihrem Alter. Ständig ist sie rückfällig geworden, ständig musste sie im Bett liegen – und als sie sich wieder auf den Beinen halten konnte, ist sie im Garten Runden gelaufen. Vater hat sie *umgebracht* mit seiner Besessenheit." Nev atmete tief ein. Seine Schultern entspannten sich ein bisschen.

„Einmal war es besonders schlimm. Ich glaube, da war sie sieben, vielleicht auch acht. Monatelang ging es ihr nicht besser. Überall war sie rot, konnte nicht richtig atmen – ihr Kopf war so heiß, dass nicht viel gefehlt hätte und man hätte sich daran verbrannt. Wir dachten, jetzt stirbt sie wirklich."

Einen Moment lang schwieg Nev. Felix sah seine Sommersprossen an.

„Als sie dann schließlich noch mal so die Kurve gekriegt hat, hat Mutter endlich – *endlich* – darauf bestanden, dass Vater aufhört, sie zu trainieren. Endgültig. Und natürlich ich war auf ihrer Seite, immerhin war Vaters Training das ein oder andere Mal für mich schon zu viel gewesen, und ich war gesund. Das war dann der Punkt, an dem die Sache eskaliert ist."

„Er wollte wohl nicht aufhören, was?"

„Natürlich nicht. Ich glaube – und ich weiß, es ist furchtbar, so was zu sagen ..." Für ein paar Sekunden starrte Nev in die Luft. „Ich glaube, für Vater war es so: Amari hält das alles entweder aus, oder sie ist ohnehin nutzlos." Er sah Felix an. „Und ich bin mir ziemlich sicher, Amari hat angefangen, auch so zu denken. Mutter und ich waren die Einzigen, die wollten, dass Amari aufhört. Sie selbst wollte weitermachen, um jeden Preis. Dass sie ständig krank war, dass sie nicht in der Lage war, die Sachen zu tun, die alle anderen um sie herum taten, dass es nur eine Person gab, die irgendetwas von ihr erwartete – ich glaube, das hat ihr eine Denkweise gegeben, die man nicht einfacher hätte ausnutzen können."

Ein paar Sekunden Stille.

„Tut mir leid, ich weiß, das ist alles furchtbar kompliziert."

„Macht nichts. Ich bin ein guter Zuhörer, wenn ich will."

Nev zeigte ein dankbares Lächeln.

„Er hat sie uns weggenommen", sagte er schließlich. „Also, sozusagen. Vater hat Amari gegen uns aufgebracht. Sie war wütend auf uns, weil wir ihren Traum kaputt machen wollten, weil wir nicht an sie geglaubt haben."

Nev holte Luft, um noch etwas zu sagen, starrte aber stattdessen einen Augenblick lang nur vor sich hin. Er begann, auf seiner Lippe zu kauen. „Wenn ich so darüber nachdenke, war das vielleicht nicht mal so falsch."

Gerade als Felix etwas erwidern wollte, richtete sich Nev ein Stückchen auf. Seine Stimme wurde etwas lauter und er lächelte, wenn auch einen Hauch bitter. „Wie du siehst, hat sie es ja geschafft. Sie ist irgendwann weniger krank geworden und schneller wieder gesund. Sie hat mich bald in allen Trainingsdisziplinen übertroffen." Tatsächlich lag eine Art seltsamer Stolz in Nevs Lächeln. „Und Vater hat komplett das Interesse an mir verloren."

„Du sagst das, als wär's was Gutes."

„Es *war* was Gutes. Ich wünschte mir nur, es wäre früher passiert. Wenn er mich fallen gelassen hätte, als ich noch dreizehn oder vierzehn war – vielleicht wäre mein Kopf mit sechzehn dann klarer gewesen."

Einen Moment lang dachte Felix nach. „Du bist mit sechzehn zur Armee, oder?"

Nev nickte. Er lehnte sich zurück und betrachtete die Holzfassade der Soldatenunterkunft. „Ich kannte ja nichts anderes. Und damals wollte ich unbedingt weg. Selbst nachdem Vater Kommandant geworden und fast gar nicht mehr zu Hause war. Die Stimmung zu Hause war auch mit Mutter und Amari allein nicht auszuhalten. Das war vielleicht das Dümmste, was ich je gemacht hab."

Felix sagte nichts. Er hatte nicht den Hauch einer Ahnung, was man dazu sagen sollte, und er kam sich ein wenig dumm vor. Umso länger Felix schwieg, umso nervöser wurde Nev. Er schaute sich um, als ob er zu viel gesagt hätte, dann kratzte er sich am Kopf.

„Um ehrlich zu sein, glaube ich nicht, dass sie einen Grund haben, uns zu helfen."

„Was?"

„Jupiter."

„Oh. Richtig." Richtig, darüber hatten sie geredet.

„Ja", sagte Nev, plötzlich sehr auf dieses Thema und auf seine Hände konzentriert. „Was hätten sie davon? Was hätten sie für einen Grund, ihren Hals zu riskieren – für uns."

„Hm." Felix stützte sein Kinn auf seine Hand. Dass ‚Hals riskieren' wohl kaum die richtige Wortwahl war – immerhin ging es um Jupiter –, musste er Nev nicht sagen. „Vielleicht ist es eher ein ‚gegen Mars' statt ein ‚für Merkur'."

Nev hob den Kopf, jetzt mit einem halben Grinsen im Gesicht. „So wie bei dir?"

„So wie bei mir." Felix grinste zurück. „Der Feind meines Feindes ist mein Freund und so weiter."

Quietschend öffnete sich die Tür zur Soldatenunterkunft und Isaac trat auf die Terrasse.

„Na ja", sagte Felix. „In der Theorie."

Nur kurz folgte Nev seinem Blick – und dachte sich vermutlich seinen Teil –, dann wandte er sich mit einem Seufzer wieder an Felix. „Dann hoffe ich wirklich, dass Jupiter Mars wenig genug leiden kann. Wer weiß, was mit uns passiert, wenn wir keine Hilfe bekommen."

‚Ich weiß es', lag Felix auf der Zunge, aber zum einen bremste er sich – zum anderen wurden sie unterbrochen.

„Wir brauchen Jupiter nicht." Isaacs Stimme klang monoton und automatisch. Er war in der Mitte der Terrasse stehen geblieben und wirkte dort ein bisschen wie bestellt und nicht abgeholt. Er sah Nev an. „Wir brauchen Jupiter nicht und jeder, der auch nur einen Funken Stolz oder Hirn hat, ist in der Lage, das zu begreifen."

Nev schloss den Mund und bohrte seinen Blick in den Boden.

Während sich Isaac wieder in Bewegung setzte, kam von irgendwoher ein dumpfes Kichern.

„Aaalso", sagte Felix und drehte sich Richtung Isaac. „Ich glaube, Khansa würde dir da was anderes erzählen. Die Niederlage war doch schon ziemlich peinlich, oder? So als Kommandant?"

Isaac blieb stehen. Er drehte sich zu Felix um. Auch Nev sah Felix an, und ein paar Soldaten, die um den Zaun herumlungerten, taten das jetzt auch.

„Khansa würde *Ihnen* was anderes erzählen", berichtigte Isaac ihn scharf.

Er hob die Stimme, sodass man ihn gut hören konnte. Er schien sich der Tatsache bewusst, dass ein Publikum in den Startlöchern stand. Immerhin war den Leuten langweilig. „Wir hätten Jupiter in Khansa nicht gebraucht, wenn Erin und ich von vornherein da gewesen wären. Wir hätten sie vielleicht nicht mal gebraucht, wenn wir nicht geflohen wären, sondern weitergekämpft hätten." Er warf einen Arm in die Luft, deutete auf niemand bestimmten. „Aber wir haben weder das eine noch das andere getan, weil ihr alle unbedingt abhängig sein wollt – und vom Feind noch dazu. Ich war von vornherein dagegen. Ich war bei der Mission, weil Erin mich dabeihaben wollte, aber ich war immer dagegen. Und ich hatte recht."

Felix öffnete den Mund. Dass Nev eindringlich den Kopf schüttelte, übersah er. „Isaac", sagte er. „Du *warst* aber schon in Khansa, oder?"

Ein paar Leute wisperten miteinander. Für einen Augenblick starrte Isaac Felix nur an, dann machte er langsame Schritte in seine Richtung. Direkt vor Felix blieb er stehen. Felix blieb sitzen.

„Ich sage es noch mal: Es heißt ‚Sie' für dich, Venus", zischte Isaac. Sowohl in seinem Ton als auch in seinem Blick schwang mehr Drohung mit, als es für einen normalen Formalitätsverstoß angemessen war.

„Wir wollten nicht respektlos sein", sagte Nev schnell. Seine Augen huschten zu Felix, dann zurück zu Isaac. „Was er mit all dem sagen will ist: Wenn die Jupiterarmee die Marssoldaten nicht vertrieben hätten, dann wäre es nur noch eine Frage der Zeit gewesen, bis sie uns überrannt hätten."

„Feinde haben Merkur schon längst überrannt", sagte Isaac. Kurz hielt er inne und schaute, ob die Soldaten seine Worte so verstanden, wie sie gemeint waren. Bei Felix blieb sein Blick hängen. „Eigentlich rede ich nicht mal von dir. Aber um deine Frage wieder aufzugreifen: *Ich* war in Khansa, *ich* habe gekämpft." Isaac legte seinen Kopf schief. „Was ist mit dir? Du warst verschwunden, kaum dass wir da waren. Würde mich nicht wundern, wenn du zwischendurch die Seiten gewechselt hättest."

Felix lachte auf – er konnte nicht anders, es war zu absurd. Es half nicht, dass Isaac nicht für Scherze bekannt war. Mit einem ungläubigen, großäugigen Lächeln schüttelte Felix den Kopf, dann sagte er: „Es geht dir richtig nah, dass Erin dich nicht mit zu den Verhandlungen genommen hat, oder?"

Nev hielt erst den Atem an, dann stützte er sein Gesicht in die Hand.

„Bist du dir deiner Position bewusst, Venus?" Isaacs Stimme war ruhig und gefasst, auf eine vollkommen unheimliche Weise. Er ging in die Hocke, sodass er Felix direkt ins Gesicht sehen konnte, sein Kopf aber immer noch ein gutes Stück höher war. „Hast du irgendeine Ahnung, wo du hier stehst?" Isaac sprach weiter, bevor Felix überhaupt zu einer Antwort ansetzen konnte. „Die Schaben, die hier unter dem Fundament rumkriechen" – er zeigte auf den Boden unter seinen Füßen – „da, aber noch ein Stück weiter unten, da bist du."

Felix' Braue zuckte, sein Mund war offen, aber es kam nichts heraus. Fiel ihm nichts ein? Hatte die Einschüchterungsnummer tatsächlich funktioniert? Das Einzige, was Felix genau wusste, war, dass er Isaac wirklich, *wirklich* nicht leiden konnte.

„Du hast hier keine Rechte", sagte Isaac. „Schon gar nicht, deine Klappe aufzureißen, und deshalb wäre es in deinem Interesse, wenn ich jetzt eine gründliche, formale Entschuldigung bekomme."

Felix starrte Isaac an, als würde er eine andere Sprache sprechen. Das tat er so lange, bis ihm klar wurde, dass sich die Szene keinen Zentimeter vom Fleck bewegen würde, wenn er nichts sagte.

„'tschuldigung", sagte er trocken.

Isaac schüttelte den Kopf. Er hatte fast eine Art Grinsen auf dem Gesicht. „Das reicht nicht. Eine formale Entschuldigung bedeutet, dass du sagst, *was* du falsch gemacht hast, *warum* du es gemacht hast, dass es dir *leidtut* und dass es nie wieder vorkommt. Und das in einem *höflichen* Ton."

Felix schaute nach rechts. Leute standen unten am Geländer, gafften und redeten. Vielleicht bereute er es tatsächlich ein bisschen, sich in diese Situation gebracht zu haben, aber keine Chance, dass er Isaac diese Genugtuung geben würde.

Er machte den Mund fest zu und starrte trotzig zurück.

„Ich warte", sagte Isaac.

Felix sagte nichts.

„Tu es einfach", flüsterte Nev.

Felix tat es nicht.

„Wer-auch-immer-das-ist hat recht", sagte Isaac. „Ich könnte auf der Stelle jede Strafe erteilen, die ich für richtig halte. Aber ich bin eine nette Person, deshalb gebe ich dir die Chance, dich zu entschuldigen."

Felix knirschte mit den Zähnen. Es gab wenige Plätze auf der Erde, an denen er im Moment *nicht* lieber wäre als hier. Isaac sah ihn an, abwartend. Nev sah ihn an, nervös. Auch die anderen Soldaten sahen ihn an, sensationsgierig.

„Entschuldigung", sagte eine Stimme, die weder die von Felix war noch im Entferntesten entschuldigend klang. Sie war streng und fest und gehörte zu einer Frau mit dem geradest geschnittenem Haar der Welt. Sie stand ungefähr einen Meter vor dem Geländer und blickte auf die Szene. „General Vera schickt mich", sagte sie. „Ich brauche jemanden, der Informationen erster Hand über die Marsnation hat. Mir wurde gesagt, den sollte ich hier finden."

Ohne eine Sekunde zu zögern, schoss Felix' Hand nach oben. „Hier, ich!"

Er hatte keine Ahnung, was die Jupitergeneralin von ihm wissen wollte, und die Chancen standen gut, dass er lieber nicht darüber reden würde – aber das war gerade völlig egal. Felix stand auf und kletterte überstürzt über das Geländer, anstatt an Isaac vorbei und die Treppe hinunterzugehen. „Ich bin das!"

Die Frau musterte ihn von oben bis unten mit hochgezogener Braue.

„Ich kann Ihnen auch mein Mal –"

„Nein", sagte die Frau. „Schon gut. Du solltest mitkommen."

Murmelnd machten ihm die übrigen Soldaten Platz. Felix drehte sich nicht noch einmal um, aber er konnte sich vorstellen, dass Isaac doch recht unzufrieden aussah, und das allein war es wert.

Eine Weile trottete Felix hinter Veras Gefolgsfrau her, die sich immer wieder zu ihm umdrehte, bis sie schließlich mitten auf dem Weg stehen blieb und Felix anwies, vor ihr zu laufen. Sie wollte ihn nicht im Rücken haben.

Die Taverne, zu der sie ihn führte, war Felix bis jetzt weder aufgefallen, noch war er jemals darin gewesen. Vor den Türen hatte sich eine Traube Menschen gebildet, wohl zu gleichen Teilen Merkur- und Jupitergeborene, die das Ergebnis nicht mehr abwarten konnten. Sie gingen auseinander, um Platz für ihn und die Jupiterdame zu schaffen, und zum zweiten Mal heute fühlte Felix sich mehr als ein bisschen angestarrt. Zwei Wachen, eine im typischen Merkurharnisch und eine in einem ähnlichen Model, nur etwas klobiger, waren links und rechts vom Eingang postiert und ließen die beiden ohne ein weiteres Wort durch.

Der Innenraum der Taverne wirkte lächerlich leer. Neben dem Tresen, den man nicht so einfach abbauen konnte, war das einzige Mobiliar im Raum ein Tisch, an dessen Enden Erin und die kleine Frau, General Vera, Platz genommen hatten. Die Menge an Autorität im Raum, das greifbare politische Gewicht ließen sich Felix so fehl am Platz fühlen, dass er fast lachen musste.

An der Wand auf Erins Seite, nur ein paar Meter hinter ihrem Stuhl, stand straff, beinahe verkrampft, niemand anderes als Amari. Um ihre Finger waren Bandagen gewickelt.

Erst fragte sich Felix, was sie hier machte, wo sie doch von den

Verhandlungen nicht sonderlich viel mitbekommen konnte, aber schnell wurde ihm klar, dass das auch nicht ihre Aufgabe war. Hinter Vera standen, in einer ähnlichen Manier, ein Mann mit hochgesteckten Dreadlocks und nun auch die Frau, die Felix abgeholt hatte. Diese Leute – eine für Erin, zwei für die kampfunfähige Vera – waren kein Teil der Verhandlung, sondern Absicherung.

Felix musste an sein Gespräch mit Nev denken, aber auch daran, dass Isaac seinen Platz an eine Sechzehnjährige verloren hatte.

„Anka", sagte General Vera und nickte ihrer Gefolgsfrau zu, dann verlagerte sich ihr Blick auf Felix. „Ist er das?"

Vera gab sich professioneller als Anka. Ihr Blick war abschätzend, skeptisch, aber immerhin begegnete sie ihm nicht mit offener Abneigung.

„Ist er", antwortete Erin und sah Felix mit einem Blick an, der ihm ausdrücklich zu verstehen gab, dass er sich zu benehmen hatte.

„Du kommst von der Marsnation?", fragte Vera, bemüht um Gleichgültigkeit.

„Venus, eigentlich." Felix lächelte säuerlich und zuckte mit den Schultern. „Nimmt sich ja jetzt nicht mehr viel."

„Aber du hast unter Mars gedient?", fragte die Generalin.

„Leider."

„Gut." Vera faltete ihre Hände. „Im Prinzip habe ich nur eine Frage."

Felix wartete, noch immer mit einem leichten Lächeln auf den Lippen.

„Wer ist verantwortlich?", fragte sie und ihre Augen verengten sich ein ganz kleines bisschen. „Wer hat in der Marsnation das Sagen?"

Felix' Lächeln verkümmerte. Der Raum schien auf einmal um einige Meter kleiner. Seine Haltung versteifte sich.

„Ich habe eine Vermutung", fuhr Vera fort. „Bis jetzt konnte mir allerdings niemand bestätigen, ob es sich um die Wahrheit handelt." Erwartungsvoll, wenn auch immer noch skeptisch, sah sie Felix an.

„Asmus", presste er zwischen den Zähnen hervor. „Ihr Anführer heißt Asmus. Er ist der Befehlshaber des Militärs, also gehört ihm praktisch die ganze Marsnation."

„Ah." Veras Blick richtete sich starr geradeaus, an Felix vorbei. Ihr Kiefer spannte sich an. „Ich verstehe."

Sekunden verweilte sie in dieser Haltung, Erins und auch Ankas fragende Blicke gingen an ihr vorbei. „Tut mir leid", sagte sie dann zu Felix. „Ich habe noch eine Frage."

„Ja?"

„Es mag nichts zur Sache tun. Aber was ist dieser ... Anführer für eine Person? Falls du darüber urteilen kannst."

Felix hob die Augenbrauen, dann verschränkte er die Arme fest. „Wollen Sie meine persönliche Meinung? Ich bin nicht gerade unvoreingenommen."

„Ich bitte darum."

Felix atmete ein, wieder aus. „Er verdient den Tod", sagte er. „Ich würde ihn gerne mit meinen eigenen Händen umbringen."

Er spähte zu Erin hinüber. Vielleicht fiel das unter Dinge, die er nicht sagen sollte, aber Erin beachtete ihn gar nicht. Ihr Blick war auf Vera geheftet – auf Vera, die tief in Gedanken versunken war.

Eine Weile regte sich niemand, dann klärte sich Veras Blick und sie richtete sich ein wenig in ihrem Stuhl auf. Es hatte etwas Finales.

„Danke", sagte sie ruhig.

Ein paar Sekunden stand Felix unnütz im Raum herum, bis er daraus schloss, dass er wohl entlassen war.

„Nur eine Sache noch", sagte Vera, als Felix schon fast den Türgriff in der Hand hatte. Ihr Blick war fest, allerdings dauerte es eine Weile, bis sie mit der Sache herausrückte.

„Ich möchte der Venusnation mein Mitgefühl chen." Noch einmal schien sie zu zögern – oder eher abzuschätzen. „Vor achtzehn Jahren war ich eine der Ersten, die vor dem Grünen Sturm verschleppt wurden – ich weiß, wie es ist, Gefangene der Marsnation zu sein."

„Das bezweifle ich", rutschte es Felix heraus. Er sah zu Erin; ihre Lippen waren schmal und ihr Blick warnend. Er wandte sich wieder zu Vera. „Verzeihung."

Eigentlich konnte er sich darüber wirklich kein Urteil bilden. Der Grüne Sturm war eine Sache zwischen Mars und Jupiter gewesen. Was er darüber wusste, beschränkte sich auf den Grund, warum der Grüne Sturm hieß, wie er hieß. *Grün*, wie die Male der Soldaten Jupiters, und *Sturm* wie Verheerung – wie Rache.

Vera sah Felix lange an.

„Monatelang bin ich in einer dunklen Zelle verrottet", sagte sie. „Ich bin von Wachen misshandelt worden. Ich habe dort ein Kind zur Welt gebracht." Nach wie vor war ihre Stimme ruhig und gefasst. „Ich könnte ein Kind in deinem Alter haben, hätten sie es mir nicht gleich wieder weggenommen." Aus Veras Ton konnte Felix unmöglich schließen, ob das etwas Gutes oder etwas Schlechtes war.

„Verzeihung", sagte er noch einmal.

Vera lehnte sich zurück in ihren Stuhl. „Daher", fuhr sie fort, „hoffe ich, dass mein Mitgefühl aufrichtig erscheint. Auch dann noch, wenn ich gesagt habe, was ich draußen verkünden werde." Mit ein bisschen Fantasie klang sie ein wenig bedauernd. „Wäre die Venusnation nicht bereits verloren, hätte sich bestimmt eine andere Lösung finden lassen. Aber so scheint es schlichtweg die einfachste, die effizienteste Lösung zu sein."

Felix hatte nicht den Hauch einer Ahnung, wovon sie redete. Unwillkürlich hob er eine Augenbraue, aber mehr gab ihm Vera nicht.

„Das war alles. Du kannst gehen." Sie nickte an ihm vorbei.

„Schließ die Tür hinter dir."

Etwas perplex tat Felix, wie ihm geheißen. Er war nicht sicher, ob er sich dort drinnen so was wie Klarheit erhofft hatte, aber er hatte bestimmt nicht erwartet, verwirrter herauszukommen, als er hineingegangen war.

Undeutlich hallten Veras Worte in seinem Kopf nach, während er sich durch die draußen Wartenden quetschte. Was da drinnen beredet werde, fragten sie ihn, wie es um die Hilfe von Jupiter stände, was man von ihm hatte wissen wollen und wieso.

Selbst wenn Felix wollte, hätte er die Fragen nicht beantworten können. Nicht wirklich.

Auch dann noch, wenn ich gesagt habe, was ich draußen verkünden werde. Er hatte Vermutungen, und noch war er nicht sicher, ob er sie aufregend oder beunruhigend fand.

Nur wenige Minuten, nachdem Felix die Taverne verlassen hatte, öffnete sich die Tür erneut. Vera und Erin traten heraus, gefolgt von Amari, Anka und Veras anderem Gefolgsmann.

Unnötig zu sagen, dass die Aufmerksamkeit nun nicht mehr auf Felix lag.

„Trommelt die Leute zusammen!", rief Erin. „Wir halten eine Ansprache."

Lange musste man nicht warten. Innerhalb von einer halben Stunde hatte sich eine beachtliche Masse an Menschen – ob sie nun von Merkur oder Jupiter waren – vor der Taverne versammelt. Ähnlich wie die Soldatenunterkunft verfügte auch diese über eine Art Terrasse, die nun Erin und Vera als Tribüne diente. Einen besseren Ort hätte man vielleicht finden können, vielleicht auch nicht. Navoi war einfach nicht für Dinge von großer Bedeutung geschaffen.

Der gesamte Bereich von der Taverne bis zum gegenüberliegenden Haus war bereits von einem menschlichen Stöpsel blockiert, als Nev sich zu Felix am Rand des Publikums gesellte. Mittlerweile wusste Felix seine Anwesenheit zu schätzen, nicht nur weil er seit gefühlten Ewigkeiten niemanden mehr gehabt hatte, mit dem er ungezwungen hatte reden können.

„Was wollten die von dir?", fragte Nev.

Felix lachte nervöser als beabsichtigt. „Wenn ich das nur tatsächlich wüsste."

Nev seufzte. „Du hast eben wirklich Glück gehabt. Du kannst dich doch nicht mit Isaac anlegen."

„Achtung!", schallte Erins Stimme über den Platz und brachte die Meute zum Verstummen. Die Anspannung war nicht nur greifbar, sondern erdrückend – auf der Tribüne wie auch davor. Erin straffte sich und stellte sich in die Mitte der Terrasse.

„Wir wissen alle, welche Gefahr von der Marsnation ausgeht!", rief sie in einer beeindruckenden Lautstärke, sodass selbst die hintersten Reihen noch etwas mitbekommen konnten. „Diejenigen, die in Kenko waren, und die, die in Khansa waren, haben es am eigenen Leib miterlebt."

Felix war in beiden Schlachten gewesen, in Kenko allerdings theoretisch noch auf der anderen Seite.

Erin fuhr fort, ihre Tonlage zunehmend bitterer. „Beides waren Schlachten, in denen wir zwar verbissen gekämpft haben, aber ebenso vernichtend geschlagen wurden. Aufgrund neuester Erkenntnisse – die Übernahme der Venusnation – müssen wir uns eingestehen, dass wir der Marsnation nicht länger gewachsen sind."

Ihre Stimmung schien sich auf das Publikum zu übertragen. Mürrisch murmelte und zischte es.

„Also haben wir beschlossen, einen drastischen Schritt einzuleiten." Erin trat zurück und gestikulierte zu der Frau neben ihr. „Wir haben die Jupiternation, genauer gesagt, General Vera, Leiterin der ersten Jupiterarmee, um Hilfe im Kampf gegen die Marsnation gebeten."

Die Generalin trat vor und übernahm das Wort.

„Heute spreche ich nicht nur zu meinen Leuten", verkündete

sie, „sondern auch zu denen, die im Zeichen Merkurs stehen."

Langsam begann sie, im vorderen Bereich der Bühne hin und her zu laufen. „Seit fast fünfhundert Jahren herrscht Krieg auf diesem Planeten und in all dieser Zeit hat es nie etwas Derartiges gegeben. Eine Allianz widerspricht dem Willen Gottes, nicht nur dem unseren, sondern auch eurem. Zudem ist die Wahrscheinlichkeit, dass bald aus Freund wieder Feind wird, ausgesprochen hoch." Sie blieb stehen und durchbohrte das nervöse Publikum mit ihren Blicken.

„Dennoch", sagte sie und entfachte dabei Hoffnung in so manchen Augen. „Dennoch wissen wir, welche Bedrohung von der Marsnation ausgeht, sollten wir ihnen weiterhin das Spielfeld überlassen."

Felix' Fuß tappte ungehalten auf den Boden.

„Wir sind ein Volk, das weiterhin in Frieden leben möchte und sich nicht vor der Marsnation fürchten will", sagte sie. „Ihr seid ein Volk, dem die Vernichtung durch diese droht. Stellvertretend für die Jupiternation sage ich hier und heute also: Wir werden euch helfen."

Das Publikum brach in Lärm aus. Manche schrien freudig und überrascht auf. Manche schnappten nach Luft, manche starrten Vera lediglich an und andere murmelten skeptisch. Einige buhten.

Eine gewaltige Hoffnung breitete sich in Felix aus, dort, wo die ganze Zeit das Gefühl der lauernden Vernichtung gesessen hatte. Das Damoklesschwert, das über ihm schwebte, schien seine Wirkung zu verlieren.

„Diese temporäre Allianz", rief Vera und sorgte damit dafür, dass der Geräuschpegel wieder sank, „wird so lange bestehen, bis die vollständige Beseitigung aller Elemente und Individuen der Marsnation vollzogen wurde. Ein für alle Mal."

Sofort kehrte Totenstille ein. Nev stand da wie vom Blitz getroffen, und damit war er nicht allein. Für ganze zehn Sekunden schien der Platz wie ausgestorben, dann hoben sich die ersten

Stimmen. Besorgtes Geflüster, aufgeregtes Gemurmel und stark vereinzeltes Johlen. Bei manchen ging es schnell, bei manchen dauerte es länger, zu verstehen, was Vera gerade angekündigt hatte.

Die Vernichtung der Marsnation.

Felix' Augen waren groß, er selbst wie erstarrt. Dann konnte er nicht anders: Seine Mundwinkel zuckten, rutschten nach oben. Breiter und breiter wurde sein Grinsen, drückte sich durch alle Gedanken, die versuchten, es zurückzuhalten. Für einen Moment, einen halben Augenblick lang, konnte selbst er vergessen, was „alle Elemente und Individuen der Marsnation" wirklich bedeutete.

MITTAG, FLAUGE, MARSNATION

LEVIN PRESSTE SICH GEGEN die kalte Steinmauer. Er konnte sie reden hören. Soldaten. Schwere Schritte auf dem unbefestigten Boden. Er hielt die Luft an, als die Stimmen ganz nah waren, und schaute vorsichtig aus der Gasse hervor, als sie abebbten.

Drei Köpfe sah er Richtung Kaserne verschwinden, bald waren die Stimmen verklungen und er atmete auf. Die Erleichterung schlug jedoch schnell um und Levin kam sich lächerlich vor. Was tat er hier überhaupt? Er verzog das Gesicht, er kannte die Antwort. Er drückte sich.

Seit der Schlacht um Khansa waren sämtliche Lazarette völlig überfüllt. Für die Pfleger war es zur Routine geworden, jeden Morgen diejenigen zu entlassen – beziehungsweise rauszuwerfen –, die sich am ehesten auf den Beinen halten konnten.

Das war der Grund, warum Levin in der Hauptstadt umherirrte – im wahrsten Sinne des Wortes, denn mittlerweile war er sich sicher, dass er sich verlaufen hatte. Am liebsten wäre er im Lazarett geblieben, nicht weil es dort so angenehm war, sondern weil es dort keine Offiziere gab, keine Befehle, keine Gefahr, wieder in den Kampf geschickt zu werden, und generell weniger Dinge, die ihm eine Gänsehaut bereiteten.

Trotz gesenktem Kopf fühlte Levin die Augen von jedem, der ihm entgegenkam, auf seinem Gesicht ruhen. Seine Blutergüsse waren von violett zu blau und an manchen Stellen in einen dezenteren Gelbton übergegangen, aber eine Attraktion waren sie noch immer. In der Theorie war es unmöglich, sich in Flauge vor Soldaten zu verstecken; wer hier lebte, der war entweder Soldat, äußerst wichtig oder am Verhungern. Dass man ihn noch nicht erkannt hatte, war wohl dem neuen Haarschnitt und der Umgestaltung durch die Merkursoldatin zu verdanken.

„Guter Schnaps! Starker Schnaps! *Billiger* Schnaps!", hörte Levin eine raue und unpassend junge Stimme rufen. Er bekam eine Ahnung, wo er sich befand. Der Marktplatz musste in der Nähe sein.

Levin folgte dem Geschrei. Sein Instinkt riet ihm, einen gut besuchten Platz zu meiden, aber auf dem Marktplatz würde er kaum einem Soldaten über den Weg laufen. Alkohol war das Einzige, was dort noch regelmäßig verkauft wurde, und den bekamen die Soldaten in den Tavernen. Die Kunden der Schnapsverkäufer auf dem Marktplatz waren anders, der Schnaps auch. Er war lächerlich stark und lächerlich billig – beides mit Absicht. Die Kunden kauften ihn nicht zum Genuss, sondern weil es weniger mühselig war, im Vollrausch an einer Straßenecke zu verenden, als täglich dem Hungertod geradeso von der Schippe zu springen.

Immer lauter wurde ein Durcheinander aus Geschrei und Gejubel. Das Anpreisen des Alkohols verstummte. Levin beschleunigte seinen Schritt. Er hatte eine ungute Vermutung.

Im Zentrum des Platzes hatte sich eine geifernde Menschenmasse gebildet, die das beobachtete, was sich in ihrer Mitte abspielte. Levin lief auf die Menschentraube zu, tänzelte eine Weile unsicher um sie herum und versuchte, irgendetwas zu erkennen. Die Menge schubste und drängte und trat ihm auf die Füße, sodass er mehr als einmal zurückwich und nur einen flüchtigen Blick auf schwarzes Haar und ein rotes Mal auf einem erhobenen Arm erhaschte.

„Ira!" Er quetschte sich weiter vor, von der Menge hin und her geschoben.

Ira war zornentbrannt. Gerade als Levin sie sah, schmetterte sie ihre Faust in das Gesicht einer anderen. Die Unbekannte ging zu Boden, die Menge sprang zurück, manche kreischten entzückt, manche pfiffen oder buhten. Ira schien weder ihr Publikum zu bemerken noch sich zufrieden zu geben. Sie wartete nicht, bis ihre Gegnerin wieder auf die Beine kam, und stürzte sich auf sie. Die Unbekannte hob die Arme und versuchte, sich vor Iras Fäusten zu schützen.

„Ira!", rief Levin noch einmal, aber es ging in der Menge unter. Die Frau brüllte, fluchte und trat ins Leere. Auch Ira schrie etwas, aber das konnte Levin genauso wenig verstehen wie die einzelnen Rufe aus dem Publikum. Immer wieder krachten ihre Schläge in das Gesicht der Frau, sodass ihr Kopf vom Boden abfederte. Ihre Verteidigung wurde schwächer.

„Ira!"

Die Frau sah nicht aus, als würde sie in naher Zukunft verhungern, also musste sie entweder den Soldaten oder den wenigen wichtigen Personen in Flauge angehören. Sollte Ira eine Soldatin kampfunfähig machen oder eine wichtige Person verletzen – dann war sie in riesigen Schwierigkeiten.

Levins Beine bewegten sich wie von selbst. Er brach durch die Menge.

„Ira, hör auf!"

Sie reagierte nicht und Levin fand sich plötzlich als dritte Person von den Zuschauern umringt. Dutzende Augen wanderten von ihr auf ihn und er verfluchte sich.

„Ira!", rief er noch einmal. „Es reicht, sie liegt doch schon am Boden!"

Das Publikum buhte ihn aus.

Levin versuchte, sie zu fassen zu bekommen. Er schnappte sich den Arm, mit dem sie auf die Unbekannte einschlug, aber Ira drehte sich nicht einmal um, als sie mühelos ihren Arm aus seinem Griff riss.

„Ira, bitte!"

Levin atmete tief ein, stemmte die Füße fest auf den Boden, umfasste ihre Mitte und gab sich alle Mühe, sie von der Frau herunterzuziehen.

„Was ist dein Problem?", japste er.

Als hätte jemand einen Schalter umgelegt, fuhr Ira hoch und Levin landete auf dem Boden. Die andere Frau rappelte sich hastig auf.

„Was mein Problem ist?", rief Ira, jetzt zu ihrer vollen, wenn auch wenig beeindruckenden Körpergröße aufgerichtet. *„Die!"* Sie riss den Kopf herum und zeigte mit dem Finger auf die Frau, die stolpernd und stürzend das Weite suchte.

„Richtig so!", schrie Ira, machte noch zwei Schritte in ihre Richtung und schwang die Arme. „Renn! Verpiss dich!"

„Ira, beruhig dich doch mal!"

Ira atmete mehrere Male tief ein und aus, immer noch auf die rennende Frau fixiert. Dann fuhr sie sich mit der Hand durchs Haar. „Ich bin ruhig."

Wie auf Kommando begann sich die Zuschauermenge aufzulösen. Es wurde nicht mehr aufeinander eingeschlagen, also gab es nichts mehr zu sehen. Ira reichte Levin die Hand und er kletterte zurück auf seine Füße.

„War das eine Soldatin?", fragte er.

„Keine Ahnung, wer das ist", sagte Ira.

„Was war denn überhaupt?"

Bevor Ira antworten konnte, rief eine andere Stimme: „Ira, alles in Ordnung?!"

Auf einem Laken, hinter stehenden und liegenden, mit einem, zwei oder drei Kreuzen bemalten Flaschen saß Maya. Auch Mika wuselte zwischen der Ware herum. „Hast du dir wehgetan?"

„Alles gut", sagte Ira und strebte den Stand ihrer Schwester an. Levin folgte ihr. „Ist alles noch ganz?"

„Alles ganz", versicherte Maya. „Hallo, Levin", fügte sie lächelnd hinzu.

Mika winkte.

Levin nickte ihnen zu.

Ira sah an sich herunter und klopfte sich den Dreck von der Hose. „Maya, kommt ihr ein paar Minuten allein klar?"

„Sicher." Maya zog ein paar kleine Münzen aus ihrer Tasche und präsentierte sie stolz. „Das meiste ist sowieso schon aus."

Ira lief quer über den Marktplatz, erneut gefolgt von Levin. Sie wollte mit ihm sprechen, seine Frage beantworten, sich vermutlich großartig aufregen, aber nicht in der Öffentlichkeit.

„Ich wusste gar nicht, dass du Maya jetzt beim Verkaufen hilfst", sagte er, als sie in eine schmale Gasse einbogen.

„Tue ich nicht", sagte Ira. „Ich pass nur auf den Stand auf."

„Du passt auf den Stand auf?"

„Ja." Sie blieb stehen, verschränkte die Arme und lehnte sich an die Wand der kleinen Gasse. „In den letzten Tagen hatten wir immer mehr Leute, die das Zeug einfach geklaut haben und weggerannt sind – Maya kann ihnen schlecht nachlaufen."

„Hast du die Frau deswegen zusammengeschlagen?"

„Nein. Und ich hab sie nicht zusammengeschlagen – man sieht nur wie die Böse aus, wenn man am Gewinnen ist."

„Das sah *ziemlich* böse aus", sagte Levin.

„Weißt du, was sie gesagt hat?"

„Weiß ich nicht."

Iras Brust hob und senkte sich heftig, jetzt kochte sie wieder. „Wenn der Hunger so schlimm ist, dann soll man die im Gefängnis doch einfach hinrichten, hat sie gesagt. Es geht sowieso zu viel Essen für die drauf, hat sie gesagt."

Levin wartete. Sicher, es war furchtbar, so etwas zu sagen, aber damit sich Ira in so einem Ausmaß aufregte, musste noch mehr dahinterstecken.

„Ist jemand verhaftet worden?"

„Kipp."

Levin starrte Ira eine ganze Weile an.

„Was hat er gemacht?"

„Na, was wohl", sagte Ira, dann ließ sie sich an der Hauswand herabrutschen. „Geklaut hat er."

Levin setzte sich neben sie. „Aber dafür kommt man doch nicht gleich ins Gefängnis. Er ist doch erst –"

„Dreizehn, das tut aber nichts zur Sache. Jetzt nicht mehr." Ira legte den Kopf in den Nacken und schlug sich die Hände vors Gesicht. „Er hat Pfirsiche geklaut! Der Vollpfosten! Das werd ich niemals zurückzahlen können."

Levin wusste nicht, was er erwidern sollte, also starrte er auf seine Hände. Wieso hatten es auch Pfirsiche sein müssen? Obst war rar. Viele Sorten gab es nur an wenigen Tagen im Jahr zu kaufen und nur die Oberschicht konnte sie sich leisten. Jetzt, da der fruchtbare Boden der Venusnation Teil von Mars war, sollte es in Zukunft mehr davon geben, aber den Diebstahl von Pfirsichen würde man auch einem hungrigen Kind nicht durchgehen lassen.

„Wenn Maya der Selbstgebrannte geklaut wird, dann interessiert das kein Schwein, aber wehe, mein Bruder nimmt ein Stück Obst!" Ira stand auf und verpasste der ächzenden Hauswand einen Tritt. „Er ist so bescheuert. In einem Monat hätte er zur Armee gehen können und wenn alles geklappt hätte, hätten wir sie endlich alle vernünftig durchgebracht."

Ira ließ sich wieder auf den Boden fallen. „Langsam hab ich echt keinen Bock mehr."

„Auf was?"

„Alles."

„Oh", sagte Levin. „Oh nein, Ira. Du hörst dich langsam so an wie ich."

„Ach?" Ira grinste düster. „Levin, ich glaube, du hast einen schlechten Einfluss auf mich. Warum hat mir Ma nicht verboten, mich mit dir rumzutreiben? Ah, richtig – sie ist immer noch tot."

„Ira!" Mit beiden Händen hielt Levin das Kichern zurück. Es war wirklich nicht lustig, aber Ira lachte und damit war sie sehr ansteckend.

Schließlich seufzte sie und lehnte sich an Levins Schulter. „Darauf, dass ihre Seele irgendwo ist, wo es nett ist."

„Viel schlimmer kann es nicht werden."

„Prost."

Eine Weile war es still, Levin und Ira lehnten an der brüchigen Hauswand. Nur vom Marktplatz kamen noch Geräusche. Geräusche von Menschen, die aufgeregt durcheinanderschwatzten. Wenn es Levin nicht besser wüsste, würde er meinen, dass Panik im Gemurmel mitschwamm. Er drehte den Kopf und lugte Richtung Marktplatz. „Was ist da los?"

Ira stand auf. Mit einer Hand an der Hauswand beobachtete sie die Menschenmenge, die sich dort gebildet hatte. Flauge war zwar eine große Stadt, aber auf ihren Straßen waren nie so viele Leute unterwegs. Levin wurde mulmig.

„Lass mal nachfragen", sagte Ira, die Stirn in Falten gelegt.

Sie tauchten in den Menschenstrom und ließen sich kurz mit ihm treiben, während Ira suchend hin und her schaute. Als sie endlich, noch immer im Laufen, einen Mann ansprach, warf er ihnen beiden einen missbilligenden Blick zu.

„Wie, ihr wisst nicht, was los ist, seid ihr nicht von der Armee?"

„Und wenn?", sagte Ira. „Ich hab nur 'ne Frage gestellt."

Der Mann schnaubte. „Ihr wollt wissen, was los ist? Jupiter hat sich mit Merkur verbündet, das ist los."

Levin blieb stehen, wurde aber von der Menge weitergeschoben. Sein Gehirn kaute den Satz – jedes einzelne Wort – von vorn bis hinten durch, bis er durch jede Faser seines Körpers gesickert war. Dort verursachte er eine lähmende Kälte.

Iras Stimme holte Levin wieder in die reale Welt. „Willst du mich verarschen? Das glaubst du doch selbst nicht."

„Wenn du mir nicht glaubst, warum fragst du mich dann?", herrschte der Mann zurück. „Du kannst ja zu deinen Soldatenkollegen gehen, von denen sind grad ein knappes Dutzend aus Khansa wiedergekommen, viel mehr sind nämlich nicht übrig, nachdem Jupiter dort war."

„Von wegen! Jupiter – die machen doch nichts!"

„Ach ja? Wenn die Einzigen, die zurückgekommen sind, sagen, dass Leute mit grünen Malen ihre Kameraden abgeschlachtet haben, dann glaube ich ihnen das schon. Meinst du, es ist Zufall, dass Jupitertruppen letztens durch unser Gebiet gelaufen sind? Die sind dort drüben. Die Grünen helfen Merkur – so sieht's aus. Die haben sich verbündet."

Er lief jetzt schneller.

„Das kann doch nicht dein Ernst sein!", rief Ira ihm nach, während sie sich durch die Menge drängte. „Was hätten die denn davon?"

„Was weiß ich?" Der Mann drehte sich halb zurück. „Aber wir gehen jetzt zu Asmus und fragen, wie es weitergeht!"

Levin war wie betäubt. Während die Menge ihn weiterspülte, war Ira das Einzige, was er noch halbwegs wahrnahm. Angst äußerte sich bei ihr vielleicht in Wut, aber auch in ihr Gesicht stand der Schock geschrieben. Sie reckte sich und spähte über die Köpfe der Menschen hinweg, suchte vermutlich nach ihren Geschwistern.

Jupiter hilft Merkur, hallte es in Levins Kopf wieder. Jupiter hat sich mit Merkur verbündet.

Die Menge schob und quetschte sich an ihm vorbei. Es war, als würde jemand die Zeit vorspulen, als stände die Jupiterarmee bereits vor den Toren von Flauge. Tränen brannten in Levins Augen.

Dann stürmte er voran, presste sich durch die Menschen zu Ira. Mit zittrigen Fingern umklammerte er ihr Handgelenk und zog sie aus der Meute. Flauges Häuser standen kreuz und quer, als hätte sie jemand von oben fallen lassen, so hatte die Stadt viele kleine Gänge und Gassen, die ideal waren, um Gespräche zu führen, die nicht für andere Ohren bestimmt waren.

Levin kam zum Stehen und Ira beschlagnahmte ihre Hand zurück. „Was zur ..." Kaum sah sie ihn an, änderte sich ihre Miene. „Hey, geht's dir gut?"

Levin zitterte am ganzen Körper. Er schaute in Iras Gesicht und dann wusste er plötzlich nicht mehr, was er mit ihr bereden wollte, wofür er sie beiseitegezogen hatte.

Er starrte sie verzweifelt an.

„Levin?"

„Ira, wir müssen weg."

Er hatte es gesagt. Jetzt war es Ira, die ihn anstarrte, ohne Worte zu finden.

„Weg", wiederholte sie mit weiten Augen. „Was soll das heißen – weg?"

Levin gestikulierte in die grobe Richtung von irgendetwas.

Ira schüttelte in winzigen Bewegungen ihren Kopf. „Sag mir nicht, du willst desertieren."

Statt zu antworten, kaute Levin an seinen Fingernägeln, abwechselnd an Daumen und Zeigefinger.

„*Levin.*" Ira senkte die Stimme. „Hast du sie noch alle?"

„Vermutlich nicht", flüsterte Levin.

„Vermutlich? Die bringen dich um, wenn sie dich erwischen!"

„Ira", sagte Levin, „wenn sich Jupiter mit Merkur verbündet hat und sie einen Gegenangriff starten ..." Er schüttelte hastig den Kopf. „Das überleben wir nicht, keiner von uns."

„Jetzt triff mal keine vorschnellen Entscheidungen. Du kannst doch noch gar nicht wissen, ob sie das machen."

„Doch!" Levins Ton war beinahe flehend. „Du hast es doch gehört. Sie haben schon angefangen, sie haben in Khansa angefangen und jetzt kommen sie her. Wenn sie angreifen, dann macht Jupiter keine halben Sachen, Ira. Der *Sturm* – erinnerst du dich? Was deine Mutter erzählt hat?"

„Was ist das für 'ne Frage", sagte Ira. „Pa ist da draufgegangen."

Natürlich erinnerte sich Ira nicht wirklich an den Grünen

Sturm. Sie war ein Jahr alt gewesen – Levin gerade mal ein paar Tage –, als Jupiter die Hölle in die Marsnation brachte. Zugegeben, die hatte es selbst verschuldet. Es war nur eine Frage der Zeit gewesen, bis Jupiter Mars' fruchtlose, an der Oberfläche kratzende Angriffsversuche nicht länger hinnahm – und zwar genau dann, als Mars begann, Kriegsgefangene zu nehmen, um endlich nicht mehr mit leeren Händen zurückzukehren.

„Siehst du!", rief Levin. „Siehst du! Sie hätten uns damals vernichtet! Es ist genau wie jetzt, wir waren zu übermütig – und dann haben sie die Hälfte unseres Gebietes in den Boden gestampft! Weißt du noch, wo die andere Hälfte der Marsnation hin ist, Ira? Sie haben uns nur nicht ausgelöscht, weil wir geschworen haben, uns friedlich zu verhalten. Und wir sind *nicht* friedlich, Ira. Sie kommen, sie bringen es zu Ende, diesmal kommen wir da nicht mehr raus. Jupiter ist zu mächtig. Wir sind alle –"

„Levin." Vorsichtig legte Ira die Hände auf seine Schultern. „Levin", sagte sie noch mal, langsamer, ruhiger, und wartete, bis er sie ansah. „Noch ist nichts passiert."

Dann ließ sie ihn los.

Levin wischte sich mit Händen und Armen übers Gesicht, immer wieder, aber die Tränen wollten einfach nicht aufhören zu fließen. Sein Körper wurde durch heftiges, reflexartiges Schnappen nach Luft geschüttelt.

„Ich will nicht sterben."

„Atme erst mal." Ira lehnte sich an die Hauswand hinter ihr, die Arme verschränkt. „Einatmen, ausatmen, langsam."

Es dauerte volle fünf Minuten, bis Levin sich so weit unter Kontrolle hatte, dass er klar sprechen konnte. Ira wartete.

„Ich", sagte Levin schließlich und brachte den Rest nicht heraus.

Er schluckte. Noch einmal atmete er ein und aus. Langsam.

„Ich will weg."

Ira schwieg einen Moment.

„Könntest du damit leben, Mars zu verraten?", fragte sie dann.

Eigentlich hätte Levin damit rechnen müssen, dass Ira das nicht konnte. Sie hatte sofort von ‚du' geredet, als er ‚wir' gesagt hatte. Es war dumm gewesen, es ihr überhaupt vorzuschlagen.

Er presste die bebenden Lippen aufeinander und nickte. Er brachte es nicht fertig, sie dabei anzusehen. Halb hatte er Geschimpfe und Geschrei erwartet, aber Iras Stimme blieb ruhig, fast monoton.

„Bist du dir sicher, dass du das durchziehen willst?", fragte sie.

Levin schüttelte den Kopf. „Ich bin mir *überhaupt* nicht sicher." Er lachte ein kleines verquollenes Lachen. „Trotzdem."

Er würde hier nicht sterben. Er würde ganz bestimmt nicht hier sterben.

„Ich gehe."

Eine Weile waren beide still. Man hörte nur die aufgebrachten Menschen in der Ferne.

„Dann hör mir jetzt gut zu." Ira atmete ein, beugte sich ein wenig nach vorn und wartete darauf, dass Levin ihren Blick erwiderte. Widerwillig tat er es. Die Tränen liefen noch.

„Wenn du wirklich gehen willst, dann werde ich dich nicht aufhalten", sagte Ira. „Ich werde jedem, der fragt, erzählen, dass ich nicht weiß, wo du bist – aber ich kann nicht mitkommen. Und sollte ich dich irgendwann auf dem Schlachtfeld wiedersehen und du stehst auf der falschen Seite ..." Sie zögerte, versteifte ihren Kiefer und schloss die Augen. „Dann bleibt mir nichts anderes übrig, als dich wie einen Feind zu behandeln. Verstehst du?"

Levin fühlte sich, als hätte sie ihm in den Bauch getreten.

„Verstanden", sagte er erstickt.

Ein paar weitere Sekunden lang kein Wort.

„Also ..." Ira hob die Schultern höher als nötig. „War es das jetzt? Einfach so?"

Levin nickte langsam, dann schneller. Es war Chaos in Flauge, wenn er jetzt nicht ging, bekam er seine Chance vielleicht nie wieder.

„Dann ist das jetzt vielleicht das letzte Mal, dass wir uns sehen?", fragte sie.

Levins Stimme war kaum hörbar. „Ich glaube, schon."

„Verstehe."

Ohne ein weiteres Wort schloss Ira ihn fest in eine Umarmung.

Eine ganze Weile standen sie so, bis Levin, unvorbereitet, planlos und ohne sich noch einmal umzudrehen Richtung Stadtausgang davonlief.

ABEND, NAVOI, MERKURNATION

DIE TAVERNE, IN DER VOR KURZEM noch Erin und Vera gesessen hatten, war nun wieder gut gefüllt. Die Stühle und Tische waren aufgestellt, der Wirt werkelte hinter dem Tresen. Draußen war es dunkel, aber die Taverne selbst war mit Kerzen in ein gemütliches Halbdunkel getaucht.

„Und morgen macht ihr Mars Pluto gleich?", fragte Lor und lehnte sich in seinem Stuhl nach vorn. „Die *ganze* Marsnation?"

Ursprünglich waren nur Felix und Nev hier gewesen. Als Soldat war man das um diese Zeit, an diesem Tag; entweder um Angst wegzutrinken oder um Zeit totzuschlagen. Wie sich herausstellte, war Lors Essensausgabe – oder Krankenstation – nicht weit von der Taverne entfernt, und es war nicht selten, dass er hier seine Pausen verbrachte. Felix hatte die beiden einander vorgestellt und sich gefragt, warum er es auf einmal war, der Leute kannte.

„Das ist, was General Vera gesagt hat", antwortete Nev. Schon den ganzen Abend lang kaute er geistesabwesend auf seiner Lippe.

Felix hatte sich mit angezogenen Beinen auf dem Stuhl postiert. „Bei der Rede auch schon", fügte er hinzu.

„Ja, ja, ich hab davon gehört, aber ..." Lor zuckte die Schultern. „Ich bin kein Soldat. Ich hab nur die Gerüchte aus der Küche. Keine Ahnung, ob sie das wirklich ernst meint."

„Ich denke, das tut sie", sagte Felix. Als er merkte, dass sein Zeigefinger – seit einiger Zeit schon – verräterisch gegen den Becher in seinen Händen tippte, hielt er diesen ein wenig fester.

Lor sah ihn abschätzend an. „Was ist mit der Venusnation?", fragte er. „Hängen die da nicht auch mit drin?"

„Sicher", sagte Felix. „Die werden mit runtergezogen."

Das ‚die' klang unnötig entfremdend.

Lor schnalzte mit der Zunge und lehnte sich zurück in seinen Stuhl. Er sah beinahe frustriert aus, und das schon, seit er hier angekommen war. Halb konnte sich Felix vorstellen, wieso.

„Ist das für dich nicht irgendwie ..." Lor suchte nach Worten, aber Felix ließ sie ihn gar nicht erst finden.

„Du bist schon der Zweite, der fragt", sagte er und sah mit einem abstrakten Grinsens zu Nev.

Nev schaute besorgt zurück. Diesmal brauchte es wohl doch eine Antwort.

„In Khansa hab ich auch schon gegen meine eigenen Leute gekämpft", sagte Felix.

„Wirklich? Ich wusste gar nicht, dass auch Venusgeborene in Khansa waren."

„Klar." Ein gezwungenes Lächeln. „Wie hätten sie sonst so viele Leute haben können?"

„Macht dir das nichts aus?"

„Mars zu besiegen ist wichtiger." Felix nahm einen großen Schluck aus seinem Krug. Verglichen mit dem Wein der Venusnation schmeckte der Fusel hier nach Abwaschwasser.

„Dein Hass auf Mars ist echt groß, oder?"

„Wie kommst du darauf?", murmelte er in seinen Becher.

Ein paar Sekunden sagte keiner etwas und Felix lauschte stattdessen den Geräuschen um sich herum. Die meisten Kneipengänger lallten mittlerweile, dabei war es gerade erst richtig dunkel geworden.

„Siehst du", sagte Lor. „Wir hängen uns immer daran auf, dass wir aus den Fehlern der ersten Menschheit gelernt haben, und dann löschen wir nebenbei ein paar Nationen aus."

Felix lachte ein bisschen. Nev runzelte die Stirn.

„Vielleicht sind wir einfach nicht dafür gemacht." Lor nahm einen flinken Schluck aus seinem Krug. „Zu lernen, meine ich. Ich glaube, die Menschheit hat einfach kein Langzeitgedächtnis."
„Welche Menschheit?", fragte Felix.
„Alle", sagte Lor.
„Das klingt sehr pessimistisch", sagte Nev.
„Schon möglich." Lor hob den Becher in Nevs ungefähre Richtung. „Aber du musst zugeben, dass es Sinn macht."
Nev schien tatsächlich darüber nachzudenken. Ein paarmal rutschte er auf seinem Stuhl hin und her, nur um danach wieder in der gleichen Position zu sitzen.
„Was ist mit den Waffen?", fragte Nev schließlich, das letzte Wort beinahe in Ehrfurcht gesprochen. „Die Waffen der Ersten, meine ich. Dass wir sie nicht benutzen, müsste doch heißen, dass wir zumindest ein *bisschen* dazugelernt haben."
„Wir benutzen sie nicht, weil wir nicht wissen, wie sie funktionieren", sagte Lor schroff. „Und ich bin mir sicher, ein paar Nationen hätten sie trotzdem schon nachgebaut, wenn die Ersten uns Materialien übrig gelassen hätten."
Auf so eine Antwort schien Nev nicht ganz vorbereitet gewesen zu sein.
„Du musst wissen, Lor ist Revolutionär", sagte Felix. „Er steht sehr leidenschaftlich hinter der Theorie, dass die ganze Menschheit als solche bescheuert ist."
„Das hab ich nicht gesagt", sagte Lor. „Es ist bescheuert, dass wir nur dann von der ersten Menschheit lernen, wenn es uns gerade passt. Es ist bescheuert, dass wir einen Krieg führen, bei dem ich mir ziemlich sicher bin, dass wir ihn nicht führen sollten."
„Das hab ich gemeint", sagte Felix.
Lor nahm einen tiefen Schluck, dann stellte er seinen Becher ab, legte beide Arme auf den Tisch und lehnte sich verschwörerisch nach vorn. „Was meint ihr, warum die Gefahr beim Ritual so hoch ist? Oder warum die Priester so schnell auseinanderfallen?"

Felix warf Nev einen vielsagenden Blick zu.

„Wieso?", fragte Nev.

„Weil es nicht dazu gedacht war, oft abgehalten zu werden", sagte Lor. „Sondern dafür, ein paar Mutigen die nötige Kraft zu geben, es mit der Erdengott-Sache zu versuchen. *Deswegen* bekommt man ein Stück göttliche Kraft – es ist die Basis, um selbst einer zu werden. Das Ritual war nie dafür da, Soldaten zu massenproduzieren."

Nev kaute an seiner Lippe. Felix nahm noch einen Schluck.

„Und jetzt, da jeder Zweite hier ein Gottanwärter ist, aber keiner lange genug lebt, um damit irgendetwas anzufangen, können die Götter lange warten, dass sich der Stärkste Mensch irgendwann mal zeigt. So sieht's aus." Lor hob seinen Krug, hielt aber mitten in der Bewegung inne und drehte ihn um. Nur zwei Tropfen gab der Krug noch her, bevor Lor ihn wieder auf den Tisch setzte. „Schade, wirklich", sagte er, „dass unsere lieben Götter keine höheren Wesen erschaffen können."

Stille, zumindest an diesem Tisch. Ein paar Meter weiter begannen sich zwei betrunkene Soldaten anzukeifen. Der Wirt kam hinter seinem Tresen hervorgeeilt, um eine Prügelei zu verhindern.

„Also läuft's doch darauf hinaus, dass wir alle bescheuert sind", sagte Felix. „Du bist eine echte Stimmungskanone heute, Lor."

„Tut mir leid." Lor lächelte. „Aber ich kann mit Erin und General Veras Entscheidung einfach keinen Frieden schließen."

„Sieh es so", sagte Felix, „entweder wird Mars ausgelöscht oder ihr werdet ausgelöscht. In jedem Fall muss jemand dran glauben, und ganz unvoreingenommen würde ich sagen, dass Mars brennen soll."

Lor schenkte ihm ein halbes Lächeln – vielleicht ein bemitleidendes –, aber keine Antwort. Er seufzte gedehnt und rieb sich das Gesicht, wobei er sein Kopftuch nur ein kleines Stück verschob. „Ich glaube, das war genug Pessimismus für einen Abend – so einen Abend noch dazu", sagte er. „Ich sollte die Küche aufräumen." Er stützte sich vom Tisch ab. „Dann sterbt morgen mal nicht."

Er musste schon oft hier gewesen sein. Er schlängelte sich zielstrebig und ohne irgendwo anzuecken durch die Taverne zur Tür.

Nicht lange nachdem Lor gegangen war, folgten Nev und Felix seinem Beispiel. Die Taverne war stickig geworden, die Gäste aggressiver und weder Felix noch Nev hatten genug getrunken, um sich davon nicht stören zu lassen.

Draußen war die Luft kühl. Es war genug, um Felix zum Frösteln zu bringen, aber immerhin klärte die Nacht seinen Kopf.

„Ist es schon Mitternacht?", fragte Nev.

Felix sah in den Himmel. Eine Wolke schob sich träge vor den Mond. „Ich denke, nicht."

Noch eine Weile Schweigen, dann ein schweres Seufzen. „Ich habe eine dumme Frage", sagte Nev.

„Ich bin ganz Ohr."

„Siehst du, morgen verlassen wir Navoi und ich habe keine Ahnung, wann – oder ob ich wiederkomme." Er kratzte sich am Hals. „Amari und ich sind hier aufgewachsen, weißt du? Mutter wohnt immer noch hier."

Felix meinte, zwei und zwei zusammenzählen zu können. „Willst du deine Mutter besuchen?" Er grinste. „Das ist vorbildlich."

„Ich weiß nicht", sagte Nev. „Das letzte Mal, als ich hier gewesen bin, war ich sechzehn. Seit der Armee bin ich nicht zurückgekommen. Oder hab geschrieben. Oder ... irgendwas." Er presste die Lippen zusammen. „Du kannst dir gar nicht vorstellen, wie schuldig ich mich fühle."

„Ich bin mir ziemlich sicher, dass deine Mutter dir nicht böse ist, wenn du sie jetzt besuchst."

„Darum geht es nicht", sagte Nev. „Ich hab Angst, verstehst

du. Ich hab ... alles richtig versaut. Ich kann ihr nicht unter die Augen treten." Er verlagerte sein Gewicht auf den linken Fuß und wieder auf den rechten. Links. Rechts. „Zumindest nicht allein. Und damit komm ich zur dummen Frage."

„Oh!", sagte Felix „Willst du, dass ich mitkomme?"

„Ich weiß, ich weiß, du kennst sie nicht, aber ..." Nev seufzte geschlagen und presste sich eine Hand vor die Stirn. „Verdammt, ich bin erwachsen und ich hab Angst, meine eigene Mutter zu besuchen."

Felix grinste.

Nev sah ihn an, jetzt mit der Spur eines Lächelns auf den Lippen. „Schon gut, ich weiß, was du denkst."

„Was denke ich denn?"

„Dass es albern ist."

Felix schürzte die Lippen. „Ich hätte eher *süß* gesagt."

„Du machst dich über mich lustig."

„Mach ich nicht, ehrlich." Er hob den Zeigefinger. „Es mag albern sein, aber ich mag albern."

Nev tänzelte wieder hin und her. „Heißt das ...?"

„Ich hatte sowieso nicht vor zu schlafen."

Die Spur eines Lächelns wurde zu einem ganzen. „Danke."

An der Taverne vorbei, in der entgegengesetzten Richtung der Soldatenunterkunft, öffnete sich ein Teil von Navoi, den Felix noch nicht gesehen hatte. Natürlich nicht, immerhin war es ein reiner Wohndistrikt und Felix hatte keinen Grund, sich in so einem aufzuhalten.

Nacht in Navoi war seltsam. Jetzt, da sie die Taverne und ihre Geräusche hinter sich gelassen hatten, schien es, als seien Felix und Nev die einzigen Menschen in der winzigen Stadt.

„Meinst du nicht, dass deine Mutter schon schläft?", fragte Felix.

„Ich bin mir nicht sicher", sagte Nev. „Aber früher hat sie immer erst spät geschlafen – und eine andere Chance krieg ich wohl nicht mehr."

Mit der Gewohnheit seiner Mutter lag Nev nicht daneben. Ein schwaches Leuchten schien durch die Fenster des Hauses, vor dem er schließlich stehen blieb – noch ein paar Meter entfernt. Es unterschied sich kaum von jedem anderen Wohnhaus in Navoi, nur war es ein bisschen größer, ein bisschen besser in Schuss; das Privileg einer Kommandantenfamilie, wie es schien. Dahinter lag ein Garten – zumindest wäre es ein Garten gewesen, würde dort tatsächlich etwas den Lehmboden durchbrechen, der sich unter ganz Navoi ausstreckte. Felix stellte sich vor, wie Nev und Amari dort früher unter den skeptischen Blicken ihres Vaters trainiert hatten, und wusste nicht, wie er sich zu fühlen hatte.

Nev wusste das allem Anschein nach auch nicht. Er tat keinen Schritt weiter vorwärts, starrte lediglich das Haus an.

„Ich glaube, ich kann das doch nicht", sagte er.

Felix zog eine Schnute. „Wir sind den ganzen Weg hierhergelaufen."

„Schon, aber... ich war vier Jahre nicht da. Und Amari ist vor Kurzem erst abgehauen. Ich hab keine Ahnung, in was für einem Zustand Mutter jetzt ist." Nev sah Felix an. „Was, wenn sie weint?"

„Dann weinst du mit?"

Nev atmete schwer aus. Eine Zeit lang schien er die Luft anzuhalten. „Okay", sagte er dann. „Wenn ich jetzt wieder umdrehe, bereue ich das vielleicht für den Rest meines Lebens – also los geht's."

Noch bevor sie in Reichweite der Tür waren, flog diese auf und jemand trat heraus. Nach allem, was Felix wusste, hatte er Amari wirklich nicht hier erwartet. Während die Tür leise wieder ins Schloss fiel, starrte sie Nev an, als hätte er sie gerade auf frischer Tat beim Diebstahl ertappt.

„Ich habe ihr nur gesagt, dass Vater tot ist", sagte Amari, spannte den Kiefer an und eilte an Nev vorbei. Bevor sie in der Dunkelheit verschwand, blieb sie noch einmal stehen und hielt mit ihm Blickkontakt. Ihr Mund öffnete sich, als wollte sie etwas sagen, aber fiel in der nächsten Sekunde wieder zu. Sie schüttelte den Kopf, dann lief sie davon.

Nev sah ihr nach, auch als sie längst nicht mehr zu sehen war.

„Sie hasst mich", sagte er, ganz und gar nüchtern.

Nicht viel später standen sie vor der Tür von Nevs Elternhaus. Als Nev klopfte, war seine Nervosität geradezu greifbar.

„Ja?", rief eine Stimme von drinnen. Sie klang aufgekratzt, fast erschrocken. Vielleicht hoffte Nevs Mutter, dass Amari wiederkam. Felix fühlte sich etwas schwindlig, vielleicht hatte er doch einen Becher zu viel gehabt.

Langsam öffnete Nev die Tür und Felix folgte ihm in geringem Abstand ins Innere. Drinnen war es warm, irgendwo musste ein Feuer im Kamin brennen; es war ganz und gar heimelig – und ganz und gar seltsam. Es kam Felix nicht vor wie ein Ort, an dem er tatsächlich war, an dem er tatsächlich sein konnte. Immerhin war er nicht mehr in einem Wohnhaus gewesen, seit – einiger Zeit.

Nevs Mutter stand im Rahmen einer nicht vorhandenen Tür. Eine lange, dürre Hand strich über das Holz. Sie war eine große Frau, aber ausgemergelt. Felix konnte sich vorstellen, dass in ihren Augen irgendwann früher mal eine ähnliche Wärme gelegen hatte wie in Nevs.

Im Moment quollen sie über. Ihr Mund öffnete und schloss sich wieder.

„Nev", sagte sie. Es war keine Frage, natürlich nicht, sie erkannte ihren Sohn. Trotzdem bewegte sie sich nicht vom Fleck, als würde er sich in Luft auflösen, sollte sie ihm zu nahe kommen.

Nevs Lippen bebten, obwohl er sie fest aufeinanderpresste. Ob er sich Mühe gab, nicht zu weinen? Langsam fühlte sich Felix unglaublich fehl am Platz. Er hatte dumpfe Schmerzen im Magen.

„Soll ich lieber gehen?", flüsterte er Nev zu und war sich nicht sicher, ob er das für ihn tat oder für sich selbst.

So richtig hatte Felix nicht mit einer Antwort gerechnet, aber

Nev schüttelte schnell den Kopf, den Blick immer noch auf seine Mutter gerichtet. Dann trat er ein paar Schritte vor.

„Ich ...", begann er, wusste aber wohl nicht, wie der Satz zu enden hatte. „Es tut mir leid", sagte Nev dann. Er blinzelte angestrengt. „Ich hätte früher vorbeikommen sollen."

Seine Mutter sagte nichts. Sie machte einen Schritt und noch einen und noch einen. Dann fiel sie Nev um den Hals.

Felix wandte sich ab. Er fühlte sich wirklich nicht gut. Er war nervös, irgendetwas stimmte nicht. Er lehnte sich gegen die Wand und starrte auf das Erste, was ihm in den Blick kam. Das Feuer im Kamin, er sah es durch einen Türrahmen. Er konzentrierte sich auf die khansaroten Flammen und versuchte, alles andere auszublenden. Er schwitzte, seine Hände zitterten. Gleich würde etwas Furchtbares passieren. Er wusste es.

„Moment", sagte Nevs Mutter und beanspruchte so wieder einen Teil von Felix' Aufmerksamkeit. Sie war ein paar Schritte zurückgetreten, hatte ihre Hände auf die Schultern ihres Sohnes gelegt und musterte ihn besorgt. „Nev, dein Ritual – wie ist es gelaufen? Ist mit dir alles in Ordnung?"

Nev versicherte seiner Mutter, dass es ihm gut ginge und dass er vom Ritual lediglich ausgeprägte Narben auf seinem Rücken davongetragen hatte. Felix nahm das Gespräch nur durch einen Nebel wahr. Er atmete jetzt flach und etwas schneller. Eine Hälfte von ihm war nicht mehr in Navoi, nicht mehr in diesem Raum.

Während die Stimmen von Nev und seiner Mutter weiterrauschten, war Felix kurz davor, zur Tür zu stürzen und davonzurennen. Die Hälfte, die noch in Navoi war, sagte ihm, dass er sich lächerlich machte, aber die andere Hälfte *wusste*, dass sie jeden Moment kommen würden. Sie würden die Tür eintreten.

Felix konnte sich nicht bewegen. Er blieb an der Wand, sodass sie ihn vom Fenster aus nicht sehen konnten. Er wusste nicht, wie lange er dort eingefroren stand und immer wieder seine letzte Sekunde zu erleben meinte. Es kam ihm vor wie Stunden.

Dann hörte Felix seinen Namen. Nur ein paar Zentimeter drehte er seinen Kopf zu Nev und seiner Mutter.

„Ohne ihn hätte ich es vermutlich nicht geschafft, herzukommen", gestand ihr Nev. Er drehte sich zu Felix – und hob eine Augenbraue. Ein stilles ‚Geht es dir gut?' lag in seinem Gesicht, aber bevor er es sagen konnte, redete seine Mutter.

„Ich glaube, dann muss ich dir danken", sagte sie zu Felix. Ihre Stimme war wackelig.

Felix konnte nichts erwidern, zu sehr war er jetzt mit dem Fenster beschäftigt. Es war drinnen hell und draußen dunkel, also konnte er nicht sehen, ob vor dem Haus jemand war, aber er hatte sie gehört: Marsstiefel. Felix fühlte sich, als ob er erstickte.

„Ich danke dir", sagte Nevs Mutter. Emotional wie sie war, kam sie auf Felix zu und schloss die Arme um ihn.

Felix' Körper versteifte sich sofort. Noch nie hatte er so gerade gestanden. Er konnte keinen Finger rühren, fühlte sich, als hätte er in Eiswasser gebadet.

Im nächsten Moment stieß er Nevs Mutter von sich. „Fasst mich nicht an!" Er brach aus, stolperte rückwärts und hielt sich am Türrahmen fest. „Lasst mich", zischte Felix atemlos.

Nev und seine Mutter sahen ihn erschrocken an. Erst bei dem Anblick wurde ihm bewusst, was er gerade getan hatte.

„'tschuldigung", sagte er.

Dann drückte er die Klinke hinunter und lief. Direkt aus der Tür und in die kalte Nacht.

Felix' Kopf pulsierte, sein Herz hämmerte. Der Angriff war nicht echt gewesen, natürlich nicht, aber jetzt war alles ruiniert, denn es war alles wieder da, lebhaft und in Farbe.

Zitternd stand Felix im Dunkeln. Der schwarze Boden verschmolz mit dem schwarzen Nachthimmel und er vergaß, wo er war – hoffentlich noch in Navoi. Der einzige Punkt, der ein wenig Licht ausstrahlte – der ihn versuchte anzuziehen wie eine Motte – war das Haus von Nevs Mutter. Der einzige Ort, an dem er sich orientieren konnte, war der Ort, von dem er gerade floh. Noch schlimmer: Die Tür öffnete sich.

Nev.

Er suchte nach ihm. Warum? Konnte er es nicht einfach gut sein lassen? Felix hätte überhaupt nicht mit hierherkommen sollen, er hätte mit so was rechnen müssen. Jetzt hatte er sich gnadenlos blamiert.

Nev sollte Felix nicht finden, aber weiter von der Lichtquelle wollte Felix auch nicht weg. Also rannte er auf sie zu, an ihr vorbei, und schließlich fand sich Felix im Lehmgarten hinter dem Haus. Das war nicht gut. Hier war es nicht sicher. Felix drehte sich um seine eigene Achse. Kein Ausweg. Entweder sah er einen Zaun oder gar nichts. Mal war er sich nicht sicher, ob er in den Himmel oder auf den Boden blickte. Er hatte schon längst vergessen, wie er hier hineingekommen war.

Dann saß er. Seine Beine hatten ihn verraten. Er hatte aufgegeben.

Und natürlich hatte Nev ihn gesehen.

Seine Silhouette lugte hinter dem Haus hervor. „Felix?"

Mit weiten Augen starrte Felix auf seine Knie. Irgendetwas daran, seinen eigenen Namen zu hören, fand er plötzlich furchtbar irritierend. Vielleicht hätte er ihn ändern sollen, als er zur Merkurnation gekommen war.

Er hörte, wie Nev näher kam, seine Stiefel auf dem plumpen Boden. „Geht es ..." Er zögerte. „Geht es dir gut?"

„Mhm", machte Felix lauter als gewollt. „Ich hatte zu viel. Kein Problem. Ich bleib einfach hier und ... nüchtere aus. Geh wieder rein, du kannst deine Mutter nicht versetzen."

Felix hörte die Erde knirschen. Nev hatte sich vor ihm auf den Boden gesetzt. „Sie will auch, dass ich nach dir sehe."

Felix starrte immer noch seine Knie an. Ein paar Tropfen fielen auf Stoff – viel zu laut.

„Weinst du?", fragte Nev leise. Sein Staunen konnte er kaum

verbergen.

„Nein", schniefte Felix. Dann lachte er, weil es so offensichtlich war.

Es war ruhig. Der Boden war kalt, Felix schauderte. „Es tut mir leid", sagte er dann.

„Was tut dir leid?"

„Ich hab deine Mutter angeschrien."

Kurze Stille. „Ich glaube, sie wird dir verzeihen."

Felix' Finger kratzten auf dem platt getretenen Boden. Eine Hälfte von ihm wollte reden – und das viel und lange, die andere Hälfte würde sich lieber von einer Klippe stürzen.

„Ich habe wohl Berührungsängste oder so." Felix lachte und es klang ein bisschen abgewürgt. Endlich sah er auf. Nev war besorgt. Echte Besorgnis. Es fühlte sich furchtbar an, ihn anzulügen, auch wenn das, was er sagte, bei genauerem Überlegen nicht *vollkommen* falsch war. Es fühlte sich furchtbar an, weil es vielleicht gar nicht sein musste.

„Wenn du über irgendwas reden willst …" Nev zögerte. „Ich meine, du hast mir auch zugehört, als ich mich über meinen Vater aufgeregt hab."

Die Vorlage war zu gut, zu verlockend. Die erste Hälfte wuchs, die zweite wehrte sich mit Händen und Füßen.

Felix schüttelte leicht den Kopf. „Deine Mutter ist toll", sagte er belegt.

Eine Weile sah Nev ihn an, den Moment der Erkenntnis konnte Felix an seinen Augen ablesen. „Warte, ist *deine* Mutter …?"

„Tot, ja." Felix biss sich auf die Unterlippe. „Aber –"

„Oh. *Oh.*" Nev schlug sich die Hände vor den Mund. „Ich bin ein Idiot."

„Nein, darum geht es gar nicht." Felix war schwindelig. Alles schien doppelt anstrengend. „Es hängt zu viel mit dran." Er war sich nicht sicher, ob Nev ihn überhaupt gehört hatte.

„Ich hätte dich nicht einfach so mitnehmen dürfen." Nev rieb sich mit einer Hand die Stirn. „An so was hab ich gar nicht gedacht."

„Aber, Nev –"

„Es ist meine Schuld."

„Nev –"

„Es tut mir leid. Ich verstehe es jetzt."

„Nein, tust du nicht." Felix fuhr sich verzweifelt durchs Haar. Seine Hände kamen nirgends wirklich zur Ruhe und schließlich hingen sie ihm vor dem Gesicht und dämpften seine Stimme. „Du verstehst es eben nicht. Es geht doch überhaupt nicht um meine Mutter!" Der Satz klang falsch. „Ich meine, schon. Natürlich. Scheiße. Aber nicht nur."

Nevs Stirn war in tiefe Falten gelegt. „Tut mir leid."

Jetzt hatte Felix sich reingeredet. Er hatte zu viel gesagt, als dass er jetzt einfach wieder aufhören könnte. Und er schuldete Nev neben einer Entschuldigung auch eine Erklärung. Felix atmete lange ein, noch länger wieder aus, immer noch mit den Händen vorm Gesicht.

„Das letzte Mal, als ich in einem Familienhaus war ..." Er redete nicht weiter. Kaum hatte er den Satz angefangen, hatte er den Faden schon verloren.

„Weißt du", sagte er stattdessen, „wir wurden von Anfang an ständig auf dem Laufenden gehalten. Sie haben uns gesagt, welche Stadt es als Letzte erwischt hatte. Wie tief sie vorgedrungen waren. Wie weit es noch war."

Nev runzelte die Stirn. „Du redest von Venus, oder?"

Felix nickte. „Die Generale, die Aufseher, sie haben uns alles mitgeteilt. Geredet und geredet. Auch als Mars vor unsere Mauer stand – und dahinter." Endlich nahm er die Hände vom Gesicht, und sie begannen wieder, über den Lehmboden zu kratzen. Felix konnte sein Herz schlagen hören, heftig und schwer, so als müsste es sich dazu überwinden. Er spürte, wie sich der Dreck unter seinen Fingernägeln anhäufte.

„Das war alles, was sie getan haben, uns berichten. Sie haben nichts unternommen – und was soll man auch unternehmen? Wir haben alle unser Leben so weitergelebt, als würde Mars sich nicht gerade durch unsere Nation fressen. Aus den Augen, aus dem Sinn und so 'n Scheiß, du weißt schon." Er lächelte. „Aber wir hatten Angst. Wir hatten alle Angst." Das Lächeln war wacklig, aber gut genug für den Moment.

Nevs Gesicht war ruhig und konzentriert, das half Felix irgendwie.

„Die Angst war riesig, eigentlich. Tagelang, vielleicht sogar wochenlang – ich kann es wirklich nicht mehr sagen – haben wir nur drauf gewartet, dass sie auch bei uns ankamen. Das taten sie dann auch. Ich weiß nicht mehr, welcher Tag es war ... irgendwann gegen Mittag." Er hörte auf zu kratzen, er ballte eine Faust, fühlte sich so erbärmlich wie lange nicht mehr. „Kurz bevor sie da waren, hatte man uns gesagt ... Man hatte uns gesagt, dass Venus kapituliert hat. Dass es vorbei ist, verstehst du? Sie hatten uns gesagt, dass wir alle in der Kaserne warten sollten und dass wir uns nicht wehren sollten, was auch immer passiert. Sie hätten zwar nur eine Ahnung, was passieren würde, aber Widerstand mache es sicher nicht besser. Also sollten wir warten."

Nev kaute an seiner Lippe. Er bemühte sich offenbar um einen ruhigen Gesichtsausdruck, rutschte aber langsam wieder zu dem besorgten Gesicht von vorhin. Vielleicht dachte er darüber nach, was er sagen sollte. Am besten wäre nichts.

„Aber das habe ich nicht", flüsterte Felix. Seine Stimme war leiser und leiser geworden, als würde er in sich selbst zusammensacken. „Ich habe nicht in der Kaserne gewartet, ich bin weggelaufen, und wohin? Zum Haus von meinen Eltern, zu meiner Familie." Felix legte das Kinn auf die Knie. Gedankenverloren starrte er zu dem schwach erleuchteten Haus von Nevs Mutter. „Ich hatte keine Probleme mit meiner Familie, so wie du. Sie ist eigentlich ziemlich nett. Also gewesen." Noch einmal versuchte er sich zu einem Lächeln durchzuringen, brachte damit allerdings hauptsächlich seine Augen zum Brennen. Schließlich platzte ein äußerst peinlicher Schluchzer aus ihm. Felix presste sich die Hand vor den Mund und starrte angestrengt an Nev vorbei.

„Felix", sagte Nev. „Du musst mir das nicht erzählen, wenn du nicht willst." Seine Hand war nur wenige Zentimeter von Felix' entfernt, scheinbar unschlüssig.

Das stimmte nicht. Er musste. Er war zu weit gekommen, er konnte jetzt nicht aufhören, selbst wenn er wollte. So wie er eben zu langsam geredet hatte, war es nun ein Wasserfall an Worten.

„Ich hab es am Anfang nicht mal mitbekommen, wie sie in die Stadt eingefallen sind oder was sie in der Kaserne gemacht haben und überhaupt. Ich glaube, ich wollte einfach die letzten Momente mit meiner Familie verbringen, denke ich, oder mich dort verstecken, was ja auch sinnlos gewesen wäre. Sie waren in jedem Haus, in jeder Gasse und dann standen sie auch bei uns in der Tür und –"

Er presste die Lippen aufeinander und sah auf den Boden, auf seine Hand, irgendwohin. Vielleicht sollte er doch aufhören.

„Und dann waren sie drin, bei uns, und ich glaube ... ich glaube, sie wollten, also die Marssoldaten, sie wollten ..." Er starrte ins Leere. „Egal, jedenfalls ist meine Mutter auf sie losgegangen. Sie war ja auch Soldatin, und aufbrausend sowieso. Und ich glaube, sie hätten sie auch abgestochen, wenn sie nicht auf sie losgegangen wäre. Ich glaube, das war egal." Irgendjemand hielt die Luft an. Felix war sich nicht sicher, ob er das war.

„Mich haben sie fortgeschleppt. Ich hab keine Ahnung mehr, was ich gemacht hab, ich weiß es wirklich nicht. Vielleicht gar nichts, vielleicht hab ich mich mit Händen und Füßen gewehrt." Ein paarmal blinzelte Felix in die Dunkelheit. „Weißt du, die Sache, die entscheidende Sache war, dass sie nicht gedacht haben, dass ich einer bin. Ein Soldat, meine ich. Ich war nicht in der Kaserne mit den anderen. Mein Mal war unter meiner Kleidung, und ich sah auch nicht so aus, als hätte ich irgendwas durch ein Ritual verloren. Und den Körper von einem Soldaten hab ich schon gar nicht – hab ja auch fast nie trainiert. Vielleicht hätten sie es mir nicht mal geglaubt, wenn ich versucht hätte, es richtigzustellen. Natürlich hab ich das nicht. Ich hab es ganz bestimmt nicht versucht, richtigzustellen – Soldaten haben sie nämlich getötet, nicht mal zwangsrekrutiert, sondern direkt umgebracht, das hatte ich inzwischen auch gemerkt. Also hab ich nichts gesagt. Das war schon feige, aber das war noch nicht mal das Schlimmste." Da war es wieder, das Lachen.

„Und dann stand ich da plötzlich, mit den anderen *brauchbaren Zivilisten*, vor der Kaserne, noch während sie die ganzen toten Soldaten rausgeschleppt haben. Und ich glaube, das war Absicht, dass wir ausgerechnet da stehen mussten. Sie hatten uns alle in einer Reihe stehen lassen und das war so absurd, weil ..."

Felix schüttelte den Kopf. „Ist ja auch egal. Jedenfalls standen wir da, und dann war da diese Person, dieser Typ, der wohl einen ganz, ganz hohen Rang innehatte, und der ist dann die Reihe abgelaufen." Felix bewegte seinen Finger von links nach rechts durch die Luft. „Er hat jeden einzeln gefragt, ich weiß überhaupt nicht, wieso er gefragt hat, wieso man uns vor eine Wahl gestellt hat, vielleicht wollten sie so auf irgendeine verdrehte Art ihre Sache rechtfertigen oder es war nur ein perverses Spiel, einfach so zum Spaß, aber sie haben gefragt ..." Er kaute auf seiner Lippe, atmete kurz durch. „Sie haben uns gefragt, ob wir Venus verraten wollen und Mars *beitreten*, so haben sie das formuliert. Natürlich hat die Erste Nein gesagt. Sie hat Nein gesagt und bevor sie überhaupt etwas anderes hätte sagen können, haben sie sie enthauptet. Wir hätten uns eigentlich schon vorher denken können, dass die Wahl so ausgesehen hat." Jetzt grub Felix beide Hände in die Erde und sah Nev direkt an. Es war so surreal, dass er ihm hier, hinter dem Haus seiner Mutter, alles erzählte.

„Es haben trotzdem viele Nein gesagt. Es sind viele lieber in den Tod gegangen, als sich von Mars versklaven zu lassen. Leute, die Venus genauso sehr lieben ... geliebt haben wie ich. Aber ich hab es nicht getan." Mit weit geöffneten Augen sah er Nev an. „Ich hab es nicht getan", sagte er. „Der Typ stand vor mir, direkt vor mir, und er hat mich angeguckt mit seinem ekelhaften schleimigen Blick und er hat mich gefragt, ob ich Venus verraten will, und was hab ich getan?" Felix stützte den Kopf in beide Hände und starrte den Erdboden an.

„Ich hab Ja gesagt! Ich hab Ja gesagt, und er guckt mich weiter an und dann grinst er. Er hat gegrinst, er hat mich angegrinst, so arrogant, so widerlich, aber ich konnte nicht Nein sagen, und weißt du, warum?" Er sah auf, lächelte halb, sein Gesicht war schon wieder nass. „Weil mir der Tod nämlich eine Scheißangst einjagt."

Felix fühlte sich erschöpft. So erschöpft hatte er sich vielleicht in seinem ganzen Leben noch nicht gefühlt, nicht einmal, als er in Kenko gerannt war.

„Alle, die so feige waren wie ich, haben sie zurück in die Kaserne gepfercht und bewachen lassen", sagte er langsam. Ihm war kalt, viel zu kalt, er war müde, aufgekratzt und meinte, sich gleich übergeben zu müssen. Vielleicht versuchte sein Körper, ihn zu sabotieren. Er hatte schon zu viel gesagt. „Verstehst du, auf engstem Raum waren da Venusgeborene und eine ganze Menge Marssoldaten und wir waren denen auf Leben und Tod ausgeliefert. Der Oberboss ist einfach abgehauen."

Beim Luftholen flatterte Felix' Atem. Eine Weile glaubte er, kein weiteres Wort mehr herauszubekommen. Er fühlte sich noch müder als zuvor. So müde, dass er schlafen könnte, aber zu aufgekratzt, um es tatsächlich zu tun.

„Weißt du, was ich erfahren habe, in meiner Zeit bei Mars?", sagte er. „Der Typ, der schleimige, der für das alles verantwortlich war, für den ganzen Scheiß, für den Angriff, den Fall von Venus, den Tod meiner Eltern, für das rote Scheißteil, das ich am Fuß habe, für alles, was sonst noch so passiert ist, und dafür, dass ich meine Nation und meinen Glauben und jeden, den ich kenne, verloren habe ..." Seine Stimme war lauter geworden. Er hielt inne. „Er ist der Befehlshaber der Armee, er ist der Anführer von Mars, er heißt Asmus, und ich werde ihn töten."

Nev war anzusehen, dass er etwas sagen wollte, aber um aller Götter willen nicht wusste, was zu sagen war.

Felix wusste das auch nicht. Er hatte keine Kraft mehr, nicht zum Denken, nicht zum Reden, genau genommen war sitzen schon Schwerstarbeit. Felix sank nach vorn, sodass er an Nev lehnte, mit dem Kopf auf seiner Schulter.

„Ist das okay?"

„Das ist okay."

Das war gut, denn Nev war warm und Felix fror noch immer.

Nev & Amaris
Elternhaus

Kaserne

Lors
Küche

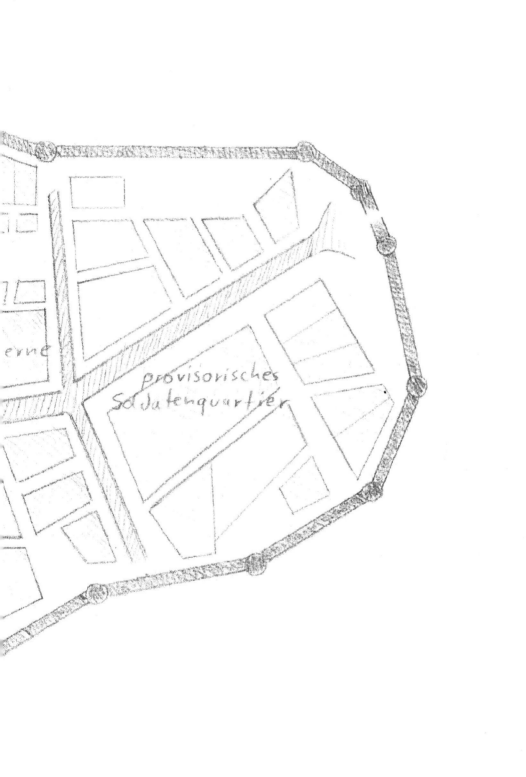

IV
PEBAS

SPÄTER MORGEN, PEBAS, MARSNATION

LEVIN WAR SICH NICHT SICHER, WAS ES genau war, das ihn aufweckte. Die anschwellenden Geräusche der Stadt, der Geruch von Alkohol, das Licht, das auf seine geschlossenen Lider fiel, oder die Erkenntnis, dass ihn gerade jemand in die Seite trat.

„Wenn du noch lebst, dann mach, dass du wegkommst! Du verschreckst die Kunden!"

Die dürre Frau hatte ihn erst mit dem Fuß angestupst. Als er sich geregt hatte, hatte sie begonnen zu treten.

Levin brauchte einen Moment.

„Ich geh schon, ich geh schon." Er tastete sich über den Boden. Dreckkrümel klebten sich an seine Hände. Seine Augen hatten sich noch nicht an das Tageslicht gewöhnt und sein Kopf pochte. Als er unverhofft schnell eine Wand fand, zog er sich daran hoch, stand endlich und blinzelte.

Er war in einer engen Gasse. Die Art von Gasse, durch die man eigentlich nicht lief, wenn man nicht auf der Suche nach etwas Bestimmten war. Und wenn man hier etwas suchte, dann war es der Laden, von dessen Besitzerin er gerade verjagt wurde. Sie schaute ihn grimmig an und verschwand im Haus.

Levin hatte tatsächlich geglaubt, dass die Verhältnisse außerhalb der Hauptstadt besser waren. Dass man mehr Essen fand und dass es mehr Läden gab, die mehr als Alkohol und ein gelegentliches Stück Brot für ein kleines Vermögen verkauften. Er hatte sich geirrt.

Pebas war eine Mauerstadt, ähnlich wie Khansa. Wobei – eigentlich noch besser als Khansa, denn vor Pebas lag die Mauer der Marsnation, und hinter Pebas lag sie noch einmal. Pebas und Flauge waren zwar im wörtlichen Sinne weit voneinander entfernt, im übertragenen allerdings nicht. Sowohl die Stadt im Zentrum als auch die Stadt am Rand waren arm und armselig – der Unterschied lag lediglich darin, dass Flauge so tat, als wäre es eine Hauptstadt.

Levins Magen gab ein groteskes Grummeln von sich. Seit er Flauge verlassen hatte, hatte er nicht mehr viel gegessen. Auf der Straße hatte er wohl auch geschlafen, obwohl er keine Erinnerung daran hatte, sich hierhingelegt zu haben. Er war lange gelaufen, vielleicht hatte er nur eine Pause machen wollen und war prompt weggenickt. Nichts zu essen, kein Geld und schlafen in der Gasse. Er erinnerte sich wieder, warum er in den Militärdienst getreten war.

Erst da wurde es Levin wieder voll bewusst und plötzlich war er hellwach. Er war in der Marsnation. Noch immer. Er hatte sie noch nicht verlassen.

Wie von selbst begannen seine Beine, ihn vorwärts zu tragen. Er durfte hier nicht bleiben. Er wusste zwar nicht, wohin er gehen sollte, mit der Merkurnation auf der einen und Jupiter auf der anderen Seite, aber die Marsnation war ausgeschlossen. Er hätte schon längst auf und davon sein sollen.

Zu spät war es noch nicht. Soweit Levin es beurteilen konnte, war in Pebas alles normal. Die Menschen gingen ihren Geschäften nach, sofern sie welche hatten, Kinder spielten auf den Straßen und die eine oder andere Hungerleiche verweste in Gassen wie dieser.

Levin war bereits in den Außenbezirken; keine Stunde würde er mehr in der Marsnation verbringen. Zur Not konnte er sich draußen im Niemandsland rumtreiben und sich von Beeren ernähren – ganz egal; drinnen würde er auf jeden Fall sterben, draußen nur vielleicht.

Levin hielt sich den knurrenden Bauch und steuerte auf die Mauer zu, die vom Horizont auf ihn herabblickte. Auf halbem Weg hörte Levin einen Glockenschlag und blieb stehen. Die Menschen um ihn herum taten das Gleiche. Keiner rührte sich. Glocken überbrachten immer eine Nachricht und die hing davon ab, wie oft die Glocke läutete.

Sie läutete einmal. Das bedeutete lediglich, dass es Mittagsstunde war, ein halber verlorener Tag. Beim Stand der Sonne war das tatsächlich sehr wahrscheinlich.

Die Glocke läutete allerdings noch einmal. Das bedeutete, es würde eine Essensausgabe geben.

Nein, ein dritter Glockenschlag. Eine wichtige Ansage.

Sie läutete ein viertes Mal. Tapfere Krieger kehrten nach Hause zurück.

Und ein fünftes Mal. Das hieß: ‚Wir werden angegriffen.'

Stille.

Stille, die sich ewig hinzog. Mit seinen Gedanken allein versuchte Levin, einen sechsten Glockenschlag zu erzwingen. Er kam nicht. Er kam einfach nicht. Dann war zu viel Zeit vergangen, als dass er noch hätte kommen können.

Dann hatte Levin ein Déjà-vu.

Mehr und mehr und mehr und mehr Menschen. Genau wie am letzten Tag in Flauge waren die Straßen von einem Moment auf den nächsten bis zum Bersten gefüllt. Anders als in der Hauptstadt, waren die Menschen aber nicht in eine Richtung unterwegs, sondern in alle. Levin hörte Geschrei, Fluchen, gerufene Namen, sah die ersten Leute, die sich mit den Ellenbogen den Weg freikämpften.

Der Angriff kam von Westen. Natürlich tat er das, denn wenn er von Osten käme, hätte es Sahr erwischt, nicht Pebas. Von Westen konnte es nur die Merkurnation sein, aber natürlich wusste Levin, dass die Merkurnation nicht allein war.

Von links, von rechts, aus jeder Himmelsrichtung wurde er gestoßen und geschoben.

Keine halbe Stunde mehr und er hätte die Marsnation hinter sich gelassen, wäre dem Angriff entkommen. Wäre er nicht eingeschlafen, wäre er jetzt in Sicherheit.

Seine Rüstung hatte Levin abgelegt, seinen Bogen in Flauge gelassen. Sofern man das Mal an seinem Nacken nicht sah, war er hier Zivilist. Natürlich gab es auch Zivilisten mit Malen, aber Levin war sich ziemlich sicher, dass er zu gesund aussah, um als solcher durchzugehen.

Rüstungen rauschten an ihm vorbei. Es mussten bereits Soldaten draußen sein, außerhalb der Mauer, und weitere kamen dazu.

Aber wieso waren es so wenige?

„Macht, dass ihr in eure Häuser kommt!", rief einer der Soldaten. Es dröhnte in Levins Ohren und erst jetzt war er wirklich wach. Erst jetzt erreichte die Erkenntnis auch sein Hirn: Er beobachtete das Geschehen nicht bloß. Er *war* in Pebas, er *war* in der kleinen, engen Gasse in der kleinen, engen Stadt. Es ging viel zu schnell, aber es war alles echt – die Leute, die Straße, und der Angriff.

Er musste raus.

Nicht aus der Stadt, denn das war in eine Richtung unmöglich und in der anderen würde es sein Todesurteil nur verzögern. Zuerst musste er hier raus, aus der Gasse, und zwar dringend. Er drehte sich um, aber seine Befürchtung hatte sich schon längst bewahrheitet. Es war zu spät – schon wieder.

Hinter ihm war eine undurchdringliche, pulsierende Wand aus Menschen, vor ihm ging es auch nicht weiter, und nach links oder rechts auszuweichen, das konnte er in der engen Gasse ganz vergessen.

Die Menschen waren zu viele und zu aufgebracht. Alle drängten in verschiedene Richtungen, zu ihren Häusern, zu ihren Kindern. Was auch immer es war, sie hatten sich unlösbar ineinander verkeilt und Levin war mittendrin. Von allen Seiten füllte Geschrei seine Ohren.

Im nächsten Moment prallte etwas – oder jemand – gegen Levins Brust und er verlor den Boden unter den Füßen. Beim Reflex, sich an irgendetwas festzuhalten, nahm er auf dem Weg nach unten gleich noch jemanden mit. Einen Soldaten, wie Levin bemerkte, als das volle Gewicht der Rüstung auf ihm landete.

Der Soldat schaffte es, wieder auf die Beine zu kommen, bevor er das Leben aus Levin herausquetschte. Levin allerdings blieb unten. Die Menge hörte nicht auf zu stampfen und zu drängen, nur weil er am Boden lag. Aus allen Richtungen hagelten unbeabsichtigte Tritte: gegen die Seite, gegen die Schulter, gegen den Kopf. Ein paar Füße stolperte über ihn und einer davon blieb recht schmerzhaft in seiner Magengrube hängen. Levin krümmte sich am Boden. Der grobe dunkelgraue Pflasterstein war alles, was hin und wieder vor seinen Augen aufblitzte.

Ob die Menschen fielen oder lediglich über ihn stolperten, das bekam Levin kaum mit, zu sehr war er von Chaos begraben. Die Stimmen, jetzt panischer, lauter, zeugten davon, dass er lange nicht mehr der Einzige war, dem es so erging.

Er fühlte, wie sich die Blutergüsse bildeten. Schmerzen, am ganzen Körper, und er konnte einfach nicht aufstehen. Sooft er auch versuchte, sich aus dem Dreck zu heben, immer wieder drückte ihn etwas zu Boden.

Levin hörte sich selbst um Hilfe rufen. Nicht unbedingt, um Hilfe zu bekommen, sondern damit man ihn wahrnahm. *Ich bin hier unten, hört auf, mich totzutreten!*

Er glaubte nicht, dass es auch nur eine einzige Person gab, die ihn hörte. Seine Stimme war ein leises Summen gegen eine Wand aus Lärm.

Ob es beim Grünen Sturm wohl auch so gewesen war? Damals war Asmus noch als Wache aktiv gewesen, aber alles, was er Levin je über den Grünen Sturm erzählt hatte, war, dass Levins Mutter dort gefallen sei. Was er sonst über den Grünen Sturm wusste, hatte er von Iras Mutter. Bis zu ihrem Tod war sie irgendwie auch seine gewesen.

Wieso dachte er jetzt, ausgerechnet jetzt daran? Vielleicht galten die letzten Gedanken tatsächlich der Familie. Irgendwie gab es da sonst nicht viel.

Ach, scheiße. Scheiße.

Levin stützte seine Unterarme auf das Pflaster. Er würde nicht wieder versuchen, aufzustehen, das wäre dumm. Konzentriert setzte einen Arm vor den anderen. Gerade, als er sich endlich aus eigenen Stücken ein paar Zentimeter bewegt hatte, prallte sein Körper noch einmal mit ganzer Wucht auf den Boden. Levin schlug sich das Kinn auf und spürte den Ruck so deutlich, dass es in seinen Ohren rauschte.

War jemand auf ihn gesprungen? Hatte sich jemand von ihm abgestützt? Das musste es sein.

Levin erinnerte sich dunkel daran, was er vorgehabt hatte. Langsam und in winzig kleinen Stücken schob er sich vorwärts. Sein Kopf, sein ganzer Körper pochte. Der Aufprall musste ihm den gesunden Menschenverstand aus dem Hirn geschlagen haben, sodass er jetzt glaubte, irgendwie aus diesem Chaos herauskrabbeln zu können. Er konnte nicht einmal mehr sagen, wo genau sie sich befanden, aber auf sie setzte Levin jetzt seine ganze Hoffnung: die Wände.

Er robbte weiter. Zentimeter für Zentimeter arbeitete er sich voran.

In einem allzu kurzen Aufreißen der Masse erkannte er zwischen Waden und Knien braunes, morsches Holz. Das Haus, der Laden von vorhin. Leute wurden dagegengedrückt. Sie hatten vom Holz aufgekratzte Gesichter, doch die Überlebenschance an der Wand schien höher. Dort würde man Levin nicht tottreten können.

Er hechtete beinahe auf die Lücke zu, so schnell man eben durch eine Menschenmenge krabbeln konnte. Jemand trat ihm auf die Hand und er schrie auf. Wer auch immer es war, er reagierte nicht, und so musste Levin seine Hand selbst unter dem Stiefel hervorziehen. Sie pochte und ließ sich nur noch spärlich bewegen, aber das war Levin egal. Die Wand.

Er schlug seine schmerzenden Finger in das knorrige Holz und zog sich an der Hauswand hoch. Er kam auf die Beine. Splitter stachen ihm in die Hände und in die Wange. Er war sich nicht sicher, ob er sich mit eigener Kraft an die Wand presste oder von der Menge gepresst wurde.

Höchstwahrscheinlich Letzteres.

Auf jeden Fall Letzteres.

Levin stand flach an der Wand und konnte sich keinen Zentimeter rühren, nicht einen einzigen. Die Gasse war so klein, dass der Druck kaum auszuhalten war.

Die Wand war keine Rettung, sie war eine Todesfalle.

Oder?

Levin biss die Zähne zusammen und schob beide Arme an der Wand nach oben, bis er eine der vielen Unebenheiten zu fassen bekam. Sein Griff versteifte sich und seine Fingernägel hinterließen Abdrücke im Holz, als er seinen Körper nach oben zog. Seine Füße setzte er dabei auf jeden noch so kleinen Vorsprung im Holz, den er ertasten konnte.

Hätte er nicht die Arme eines Bogenschützen, hätte das nie funktioniert. Er musste nicht nur klettern, was ihn schon mehr Kraft kostete, als er noch besaß, er musste seinen Körper auch zwischen Wand und Menge hervorziehen.

Einen Meter ging es gut, dann rutschten seine Füße auf den viel zu kleinen Vorsprüngen ab und schlugen gegen etwas, was definitiv kein Boden war.

Levin spannte seinen ganzen Körper an und klammerte seine Finger so fest zwischen das Holz, dass sie bluteten.

Er konnte die Füße wieder aufsetzen.

Er kletterte weiter. Bald spürte er das Quetschen nicht mehr.

Seine Arme zitterten wie wild, aber er *musste* sich festhalten. Wenn er jetzt losließ, fiel er in die Menge, und wer konnte sagen, was dann passieren würde. Das Haus war niedrig. Nur einen Meter und er würde das Dach erreichen.

Dann packte jemand sein Bein.

Wieso? Wieso wollte es ihm jemand nicht gönnen, zu leben? Oder versuchte er, sich an ihm hochzuziehen?

Levin konnte es sich nicht leisten zu zögern. Er zog sein freies Bein ein wenig an und ließ es kräftig nach unten schnellen. Die Hände ließen los.

Nur noch ein Stück. Es war sogar ein flaches Dach, keine Gefahr, herunterzurutschen. Nur noch ein bisschen, ein ganz kleines bisschen.

Mit einer Hand packte Levin die Kante des Daches, seine Füße fanden Halt und dann hatte er auch die zweite Hand, wo er sie haben wollte. Mit aller Kraft und mit strampelnden Beinen zog sich Levin hinauf und ließ sich auf den flachen Untergrund fallen.

Er atmete so laut und heftig, wie er noch nie geatmet hatte. Er hatte es geschafft. Einen Moment lag durchflutete pure Euphorie seinen schmerzenden Körper, kurz reckte er sogar seine zitternde Faust in die Luft.

Dann kamen die Tränen. Die ganze Zeit hatten sie in seinen Augen gebrannt, aber jetzt waren sie nicht mehr aufzuhalten. Allen Widrigkeiten zum Trotz hatte er überlebt, hatte sich aus der Massenpanik gezogen, aber in Anbetracht der großen und ganzen Situation bedeutete das nichts. Jupiter griff an. Sein Tag würde mit einer Lanze im Bauch enden.

Nein. Nein, nein, nein. Er musste sich verstecken.

Wenn er sich gut versteckte, dann würde er vielleicht verschwinden können, sobald hier alles totenstill war.

Levin wollte leben.

Im nächsten Moment saß er kerzengerade auf dem Dach. Das Blut gefror in seinen Adern.

Er hatte ein Donnern gehört.

Ein Donnern, das nicht dem Wetter geschuldet war, denn es war keine Wolke am Himmel. Es war ein Donnern, das von Menschenhand geschaffen war, der gewaltige Aufprall von solider Masse auf solide Masse. Ein Rammbock.

Sie brachen die Tore ein.

Es donnerte noch einmal und Levin stand aufrecht. Der Geräuschpegel der Menschen unten schwoll an.

Nein, nein, nein. Er war noch nicht so weit. Sie durften jetzt noch nicht kommen. Er stand mitten auf einem Dach!

Das Dach.

Nein, es war nicht breit genug, um sich darauf zu verstecken. Er musste hier runter, sofort, ein richtiges Versteck finden. Aber wo? Pebas war verschwommen. Es war keine gute Zeit für Tränen, aber aussuchen konnte man sich das selten. Levin würde um Hilfe fragen müssen, aber zuerst musste er vom Dach runter.

Er stand am Rand. Auf der gegenüberliegenden Seite der Massenkarambolage war nur eine Handvoll Menschen. Hatte er genug Zeit zu klettern? Nein, hatte er nicht. Sollte er springen? Er würde sich die Knochen brechen.

Es donnerte.

Levin sprang.

Er landete. Erst auf seinem rechten, dann auf seinem linken Bein und unmittelbar danach folgte der Rest von ihm. Ihm war, als hätte er seine Beine damit tiefer in seinen Körper gerammt, und unwillkürlich knirschte er mit den Zähnen. Als er sich aufrappelte, donnerte es erneut.

Es half nichts. Er humpelte zum ersten Haus, das in sein Blickfeld kam.

„Hilfe!" Er schlug mit der Faust auf die Tür ein. „Bitte helfen Sie mir! Lassen Sie mich rein!"

Niemand öffnete. Die brüchige Tür konnte unmöglich verschlossen sein, aber die Einwohner mussten sie verbarrikadiert haben. Man konnte sie bestimmt aufbrechen, aber wie sollte Levin dann dort Schutz finden?

Er hämmerte noch mal gegen die Tür. Nichts.

Er hastete zum nächsten Haus. Sein Bein beschwerte sich. Er klopfte. Er schrie sich die Seele aus dem Leib. Nichts. Der Vorgang wiederholte sich einige Male. Rennen, klopfen, schreien, rennen, klopfen, schreien und jedes Mal ein wenig verzweifelter als zuvor.

Dann donnerte es ein weiteres Mal. Diesmal lauter. Kein einfaches Donnern, sondern eines, das von einem Krachen begleitet war. Die Grenze war durchbrochen. Die Mauer, das Tor waren kaputt.

Levin rannte. Sein Bein schmerzte, und er wusste nicht, wohin. Er brauchte nur irgendeinen Ort, an dem er sich verstecken konnte. Irgendetwas, das kein Wohnhaus war, oder einfach etwas, dessen Tür nicht verschlossen, verbarrikadiert oder eben gar nicht vorhanden war.

So wie bei dem Haus links von ihm.

Natürlich war es kein gutes Versteck. Ein Soldat musste nicht einmal irgendeine Form von Kraft aufbringen, um hier einzufallen. Es war wie eine Einladung, aber so auch für Levin. Besser als die Straße war es allemal, und eine Wahl hatte er auch nicht. Sie mussten mittlerweile in der Stadt sein. Er humpelte hinein.

Das Haus war weitestgehend leer und bestand nur aus einem einzigen Raum. Es war bestimmt eine Taverne oder ein Schnapsladen gewesen, aber alle Spuren davon schien der Eigentümer beseitigt zu haben. Vielleicht schon vor Jahren, vielleicht auch erst vor Kurzem, um sein Hab und Gut in Sicherheit zu bringen.

Der Raum versteckte Levin ungefähr so gut wie ein weites Feld. Hatte er noch Zeit, einen anderen Ort zu suchen? Ganz bestimmt nicht. Levin flüchtete hinter die Theke. Der einsame Holztisch wäre als Versteck genauso offensichtlich gewesen.

Levins Kinn blutete, die Haut unter seinen Nägeln auch. Der Rest von ihm war nicht mehr rosa, sondern überwiegend bluterguss-violett. Da Blut so gerne aus ihm herausströmte, bildeten die sich so schnell und vermehrt, als hätten sie eine Wette zu gewinnen.

Nicht einmal eine Minute, dann hörte er Schreie von draußen. Er hätte wirklich keine Zeit mehr gehabt.

Levin ließ sich noch ein Stück weiter am Tresen herunterrutschen. Sein ganzer Körper schmerzte und zitterte, und Levin presste sich eine Hand auf den Mund, um keinen Laut von sich zu geben. Hätte hier noch der Schnaps gestanden – er hätte ihn getrunken. Wenn er starb, würde er am liebsten nichts davon mitbekommen.

Vielleicht konnte er sich tot stellen. Vielleicht würden sie ihn in Ruhe lassen, wenn es so aussah, als sei bereits alles Leben aus ihm gewichen. Dann fiel Levin ein, dass Leichen nicht zitterten. Leichen hatten keine Heulkrämpfe. In Würde sterben schien bei ihm einfach nicht drin zu sein.

Mehr Geräusche drangen zu ihm durch. Dutzende Schuhsohlen auf dem Boden, Rufe, mal näher mal ferner. Hin und wieder das Bersten einer Holztür oder das Klirren einer Klinge. Sie taten es. Sie taten es wirklich. Sie kamen in die Häuser. Sie kamen zu den Zivilisten. Das hier war kein Krieg, der zwischen Militär ausgetragen wurde, nein, es betraf die ganze Nation, es war eine Vernichtung.

Was konnten die Zivilisten dafür, dass sie hier geboren worden waren? Was konnte *er* dafür? Was konnte er dafür, dass er dem Militär beigetreten war, um nicht den Hungertod zu sterben? Nichts. Er konnte nichts dafür. Es war nicht seine Schuld.

Er wollte doch nicht sterben.

Die Stimmen waren viel zu nah. Fast konnte Levin einzelne Wörter ausmachen. Sie mussten direkt vor dem Haus, direkt vor der nicht vorhandenen Tür stehen. Er presste sich beide Hände auf den Mund, so fest es nur ging. Nicht dass es irgendwie helfen würde.

Holz knarrte – das Holz an der Türschwelle seines kleinen Raumes.

Er unterdrückte ein Schluchzen und hielt den Atem an. Stumm und ohne es selbst zu merken, schüttelte er den Kopf. *Bitte nicht.*

Ich bin ein Zivilist. Ich habe keine Waffen bei mir. Ich bin Zivilist. Ich kann nicht kämpfen. In Gedanken wiederholte er die Sätze, die zum einen gelogen waren und zum anderen nicht helfen würden, und von denen er zu guter Letzt wusste, dass er sie nicht einmal über die Lippen bekommen würde. Er konnte immer noch nicht atmen, bald würde er das aber müssen.

Es knarrte noch einmal. Diesmal näher. Mehrere Schritte. Die Person lief im Raum umher. Sie suchte.

Dann sah er sie: eine große Frau mit gerade geschnittenem Haar. Sie trug die dünne Rüstung der Jupiternation und eine kleine, blutverklebte Axt.

Er betete, dass sie wieder umdrehe. Es war das Ende des Raums, sie würde sich also auf jeden Fall umdrehen müssen. Die Frage war nur, in welche Richtung. Drehte sie sich linksherum, würden sich ihre Blicke treffen. Drehte sie sich nach rechts, sähe sie nur die Wand.

Sie drehte sich nach links.

Jetzt war es zwar egal, ob Levin atmete, aber er konnte nicht.

KURZ VOR DEM DONNERN, MAUER VON PEBAS, MARSNATION

AMARIS FUSS SENKTE SICH IN ein ungeschütztes Gesicht. Sie spürte das unheilvolle Knacken des Schädels im ganzen Körper, von ihrer Sohle bis in die Fingerspitzen. Der Marssoldat wurde zu Boden geschleudert. Sie gab sich einen Moment, um zu atmen.

Amari stand der Schweiß auf der Stirn. Ihre Arme, ihre Beine knirschten, pochten, schmerzten. Die Stiefel schützten ihre Füße ein bisschen, aber die Knöchel an ihren Händen waren aufgekratzt und blutig, ihre Finger schwerer zu bewegen. Ob sie sich wohl jemals daran gewöhnen würde? Sie hatte die Verbände erst heute Morgen abgemacht – heute Abend konnte sie gleich neue holen.

Amari hatte den letzten Marsgeborenen diesseits der Mauer in den Dreck geschickt, also stellten auch die Soldaten von Merkur und Jupiter das Kämpfen ein – zumindest die, die tatsächlich gekämpft hatten. Der Widerstand der Marsnation war so gering gewesen, dass ein Großteil keinen Finger hatte rühren müssen.

Der Rest der Jupiterarmee griff die Marsnation von der anderen Seite an, so hieß es, und so geriet Mars zwischen zwei Fronten. Sie hatten keine Chance.

Es dauerte eine Weile, dann trat General Vera durch die Soldaten nach vorn. Sie hatte den Angriff geplant und in die Wege geleitet, gab aber während der Umsetzung ihre Befehle hauptsächlich aus den letzten Reihen und überließ Erin die Spitze. Obwohl sie eine Waffe trug, lag das Kämpfen selbst außerhalb von Veras Fähigkeiten und so wurde sie zu jeder Zeit von ihren Soldaten umschwärmt.

Mit Vera rückte auch der Konvoi nach. Die Eroberung der Marsnation würde man nicht an einem Tag hinter sich bringen und man hatte sich auf bitterböse Kämpfe eingestellt. Zahlreiche Wagen voller Proviant, Waffen und Leuten, die wussten, wie man Wunden nähte, begleiteten die Soldaten. Sie kamen aus ganz Navoi, den umliegenden Städten, und der Hälfte Dostoevskijs. Dazu kamen noch einmal doppelt so viele Soldaten, die aus der Jupiternation angerückt waren.

Als Vera begann, zu den Soldaten zu sprechen, breitete sich ein unangenehmer, aber mittlerweile vertrauter Geschmack in Amaris Mund aus. Es machte nichts, dass sie die Worte nicht hörte, Amari konnte sich sehr gut denken, was Vera gerade sagte – und was jetzt kam.

Auf vier gigantischen Rädern wurde der Rammbock herangebracht.

Nach fünf Stößen fiel die Mauer und sie betraten die Marsnation.

Amari wusste nicht, wie sie sich das Innere der Marsnation vorgestellt hatte, aber sicher anders als das, was sich ihr bot. Die Stadt war heruntergekommen. Die Holzhäuser waren ausnahmslos gammlig und brüchig, mit Türen, die vermutlich selbst ein Kind problemlos eintreten konnte. Der Boden war gepflastert, aber an den meisten Stellen war der Pflasterstein kaputt, teilweise herausgerissen. Er musste alt sein, Überbleibsel einer besseren Zeit.

Bevor Amari Pebas weiter auf sich wirken lassen konnte, rauschten Soldaten an ihr vorbei. Wie verschüttetes Wasser strömten sie in jede noch so kleine Gasse. Ihre Arbeit – und somit auch Amaris – war noch lange nicht vorbei.

Amari musste sich sammeln, nur kurz. Überlegen, wie sie anfing, wo sie anfing, was sie zuerst tun sollte und wie man es tat. Ihr Kopf war wie leergefegt.

Aus dem Augenwinkel sah Amari kleine Splitter auf dem Pflaster landen und drehte den Kopf. Die Tür zu einer kleinen Hütte war aus den Angeln getreten worden. Zwei grüne Soldaten schoben ein Regal – randvoll gefüllt mit anscheinend selbst beschriebenem Papier – aus dem Weg, um an einen Mann und eine ältere Frau zu kommen, die sich in der hintersten Ecke der Stube verschanzt hatten. Sie trugen schäbige Schlafkleidung aus Leinen – der Angriff musste sie geweckt haben.

Beide Marsgeborene wurden unsanft von den Soldaten gepackt und aus dem Haus gezerrt, dabei schrien sie einander unverständliche Worte zu. Amari beobachtete, wie die Soldaten die beiden auf den Pflasterstein drückten und sie kurzerhand – einmal mit einer Axt, einmal mit einem Schwert – enthaupteten. Dann machten sie sich auf zum nächsten Haus.

Amari verharrte, wo sie stand. Ihre Augen klebten an Pebas' zwei neuen Leichen, an dem leeren Raum zwischen ihren Hälsen und ihren Köpfen. Blut bahnte sich seinen Weg durch die Ritzen der Pflastersteine und Amari bewegte sich erst dann wieder, als es fast ihre Füße erreicht hatte. Sie tat zwei Schritte zurück und schämte sich einen Wimpernschlag später dafür.

Rückwärtsschritte bedeuteten Angst, bedeuteten Schwäche. Wenn sie als Soldatin etwas erreichen wollte, dann musste sie rational und zielorientiert bleiben, dann mussten sie Leichen – egal, welche – kaltlassen. Amari konnte sich, noch mehr als andere Soldaten, keine Rückwärtsschritte erlauben.

Sie machte einen Schritt zur Seite, dann langsam einen Bogen um die Blutlache herum. Sie lief an den anderen Soldaten vorbei, vorwärts, bis zum Ende der Gasse. Dort bekam sie eine großzügige Sicht auf eine Menschenjagd. Überall wurden Häuser gestürmt, überall wurden Menschen auf die Straßen gezogen und vor ihren Türen gerichtet, mal alt, mal jung, mal waren die Soldaten zögerlicher, mal taten sie es ohne mit der Wimper zu zucken. Vereinzelt sah Amari Leute rennen, aber nie lange.

Amari schluckte einmal schwer, ihr Hals war trocken.

Sie blickte nach links, nach rechts und bevor sie entscheiden konnte, was sie tun sollte, hetzte eine dürre Frau in Zivilkleidung viel zu nah an ihr vorbei. Amari zuckte zusammen – richtig, sie war immer noch auf einem Schlachtfeld. Sie spürte die Blicke von zwei jungen Merkursoldaten auf sich lasten. Mittlerweile wusste man, wer Amari war. Die, die General Vera und die Unterstützung Jupiters geholt hatte. Kommandant Javids *außerordentlich* vielversprechende Tochter – die gerade wie angewurzelt dastand und vor einer Zivilistin zurückgezuckt war.

Amari begann zu rennen.

Die Frau hatte einen beachtlichen Vorsprung, aber das würde Amari nicht aufhalten. Nur ein paar Sekunden, bis zum Eingang der nächsten Gasse musste sie sie verfolgen, dann überholte sie sie, verbaute ihr den Weg, und gerade als die Frau abbremste, erwischte Amari sie mit einem hohen Tritt.

Fast hatte sie vergessen, wie hart der Boden war, obwohl sie doch darauf lief. Der Hinterkopf der Frau donnerte auf den Pflasterstein und Rot breitete sich unter ihr aus. Amari stützte die Hände auf die Knie und atmete heftiger, als sie das bei einem Sprint dieser Länge sollte. Sie vermied es, die Zivilistin anzuschauen, stattdessen blickte sie angestrengt die Gasse hinunter, durch die sie gekommen war. Hatten die Soldaten das wenigstens gesehen?

Nein. Keine Spur von ihnen. Amari war allein.

Langsam richtete sie sich auf und holte tief Luft. Statt den bekannten Weg zurück zu nehmen, bog Amari in die erste Gasse ein, die sich vor ihr auftat. Möglicherweise würde sie sich verlaufen – es war ihr ein Rätsel, wie sich hier irgendjemand zurechtfinden konnte –, aber so schlimm war das nicht. Sich für ein paar Minuten in den stilleren Teilen von Pebas zu verirren, machte Amari überhaupt nichts aus.

Ein Ruck brachte sie zum Stehen. Jemand hatte ihre Schulter gepackt.

Amari wirbelte herum, bereit, diesem jemand das Gesicht zu

zertrümmern – und stellte fest, dass sie das schon einmal fast getan hatte.

Es war Nev. Nev, der immer noch ein blaues Auge hatte. Seine Lippen bewegten sich rapide.

„Wann merkst du dir, dass ich dich nicht hören kann?", keuchte Amari.

Nev rieb sich das Gesicht. Er streckte die Hand aus, wie in Khansa.

„Wir sind mitten in einem Kampf." Amari machte Anstalten, sich links an ihrem Bruder vorbeizuschieben, aber auch er rückte nach links. Als sie einen Schritt nach rechts machte, tat er dasselbe.

Sie lachte nervös. „Ist das dein Ernst? Wie alt sind wir?"

Immer noch hatte Nev die Hand ausgestreckt. ‚Bitte', sagten seine Lippen. Auch wie in Khansa.

„Wieso? Willst du mir noch mal sagen, dass ich nach Hause gehen soll? Dafür ist es nämlich *zu spät*."

Nev zog seine Hand nicht zurück.

‚Bitte.'

Amari konnte sich jetzt wirklich nicht mit Nev herumschlagen, alles andere war ihr schon viel zu viel. Sie gab ihm also die Tafel. Umso eher es anfing, desto schneller war es wieder vorbei.

Sofort begann Nev, darauf herumzukritzeln. Amari trat von einem Bein aufs andere, während sie wartete. Sie wollte wirklich nicht hier sein.

Als Nev die Tafel umdrehte, stand darauf: *Du könntest aussteigen. Aus dem Militär. Du bist taub, das ist ein Grund. Du könntest von ALL DEM weg.*

„Kann ich nicht", sagte Amari, schon nachdem sie den ersten Satz gelesen hatte. Konnte Nev es nicht begreifen oder wollte er nicht? „Ich hab mich entschieden. Ich bin vollwertige Soldatin."

Amari griff nach ihrer Tafel – wie zu erwarten, führte das Gespräch nirgendwohin –, aber Nev hielt sie mit ausgestrecktem Arm über seinen Kopf, außerhalb von Amaris Reichweite.

„Wirklich, Nev, wie alt bist du?"

Er ignorierte ihren Kommentar und nahm die Tafel erst wieder runter, als Amari widerwillig auf Abstand ging. Dann schrieb er.

Erin würde dich lassen.

Kaum hatte er ihr die Nachricht gezeigt, verwischte er sie und schrieb weiter, aber diesmal wartete Amari nicht. „Wie kommst du auf so was? Ich hab doch nicht mehr Rechte als –" Sie stoppte. Nev hatte die Tafel gedreht.

Sie hat dich bei der Verhandlung sein lassen.

„Das war ein Job, ich war dort als Wache! Und hast du das von Felix? Der hat nämlich keine Erlaubnis, irgendwas über die Verhandlungen zu erzählen."

Nev schrieb. *Du könntest gehen, Amari.*

„Nein. Könnte ich nicht!" Amari schüttelte heftig den Kopf. „Ich … Bei Merkur, Nev, bitte, kannst du mich … kannst du mich nicht *einfach* in Ruhe lassen?"

Sie sah Nev schlucken. Eine Weile sah er sie an, seine Lippen eine einzige gerade Linie.

Dann schrieb er. *Willst du weiter so was machen?* ‚So was' war grob unterstrichen. Amari wusste auch so, was er meinte.

Findest du das hier gut? Macht es dir Spaß?

Sie starrte ihn an, mit offenem Mund. Es dauerte keine zwei Sekunden, bis Nev so aussah, als wollte er eine Minute in der Zeit zurückreisen. Er wollte etwas sagen, keine Frage, aber Amari kam ihm zuvor.

„Vera", sagte sie langsam. Ihr brannten die Augen. „General Vera weiß, was das Richtige ist. Erin auch. Sie weiß, was wir tun müssen, um zu überleben." Sie schluckte einen großen Knoten in ihrem Hals herunter, ballte die Fäuste und blickte an Nev vorbei auf den Boden. „So was ist *nötig*."

Nev sah sie an. Es war ein Blick, mit dem er ihr bis jetzt noch nicht begegnet war. Er war nicht traurig, er war nicht wütend, auch nicht verzweifelt – eigentlich war er gar nichts. Vielleicht enttäuscht.

Nev schrieb. Als er fertig war, gab er Amari Tafel und Kreide zurück.

Tu, was du willst, stand darauf.

Für einen Moment sah er unentschlossen aus, dann schüttelte er den Kopf und drehte sich um. Nev lief an dem Massaker vorbei und presste dabei beide Hände auf die Ohren.

Amari fragte sich, wie Pebas sich gerade anhörte.

MITTAGSZEIT, PEBAS, MARSNATION

LEVIN DRÜCKTE SICH DICHTER AN den L-förmigen Tresen, so als würde er versuchen, in das Holz überzugehen. Natürlich half es nichts; die Soldatin hatte ihn längst gesehen. Zielstrebig kam sie auf ihn zu, mit aller Ruhe dieser Welt.

„Ich – ich bin Zivilist!", stotterte Levin. Er versuchte, sich mit Armen und Beinen noch weiter nach hinten zu schieben, als könne er tatsächlich auf der anderen Seite des Tresens wieder herauskommen. „Ich kann nicht kämpfen! Ich ..."

Seine Stimme versagte, aber selbst wenn sie das nicht getan hätte, hätte es nichts genützt. Die Frau schien, als habe sie nichts gehört. Ihre Silhouette ragte vor ihm auf wie der Tod persönlich, und ihre Finger schlossen sich um seinen Oberarm wie ein Schraubstock. Mit einem Ruck wurde Levin nach vorn gerissen. Die Soldatin setzte sich in Bewegung – beiläufig, als ginge sie eine Routine durch – und steuerte den türlosen Türrahmen an. Sie wartete nicht, bis oder ob Levin auf die Beine kam, sie zog ihn einfach hinter sich her.

Erst jetzt war er wieder bei sich.

„Warte ... Warten Sie! Bitte! Ich bin Zivilist, ich bin unbewaffnet!" Er stolperte hinter ihr her, wollte sich querstellen, seine Füße in den Boden rammen und sie ausbremsen, aber das Letzte, was er jetzt tun wollte, war, die Soldatin zu verärgern. Alles lief in Zeitlupe. Nur noch ein paar Schritte und sie würden die Tür erreichen.

„Ich stell keine Gefahr dar, wirklich, ich hab ... ich hab nichts mit der Armee zu tun, bitte, ich will nicht sterben. *Bitte!*" Wenn Levin noch etwas Stolz übrig gehabt hatte, dann war auch der jetzt verloren. Wusste sie, dass er log, oder wäre es egal? Er brauchte irgendetwas, was sie zögern ließ, etwas, was ihm noch ein paar Sekunden verschaffte.

„Ich ... ich kann Informationen über Mars liefern!"

Die Soldatin schnaubte einmal und zog ihn über die Türschwelle.

Grelles Mittagslicht blendete Levin. In den Minuten, in denen er sich in dem kleinen Haus versteckt hatte, war die Stadt mitsamt ihren Einwohnern untergegangen. Um das zu wissen, musste er sich nicht umsehen – er hörte die Menschen schreien. Menschen, die in der gleichen Situation waren wie er. Blut klebte in den Ritzen der Pflastersteine, nur ein paar Meter von ihm entfernt. Im wahrsten Sinne war Pebas nun rot.

„Vera, ich hab's dir gesagt. Da war doch jemand", sagte die Soldatin mit klarer, hoher Stimme zu einer kleinen Frau mit unförmigen Gliedmaßen. „Du schuldest mir was."

Nein. Nein, nein. Das durfte nicht passieren.

„Ich habe nichts mit der Armee zu tun!", log Levin noch einmal, in der Hoffnung, dass die Frau namens Vera ihm zuhören würde. „Ich hab keine Waffen! Ich bin keine Gefahr!"

Vera musterte nur flüchtig sein Gesicht. Sie hob eine Braue, sagte aber nichts.

Levin wollte zum nächsten Bitten und Betteln ansetzen, aber in dem Moment wich die Luft aus seiner Lunge und erst prallte sein Rücken, dann sein Kopf auf das Pflaster. Schmerz zuckte scharf durch sein Hirn und für eine Sekunde flackerte die Welt weiß auf, dann schwarz. Vielleicht hätte es ihn tatsächlich in die Ohnmacht gerissen, hätte ihn nicht ein neuer Schmerz, diesmal in seinem Arm, in die Realität zurückgebracht. Er riss die Augen auf.

Die beiden feindlichen Soldatinnen sah er nun vom Boden aus. Die Kleine tat immer noch nichts, sah ihn nur aus dem Augenwinkel an, die Große hatte ihren Stiefel auf seinem Arm und hielt ihn so dort, wo er war. Mit kühler Professionalität wog sie ihre Axt in der Hand.

Es war vorbei. Ein kleiner, winziger Teil von ihm konnte das vielleicht akzeptieren. Aber der Rest konnte das nicht. Der Rest wollte leben.

„Ich hab Jupiterblut in mir!", hörte sich Levin rufen. „Ich gehöre auch zu euch!"

Veras Augen zuckten.

Die andere Frau hob ihr Beil, es funkelte in der Sonne.

„Nein! Warten Sie!" Er überlegte fieberhaft und nur eine Sache kam ihm noch in den Sinn. Es war keine Lüge, aber auf Dauer würde ihm auch das nichts bringen. Er hatte ihn seit Jahren nicht gesehen. Er wusste nicht mehr als jeder andere Marsbürger und als Druckmittel würde man ihn auch nicht einsetzen können.

„Ich kann nützlich sein! Ich bin Asmus' Sohn!"

„Eine Lüge ist schlimm genug", sagte die Große. „Aber das ist dreist."

Das Beil sauste auf ihn herunter und die Welt wurde dunkel, als Levin die Augen zusammenkniff.

„Anka, warte."

Die Klinge machte keinen Kontakt. Alles, was Levin spürte, war sein eigener Herzschlag – er pulsierte, als wollte er ihn in Stücke reißen, aber er war noch da. Levin atmete noch. So schnell, dass ihm schwindlig wurde, als er vorsichtig die Augen öffnete.

Das Beil stand in der Luft, mitten im Schwung war es angehalten worden. Veras Arm war beschwörend in Richtung der Soldatin ausgestreckt, ihr Blick lag auf Levin. Er war unergründlich.

„Kannst du das beweisen?", fragte Vera ihn.

Levin brauchte eine ganze Weile, um ihre Worte zu verarbeiten. Nichts bekam er heraus. Er war völlig außer Atem.

„Vera, ist das dein Ernst?", fuhr die andere ruhig dazwischen. „Das ist offensichtlich gelogen." Sie hatte das Beil zwar sinken lassen, aber der Druck auf Levins Arm wurde heftiger.

Vera überging ihre Kameradin. „Kannst du beweisen, dass du Asmus' Sohn bist?", wiederholte sie, nun etwas eindringlicher.

Levin erwiderte ihren Blick mit großen Augen. Er konnte es nicht fassen. Schon allein die Tatsache, dass sie mit ihm redete. Dass sie ihn fragte. Aber konnte er es beweisen?

Er schluckte trocken.

„Ich ..." Ihm fiel nichts ein. Beide durchbohrten ihn mit ihren abschätzenden Blicken, das half seinem Gehirn auch nicht auf die Sprünge. Nein, Moment, genau das war es. Er wurde *immer* mit Blicken durchbohrt.

„Man – man kann jeden fragen."

Das war vielleicht etwas schwach, aber es war sein einziger Anhaltspunkt. Er war immerhin eine Zeit lang so eine Art Berühmtheit gewesen. Er konnte nur hoffen, dass sich die Gerüchte bis nach Pebas ausgestreckt hatten. Aber selbst dann war nicht sicher, ob die Leute noch wussten, wie der verstoßene Sohn aussah. Levins Beweis war vorn und hinten undicht.

Vera sah ihn an, bis Levin sich nicht mehr sicher war, ob sie ihn überhaupt gehört hatte. Dann wandte sie sich an ihre Kameradin, oder eher Untergeordneten, wie es schien. „Anka, geh jemanden fragen."

Anka hob eine Augenbraue. Unschlüssig blickte sie auf Levin herab, dann wieder zu Vera.

„Es wird schon nichts passieren. Ich bin nicht hilflos."

Ohne einen weiteren Kommentar nickte Anka und wandte sich ab. Der Druck auf Levins Arm verschwand und um ein Haar hätte er aufgeatmet. Jetzt, da Anka der Schneise der Verwüstung folgte, hatte Levin zum ersten Mal freie Sicht auf die Geschehnisse in Pebas. Sie waren noch in vollem Gange.

Der Anblick schien sich kurz zu drehen und etwas kroch seinen Hals hinauf. Schnell setzte sich Levin auf und presste sich die Hände auf den Mund, um Vera nicht vor die Füße zu kotzen. Erst dann wurde ihm klar, dass er sich mit seinen plötzlichen Bewegungen vielleicht keinen Gefallen getan hatte, aber Vera hatte ihre Waffe nicht gezogen. Ruhig war sie zwar ganz und gar nicht, schien aber auch nicht sonderlich feindselig.

„Das gefällt mir nicht", sagte sie. Nicht zu ihm, wie er feststellte – es war eher ein Selbstgespräch.

Levin starrte auf den Boden. Kaum hatte er den Würgereiz hinuntergeschluckt, hatte Vera eine Frage an ihn.

„Wie alt bist du?"

Benommen sah er sie an. Ihr Kiefer war angespannt, ihr Blick aufmerksam, sehr aufmerksam. Schnell ging er die Möglichkeiten durch. Würde die Antwort irgendetwas beeinflussen? Würde es helfen, wenn er sich jünger machte? Er sah keinen Grund.

„Achtzehn", antwortete er. Sein Mund brannte wie Feuer.

Vera atmete aus. Nicht erleichtert, nicht gelangweilt, sondern gestresst. Sie knirschte mit den Zähnen.

„Die Bemerkung über Jupiter", sagte sie „Wahrheit oder Lüge?"

Die Bemerkung über Jupiter? Es dauerte einige Sekunden, bis ihm schlagartig wieder bewusst wurde, was er gesagt hatte. Levin öffnete den Mund, aber bevor etwas über seine Lippen kam, kehrte Anka zurück – äußerst selbstsicher.

„Er ist nicht Asmus' Sohn", sagte sie.

Levins Magen sackte zu den Knien und Veras Brauen schoben sich nach oben. „Tatsächlich?"

Anka räusperte sich. „Anscheinend hat Asmus wirklich einen Sohn, das Alter könnte auch stimmen, aber der Sohn wurde enterbt und verjagt, deswegen ist er zum Militär gegangen – in der Hauptstadt." Sie zeigte auf Levin. „Wir befinden uns offensichtlich weitab der Hauptstadt. Und er ist Zivilist, das hat er mehrmals betont."

„Das war eine Lüge", schoss es aus Levin hervor. Er presste die Lippen zusammen. Sowohl Vera als auch Anka verengten ihre Augen. Er redete sich um Kopf und Kragen.

„Ich bin Soldat", sagte er kleinlaut. *Gewesen*, fügte er in Gedanken hinzu.

„So?" Anka verschränkte die Arme und wandte sich zu Vera. „Ich würde vorschlagen, wir halten uns hiermit nicht länger auf."

„Ich bin wirklich Asmus' Sohn!" Levin sah Vera an.

Sie wirkte unentschlossen.

Anka trat näher zu ihr. „Ich habe nach Merkmalen gefragt", sagte sie. „Asmus' Sohn hat ein Marsmal." Sie tippte sich auf den Nacken. „Hier."

Das. Das war der Lichtblick.

„Ich hab dort ein Marsmal!"

Anka blitzte ihn an. Mit energischen Schritten ging sie um ihn herum. „Du willst mich doch ver–" Sie hielt inne.

Ein paar Sekunden hörte Levin sie atmen.

„Er hat es", sagte Anka.

„Er hat es", wiederholte Vera dünn. Sie sah Anka an, dann Levin, beide mit großen Augen. Dann wandte sie sich ab und zwickte ihren Nasenrücken. „Ich fasse es nicht."

Eine ganze Weile stand sie so da. Weder sie noch Anka sagten etwas, und so schien Pebas wieder lauter. Es waren weniger Schreie geworden, und sie waren nun weiter weg, aber immer noch spiegelten sie Levins Schicksal wider.

„Vera", sagte Anka schließlich. „Ich verstehe nicht, wieso das von Bedeutung ist. Du hast ausdrücklich gesagt, wir nehmen keine Gefangenen."

Vera lachte einmal freudlos auf. Anka sah sie verwirrt an.

„Er ist kein Gefangener." Vera machte einen Schritt auf Levin zu. Unwillkürlich wich er zurück. „Er ist das Kind von Asmus. Er ist achtzehn Jahre alt. Schau ihn dir an." Sie zeigte auf sein Gesicht, auf seine Augen, dann wandte sie sich Anka zu, den Finger immer noch auf Levin gerichtet.

„Ich kenne ihn."

NACHMITTAG, PEBAS, MARSNATION

DAS GESCHREI WAR ABGEEBBT. GELEGENTLICH knarzte Holz, aber abgesehen davon war es schon seit einer ganzen Weile still. Felix hatte keine gute Entschuldigung, warum es so unverschämt lange dauerte, bis er wieder auf die Beine kam.

Durch das zerbrochene Fenster schienen die Straßen leer – leerer als vorhin zumindest. Noch fünf, vielleicht zehn Minuten gab er sich, dann lief er an der halb aus den Angeln gerissenen Tür vorbei nach draußen.

Die Hütte war schon vorher kaputt gewesen, daher offensichtlich kein gutes Versteck. Felix war erst dort hineingegangen, nachdem sie Soldaten sie kontrolliert hatten – ansonsten wäre vielleicht noch jemand auf die Idee gekommen, *ihn* da herauszuzerren. Es wäre nicht das erste Mal, zumindest gab es eine ähnliche Situation, und das war das Problem.

Wie Felix jetzt draußen stand – umgeben von ominöser Ruhe – kam er sich plötzlich albern vor. Er hätte Nev letzte Nacht das alles nicht erzählen sollen. Nicht nur war es peinlich gewesen, nein, jetzt war auch noch alles wieder frisch in seinem Gedächtnis.

Nun, damit musste er jetzt klarkommen.

Hier, nahe der Mauer, hatten selbst für die Verhältnisse der Stadt kaum Menschen gewohnt. Aber umso weiter Felix den Straßen folgte – und er wusste, das musste er –, desto mehr Häuser und desto mehr unschöne Dinge erstreckten sich über den Boden.

Es ist wirklich vorbei, war Felix' erster Gedanke. *Ob man die hier einfach so liegen lässt?*, war sein zweiter. Der Anblick von toten Marsgeborenen war einfacher zu ertragen als der von lebenden, schreienden und sterbenden. Er war auch einfacher zu vermeiden.

Felix musste zur Armee aufschließen. Am besten eine kleine Menge finden und so unauffällig wie möglich darin abtauchen. Rein theoretisch hatte er den Dienst verweigert. Ob man ihm abkaufen würde, dass er sich krank fühlte, dass ihm schlecht geworden war? Dass er einfach umgefallen war? Er legte sich Symptome zurecht und plante eine überzeugende Geschichte, während er durch die toten Gassen schlich und den Kopf dabei hoch genug trug, den Boden nicht sehen zu müssen.

Tiefer in der Stadt stolperte Felix endlich wieder über menschliches Leben. Ein paar Soldaten wuselten durch einen runden Straßenkomplex, öffneten Türen, sofern noch welche vorhanden waren, betraten die Häuser und kamen wenig später wieder heraus. Das nächste Haus, die nächste Tür. Sie suchten offenbar Schlafplätze. Sie waren auf der Jagd nach dem kleinsten bisschen Komfort, und niemand wusste besser als Felix, dass sie den hier nicht finden würden. Natürlich würden sie nur die Nacht über hierbleiben, bis es zur nächsten Stadt ging und alles wieder von vorn begann.

Es schien ein begrenzter Bereich zu sein, in dem es sich die Soldaten bequem machen konnten. Auf ein paar Straßen, ein paar Ecken war der Boden geräumt. Das Blut auf dem Pflasterstein zeugte allerdings auch hier noch davon, was da gelegen hatte.

Aus einem der Häuser – beeindruckend breit und hoch für ein Haus der Marsnation – hörte Felix Stimmen und er blieb stehen. Er ging um das halbe Gebäude herum, bis er eine Tür fand, braun und holzig und abgesplittert wie alles andere auch.

Die Stimmen schwatzten durcheinander. Eine klarer, lauter als der Rest. Es mochte Erin sein und es klang offiziell. Gab es eine Versammlung? Immerhin stach das Gebäude schon von außen als geräumig hervor, vielleicht war es also eine Halle für genau solche Zwecke.

Felix wartete einen Moment, erinnerte sich an seine Ausrede, setzte ein elend krankes Gesicht auf und drückte den halbverfallenen Türgriff herunter.

Das Innere der Versammlungshalle war anders als erwartet. Zum einen war es wärmer, als der sonst kühle Nachmittag vermuten ließ, und zum anderen war es leerer, als die Geräusche den Anschein gemacht hatten. Es war wohl wirklich mal eine Versammlungshalle gewesen, eine richtige mit Tischen und Stühlen – mehr als Felix der Marsnation zutraute. Allerdings waren die Stühle alle in eine Ecke geworfen worden, und die wenigen Leute, eine Zahl zwischen zehn und zwanzig, saßen auf den Tischen, die zu einer Art Kreis zusammengerückt worden waren.

„… verlief besser, als wir uns erhofft hatten. Wesentlich besser", sagte General Vera gerade. Es klang nicht so, als hätte Felix viel verpasst. Darüber, ob das nun gut oder schlecht war, erlaubte er sich kein Urteil.

Da er hier sowieso auf die ein oder andere Art nicht unbemerkt durchkam, versuchte er es gar nicht erst und spazierte geradewegs durch den Raum und beantwortete die Blicke, die er sich dabei einfing, mit einem kränklichen Lächeln. Erin schüttelte den Kopf, sagte aber nichts, und auch Vera ließ sich nicht stören.

„Mir ist klar, dass es eine schwere Aufgabe ist, sowohl geistig als auch körperlich, aber für heute haben wir unser Ziel mehr als erfüllt", sagte sie zu den Soldaten.

Felix setzte sich nicht auf einen der Tische, sondern daneben. Nicht weil die Plätze besetzt waren, sondern eher, weil er hier so offensichtlich fehl am Platz war. Die Gesichter, die er kannte, waren allesamt Gesichter von Personen, die in irgendeiner Form wichtig waren. Neben Vera und Erin waren hier auch Anka und Isaac. Amari saß auf dem Tisch links von Felix und ließ sich die Rede von einem Soldaten aufschreiben, der Felix genauso unbekannt war wie der Rest. Auch Nev war allem Anschein nach nicht da.

„Weder Merkur noch Jupiter haben einen einzigen Toten zu beklagen", sagte Erin. Das Wort Tote ließ Felix wieder aufhören. „Und Pebas hat keine Lebenden mehr. So sieht es wohl aus, wenn die Jupiternation Krieg führt."

Vera schnaubte. Einzelne Jupitersoldaten johlten und ein Junge neben Vera schien förmlich zusammenzuschrumpfen. Erst jetzt fiel er Felix überhaupt auf.

Er umklammerte seine Knie, seine dreckige Hose, mit Armen, die von Blutergüssen bedeckt waren. Sein Gesicht war rot und verquollen. Er sah Felix an, aber seine Augen zuckten schnell in eine andere Richtung, als der den Blick erwiderte.

Für einen Moment schloss Vera die Lider – nur ein etwas längeres Blinzeln –, dann sprach sie weiter. „Wie es scheint, bin ich die Einzige, an der ein voller, makelloser Erfolg gescheitert ist."

Köpfe, die bis eben noch mit anderem beschäftigt waren, drehten sich nun zu ihr um. Es wurde stiller im Raum. Veras Miene war steinern.

„Ich denke, eine Entschuldigung wäre angemessen", sagte sie. „Es tut mir leid. Ausgerechnet ich habe heute einen Marssoldaten verschont."

Die Stille schlug in anschwellendes Geflüster um. „Sag bloß, sie befolgt ihre eigenen Befehle nicht", hörte Felix heraus.

Vera atmete tief ein und deutete auf den schmutzigen Jungen neben sich. „Ihn. Levin."

Für eine Sekunde kehrte die Stille zurück, dann hob sich der Geräuschpegel drastisch. Die Leute empörten sich, Erins Soldaten vermutlich mehr als Veras.

„*Das* ist ein Marssoldat?"

„Was soll das?"

„Man kann den doch nicht einfach hier sitzen lassen!"

„Hat sie ihn hier reingelassen?"

Irgendetwas kam Felix bekannt vor.

Der Junge, Levin, nagte sich die Lippe kaputt. Und trotzdem hatte Felix das Bedürfnis in den Chor mit einzustimmen. Er wusste nicht, was er sagen würde, aber er fühlte sich, als müsste er irgendetwas von der Seele bekommen.

„General, wieso?" Einer ihrer Soldaten war aufgestanden. Ein plumper Mann mit buschigen Augenbrauen.

Veras steinerne Miene lichtete sich nur, um zu seufzen, fast geschlagen. „Er ist mein Sohn."

Rundum gab es große Augen und ungläubig hochgezogene Brauen. Der vermeintliche Sohn gab nach wie vor keinen Ton von sich.

„Aber, General", rief ein Soldat. „Wie soll es denn überhaupt möglich sein – ein Marsgeborener?"

Vera sah ihn an und schürzte die Lippen. „Des Anstands wegen erzähle ich euch, dass er kurz nach der Geburt abhandengekommen ist, aber mehr gibt es meiner Meinung nach nicht zu wissen. Die genaueren Umstände gehen nur mich und ihn etwas an."

Das Murmeln riss nicht ab, war allerdings leiser geworden. Erin schien davon bereits gewusst zu haben. Ungerührt, aber mit verschränkten Armen, saß sie da.

„Die Situation ist folgende", sagte Vera, ohne ihren sogenannten Sohn anzusehen. „Er *ist* Teil der Marsnation und ich bin mir noch nicht sicher, was ich von ihm zu denken habe. Aber es scheint mir nicht richtig, mein Kind zu töten." Sie hielt inne. „Zumindest auf eine Art kann er sich als nützlich erweisen. Wir haben einen Informanten über die neuesten Entwicklungen in der Marsnation." Jetzt endlich wandte sie sich an ihn. „Oder?"

Er nickte schnell.

Die Soldaten sahen sich untereinander an. Es gab Getuschel, Schulterzucken. Ein paar schienen sich damit zufriedenzugeben, die meisten allerdings nicht.

Es war absurd, wirklich absurd, aber zugegeben: Sie hatten

beide blondes Haar, helle Augen und einen ähnlichen rosafarbenen Hautton.

Der Mann, der für Amari mitgeschrieben hatte, stand auf. Mit verschränkten Armen positionierte er sich vor seinem Tisch. „Wenn das so ist, dann sag doch mal, warum ihr so scheißviele Soldaten habt."

Jetzt war sich Felix halbwegs sicher, den Soldaten schon einmal gesehen zu haben. In Navoi, nach der Flucht aus Khansa. Berechtigte Frage also.

„Es ist wohl immer noch am besten, wenn wir möglichst zivilisiert bleiben", warnte Erin ihren Soldaten. Sie wirkte skeptischer als sonst, abschätzender. „Aber die Frage ist nicht schlecht", sagte sie mit einem Blick Richtung Levin.

„Also ... wir ..." Levin schien ein Stück zu schrumpfen. „Wir haben nicht wirklich eine Wahl?"

Felix konnte es sich beim allerbesten Willen nicht verkneifen, einmal laut aufzulachen. „Nein!", rief er. „Sag bloß, ihr werdet zwangsrekrutiert?"

Erin blitzte ihn an, Felix hob die Hände, aber bereute nichts. Levin sah ein bisschen so aus, als hätte man ihm eine Ohrfeige gegeben.

„Nein, nicht wirklich", rang er sich ab. „Aber wer zur Armee geht, bekommt Essen und eine Unterkunft zur Verfügung gestellt. Die meisten von uns können sich das sonst nicht leisten." Er sah weder Felix an noch Vera noch sonst irgendjemanden, nur den Boden. „Ich ... wollte auch nie, ehrlich! Aber wenn ich nicht gegangen wäre, dann ..." Umso länger er redete, desto leiser wurde er. Vermutlich hatte er bemerkt, dass seine persönlichen Probleme niemanden kümmerten.

„Das kommt euch bestimmt nicht ungelegen." Erins Ton war nicht herablassend, sondern nachdenklich.

„Ja! Das passt euch ja gut in den Kram!", sagte der Soldat von eben. Zum einen hatte er wohl missverstanden, was Erin damit andeuten wollte, und zum anderen sah er nicht so aus, als würde er sich in naher Zukunft wieder setzten. Vermutlich war das der Grund, warum plötzlich eine Tafel mitsamt Kreide in Felix' Blickfeld hing.

Mit gerunzelter Stirn sah er Amari an. War sie krank? Anders konnte er es sich nicht erklären, dass sie ihm ihre Tafel gab, wenn doch genug andere Optionen im Raum waren. Tatsächlich sah sie nicht besonders gut aus. Sie schaute Felix nicht einmal direkt an, wirkte abwesend, und zudem wirklich, wirklich erschöpft.

Felix nahm die Tafel.

Viele Marssoldaten, weil sie sonst Hunger haben, schrieb er auf.

Um lesen zu können, drehte Amari ihren Kopf ein paar Zentimeter nach rechts. Sie starrte eine Weile auf die krakeligen Buchstaben, dann stützte sie das Kinn in die Hände und schaute nach vorn.

„Nein, es kommt nicht ungelegen", gab Levin zu. „Ich … also …" Er stoppte, atmete flatternd ein und aus und begann von vorn. „Ich glaube, dass absichtlich nichts gegen die Armut unternommen wird. Wegen der Soldaten. Weil wir viele brauchen."

Felix schrieb für Amari auf. Er hatte keinen Zweifel daran, dass Asmus so etwas tun würde.

Amari sah nur flüchtig auf die Tafel, schien nicht wirklich zu lesen. Stattdessen sagte sie etwas. Das Erste, was sie an diesem Nachmittag sagte. Ihrer belegten Stimme zufolge hätte es sogar das Erste an diesem Tag sein können. Ihr Blick lag erst auf Levin, dann sah sie Felix an. „Kommt er dir bekannt vor?"

Felix sah zu Levin, der sich Kopf und Kragen stammelte, dann zurück zu Amari. Er schüttelte den Kopf.

Amari runzelte die Stirn und wandte sich wieder ab.

„Mars hat also eine Wirtschaftskrise", sagte Vera. „Nicht überraschend."

Erins skeptischer Blick schien auf Levin festgewachsen zu

sein. „Wenn ihr viele Soldaten habt, warum beschützt ihr eure Mauer nicht? Warum waren hier fast nur Zivilisten?" Halb schien sie die Antwort schon zu kennen.

„Ich weiß nicht, warum hier so wenig Soldaten waren, wirklich nicht", sagte Levin.

Kurzes Gemurmel, dann eine Stimme lauter und deutlicher als die anderen:

„Es könnte eine Falle sein." Das war Anka.

Der ganze Raum sah sie an, dann Levin, gespannt, was er dazu sagen würde. Levin schien sich dem durchaus bewusst zu sein.

„Ich weiß nicht, wir ..." Seine Augen zuckten immer wieder hin und her, dann blieben sie stehen und öffneten sich weit. „Wir haben eine zweite Mauer."

„Eine zweite Mauer." Vera schob die Brauen zusammen.

„Ja", sagte Levin. „Falls die erste fällt. Die zweite ist ßer." Er starrte auf seine Hände. „Vielleicht ... war es von Anfang an geplant, schwächere Leute im Fall eines Angriff hierher abzuschieben. Und die Nützlichen zurückzuziehen. Ich weiß nicht."

Felix schrieb auf.

Amari sah auf seine Worte, er konnte ihren Kiefer nicht nur mahlen sehen, sondern auch hören.

„Wozu soll das gut sein?", fragte ein Jupitersoldat.

„Um bei der zweiten Mauer mit allem zuzuschlagen, was sie haben", antwortete Vera und blickte starr geradeaus, vielleicht etwas zerknirscht. „Während wir das Kleinzeug erledigen, bauen sie ihre Verteidigung an der großen Mauer auf, für die *Wichtigen*. Und dabei werden sie gleich noch Leute los, die sie nicht mehr füttern können – oder wollen."

Erin schnaubte. „Dann haben wir ja einen interessanten Kampf vor uns."

„Nichts, womit wir nicht fertigwerden", sagte Vera und wandte sich an Levin. „Du weißt nicht zufällig, mit wie vielen Soldaten wir es zu tun bekommen?"

Er schüttelte verunsichert den Kopf. „Aber auch ohne den Rückzug könnten es mehr geworden sein. Sie haben das Mindestalter runtergesetzt."

Gemurmel.

„Von welchem Alter sprechen wir?", fragte Erin.

Levin antwortete nicht gleich. „Vor Kurzem lag es bei vierzehn."

Das hätte Felix ihr auch sagen können.

Das Mindestalter in Mars war 14, schrieb er Amari trotzdem auf. Sie sah die Buchstaben länger an, als sie es bei dem kleinen Satz musste. Ihre Stirn legte sich in Falten.

„Und?", fragte Erin. „Was ist es jetzt?"

„Jetzt", sagte Levin und kaute auf seiner Unterlippe, „jetzt ist es zwölf."

Hier und da sog jemand die Luft ein, dann war es still. Man hätte genauso gut gar kein Mindestalter haben können.

Felix schrieb es für Amari auf und sie starrte ihn an. ‚Zwölf?', machte ihr Mund.

Er nickte.

„Wann wurde das runtergesetzt?", fragte Erin.

„Erst vor Kurzem, es war erst ..." Levin hielt inne, als würde ihn sein eigenes Wissen erschrecken. „Vorgestern."

„Bist du sicher?"

„Da wurde es verkündet. Zumindest da, wo ich war."

„Vorgestern", wiederholte Erin und kniff die Augen zusammen. „Vorgestern, vielleicht früher haben sie das Mindestalter runtergesetzt. Und die brauchbaren Leute hatten sie schon aus Pebas rausgeholt, bevor wir angekommen sind." Sie drehte den Kopf zu Vera.

Vera nickte. „Sie hatten gewusst, dass sie bald mehr Soldaten brauchen. Sie hatten gewusst, was wir vorhaben. Und der Evakuierung zufolge müssen sie sogar gewusst haben, *wann* wir angreifen würden."

Erneut machte sich Stille im Raum breit. Blicke wanderten ratlos umher. Es dauerte eine Weile, bis jemand aussprach, was alle dachten.

„Wir haben hier also einen Spion."

Es kam von Isaac. Er stand auf, ließ seinen Blick über die Menge schweifen und starrte dann unverhohlen Löcher in Felix. „Und ich hab auch schon eine Idee, wer das sein könnte."

„Wirklich, Isaac? Schon wieder ich?", fragte Felix.

„Ja, wirklich." Isaac trat einen Schritt nach vorn, verschränkte die Arme und hob das Kinn. „Es ist offensichtlich, dass wir einen Maulwurf in unseren Reihen haben." Seine Mundwinkel zuckten. „Und wer käme als Maulwurf infrage, wenn nicht du?"

Felix spürte die meisten Augen des Raums auf sich ruhen.

„Das ist nicht dein Ernst", sagte er. Fast hätte er Isaac tatsächlich gesiezt, aber so einfach gab er sich nicht geschlagen.

Isaacs Augen verengten sich ein wenig. „Mein voller Ernst", erwiderte er. „Es gibt in der ganzen Armee keine einzige Person, die ein Marsmal hat. Außer dir."

Die Umsitzenden begannen zu tuscheln. Jetzt wusste es der ganze Raum. Ekel breitete sich in Felix' Brust aus. Er schloss kurz die Augen und atmete. Als er sie wieder öffnete, lachte er ein bisschen. „Du willst mir bestimmt nicht unterstellen, dass ich für Mars arbeite. Für Asmus."

„Niemand anderes hätte ein Motiv", sagte Isaac. „Niemand anderes hat jemals für Mars gekämpft. Vielleicht ist da was hängen geblieben und es war gar nicht so furchtbar, wie du behauptest." Er presste die Handflächen zusammen und hielt sie sich an die grinsenden Lippen. „Vielleicht fühlst du dich ja doch Mars *zugehörig*."

Jetzt verschlug es Felix die Sprache. Er bekam kein Wort heraus.

„Ich hab ihn weder in Khansa noch in dieser Schlacht irgendwo gesehen", sagte Isaac zu dem Publikum, dass er sich soeben geschaffen hatte. „Ich wäre nicht verwundert, wenn er ein Spion wäre, und es würde mich auch nicht wundern, wenn er Erin oder General Vera irgendwann zum Verhängnis wird." Er zeigte auf Felix. „Ich glaube nicht, dass er das Wort Treue kennt. Wenn es ihm gerade passt, hüpft er von Nation zu Nation, wie eine Hure." Jetzt drehte er sich zu Felix um und sah ihm direkt in die Augen. „Was natürlich auch nicht überraschend ist, wenn man bedenkt, dass er von der Venusnation kommt."

Felix' Mund stand offen. „Ich glaube, das willst du zurücknehmen."

„Oh, ich glaube, nicht", sagte Isaac spitz. „Du versuchst es ja nicht einmal abzustreiten. Du würdest es uns allen einfacher machen, wenn du endlich gestehst." Dann wandte er sich zum Rest des Raumes. „Er kann mit bloßen Händen töten, wir würden den Angriff nicht mal kommen sehen."

„Was soll ich denn gestehen?" Gegen Ende des Satzes wurde Felix bedeutend lauter. Schnell senkte er die Stimme. „Das glaubst du doch selbst nicht."

„Natürlich tue ich das. Vor allem, wenn du jetzt noch aggressiv wirst. Alle Indizien deuten auf dich, Venus." Er zuckte die Schultern. „Oder Mars."

Ein Schauer rann Felix den Rücken herunter. Wut, Ekel, vielleicht beides.

„Indizien", wiederholte Felix. „Was denn für Indizien? Ich könnte ein Kind aus einem brennenden Haus ziehen und das würde mich für dich verdächtig machen!"

„Genau das würde jemand sagen, der sich schuldig gemacht hat."

„Verdammte Scheiße, ich habe Mars keine Informationen geliefert!"

„Eine *lügende* Hure."

Eine Weile sah Felix ihn an, dann schnalzte er mit der Zunge. „Isaac." Er brodelte, seine Hände bebten, trotzdem durfte er ihm keinen Vorwand geben. „Ich fasse es nicht, dass ich das sagen muss, aber ich kann Mars *wirklich nicht* gut leiden. Das könntest sogar du verstehen."

„Genug jetzt", sagte Erin scharf, aber was sich in diesem Raum abspielte, konnte wohl kaum noch gestoppt werden.

Isaac sah unverwandt Felix an. „Welchen Grund haben wir, dir zu glauben?", fragte er. „Ich hasse Mars, ja wirklich. Aber weißt du was?" Er lächelte. „Im Vergleich zu Venus ist die Marsnation geradezu tugendhaft. Die haben wenigstens noch so was wie Kampfgeist, anstatt sich den ganzen Tag totzuvögeln. Eigentlich ist es schade, dass Mars sie rekrutiert hat, anstatt einfach alle abzuschlachten."

„Ich bring dich um."

Es war nicht mehr als ein Flüstern gewesen, aber Felix hatte es gesagt. Er hatte es gesagt und Isaac hatte es gehört. Sein Mundwinkel zuckte.

„Was? Ich hab dich nicht ganz verstanden." Mit drei großen Schritten stand Isaac vor Felix und blickte auf ihn herab. Er verschränkte die Arme, das Zucken wurde zu einem selbstzufriedenen Grinsen. „Willst du dich vielleicht wiederholen?"

Felix ballte seine linke Hand zur Faust, sodass seine Nägel ihm in die Handfläche stachen. Er stand auf, begab sich auf Augenhöhe mit Isaac und rief in sein Gesicht: „Ich hab gesagt, dass ich dich hier und jetzt umbringen könnte, wenn ich wollte!"

Isaac starrte Felix an, mit einem so wütenden Gesicht, wie Felix selten eines gesehen hatte – aber die Überraschung konnte er nicht ganz verbergen. Als Isaac nach unten schaute und sah, dass sich Felix' bleiche Finger in einen seiner verschränkten Arme gekrallt hatten, weiteten sich seine Augen.

Hastig stieß er Felix von sich und machte gleichzeitig einen Schritt zurück. Felix stolperte rückwärts, hielt sich aber auf den Beinen. Er sah in die Runde. Ausnahmslos jedes Augenpaar war auf ihn gerichtet. So mancher Mund stand offen. Erin schüttelte den Kopf und Anka hatte vorsichtshalber ihre Hand auf die Axt an ihrem Gürtel gelegt.

„Da habt ihr's", sagte Isaac lediglich.

ABEND, PEBAS, MARSNATION

ER WUSSTE ES. ER WUSSTE, WER die zwei waren. Levin war sich sicher.

Zuerst der, der aussah wie ein Gespenst. Felix, hatte die Glatzköpfige ihn genannt. Levin war sich sicher, nein, er war überzeugt, dass er ‚Felix' schon einmal gesehen hatte, und er wusste auch, wo.

Er war im Wald gewesen, die Nachtwache auf der Lichtung.

Und eben hatte er dem anderen Soldaten gedroht – ohne eine Waffe in der Hand. An der Vermutung gab es nichts mehr zu rütteln: Felix war der, auf den Levin geschossen hatte, der sich totgestellt hatte und der schließlich dem anderen Bogenschützen den Garaus gemacht hatte – und er war Venusgeborener. Levin schauderte und fragte sich, wie viel Wiedererkennungswert er wohl selbst besaß – und wie nachtragend Felix war.

Aber da gab es noch ein viel größeres Problem.

Wenn Felix die Nachtwache war, dann war das Mädchen, mit dem Levin ihn hatte reden sehen, das Mädchen mit dem lockigen Haar – dann war sie der *Schatten?*

„Die Krankenstation", sagte Vera und riss Levins Gedankenstrang ab. „Wie sieht es mit der Krankenstation aus?"

Levin fuhr sich mit dem Handrücken unters Kinn und malte damit dicke rotorange Streifen auf seine Haut. Natürlich blutete es noch.

In den letzten Stunden war er von zahllosen Füßen niedergetrampelt worden, war von einem Dach gefallen und hatte beinahe seinen Arm gebrochen bekommen. Die Krankenstation wäre jetzt vielleicht gar keine schlechte Idee, aber das war nicht, was Vera meinte.

„Danke", nuschelte Levin und er meinte es ernst. Wenn er nicht starb, musste er sich nützlich machen, und er war Vera wirklich dankbar, dass sie ihn nicht als Soldat einstellen wollte, obwohl er einer war. Die Krankenstation war eine gnädige Option.

„Beim Kampf gegen Mars wirst du mir ja wahrscheinlich nichts nützen", sagte sie.

Levin schluckte trocken.

Er sollte erleichtert sein. Ob Vera nun wirklich seine Mutter war oder nicht, war ihm vollkommen egal, aber solange sie dieser Meinung war, würde er nicht sterben. Es war ein Privileg – ein unfassbares Privileg und Levin war der Einzige, der es hatte. Sonst niemand.

Er schluckte noch einmal, das belegte Gefühl in seinem Hals wurde er nicht los.

Der Raum, in dem Levin noch vor Kurzem von allen Seiten mit Fragen beschossen worden war, war nun unangenehm still. Bis auf ihn und Vera hatten sich die anderen zurückgezogen. Vera war einfach sitzen geblieben, nachdem sie die Runde aufgelöst hatte, und was blieb Levin schon anderes übrig, als dasselbe zu tun. Nun waren sie allein, Vera lief im Raum auf und ab, und Levin fühlte sich aus ganz verschiedenen Gründen unwohl.

„Sag mal", begann Vera, blieb stehen und beobachtete ihn mit steinernen Augen. „Was hat er dir erzählt? Von mir."

Levin blinzelte einen Moment. „Nichts. Ich meine … nicht viel, er hat nicht viel mit mir geredet." Er sammelte sich, atmete tief durch und begann von Neuem. Als er sprach, sah er auf seine Füße. „Ich wusste, dass meine Mutter Jupitersoldatin war. Das hat er mir erzählt."

Zur Genüge hatte er das getan. Sein Vater hatte sich oft genötigt gesehen, Levin daran zu erinnern, dass er eine Vereinigung von Blut war, das sich nie hätte vereinigen dürfen. Dass er ein Verbrechen gegen Gott und seine Zusammensetzung eine Schande war, von der niemand etwas erfahren durfte, wollte er in der Marsnation überleben.

„Er hat auch gesagt, meine Mutter wäre tot", fügte Levin hinzu und dachte zu spät daran, dass er das vielleicht nicht hätte sagen sollen. Was, wenn Vera jetzt der Meinung war, dass sie sich doch geirrt hatte?

„Tot", wiederholte sie. Ihre Lippen formten eine dünne Linie.

Levin nickte.

„Was noch?"

Er kramte in seinem Gedächtnis. „Nichts. Sonst nichts ... Er hat nur gesagt, dass er zu Zeiten des Grünen Sturms eine Jupitersoldatin geliebt hätte."

Vera sah ihn ausdruckslos an. So lange und so eisig, dass Levin sich instinktiv kleiner machte.

„Sollte mich nicht überraschen", sagte sie schließlich. „Er hat auch damals nicht zu seinen Taten gestanden."

Eine böse Vorahnung bereitete Levin Magenschmerzen.

„Tut mir leid, wenn ich deine Illusion zerstöre, Levin", sagte Vera. „Aber du bist nicht aus Liebe entstanden, nicht mal annähernd."

Levin starrte sie an. Sein Mund war leicht geöffnet und weder bekam er ihn wieder zu noch kam etwas heraus. Es war, als hätte sie ihn in einen eiskalten Fluss gestoßen, aber er brauchte ewig, bis er versank.

„So überrascht?", fragte Vera. „Traust du ihm das nicht zu?"

Ein paar Sekunden vergingen, bis Levin bemerkte, dass es keine rhetorische Frage war. Vera wollte eine Antwort. Levin starrte auf seine Hände.

„Ich weiß nicht", sagte er.

Vera sah ihn prüfend an.

„Ich war sechsundzwanzig, als Mars uns damals angegriffen

hat. Du weißt – all die Ereignisse, die zum Grünen Sturm geführt haben."

Levin nickte betäubt.

„Unglücklicherweise habe ich in den Außenbezirken gelebt. Dort, wo sie die ersten sinnlosen Gefangenen gemacht haben. Ich war natürlich keine Generalin. Nicht einmal Soldatin." Mit einer Hand zeigte Vera grob entlang ihres Körpers. „Wenn man so geboren wird, überlässt man die Armee lieber anderen Leuten, nicht?"

Sie schnaubte belustigt, dann wurde ihr Gesicht wieder ernst. „Also, ich war eine ganz normale Bürgerin. Was glaubst du, wie lange es gedauert hat, bis ich wieder rausgekommen bin? Bis meine Nation den Sturm vom Zaun gebrochen und die Gefangenen befreit hat?"

Levin sah an ihr vorbei und hob hilflos die Schultern. Immerhin verlangte sie diesmal keine Antwort von ihm, sondern gab sie selbst.

„Über ein Jahr war ich in Kriegsgefangenschaft der Marsnation", sagte sie. „So lange hat es wohl gedauert, bis sie endlich versehentlich jemand wichtigen verschleppt haben und meine Leute es für nötig hielten, einzugreifen. Über ein Jahr."

Levin presste die Lippen zusammen.

„Und Asmus? Dein *Vater?*" Sie schnipste mit den Fingern. „Gefängniswärter. Hat er dir das je erzählt?"

Levins Blick klebte an seinen aufgescheuerten Fingern und blutigen Nägeln. „Ich wusste, dass er Wachmann gewesen war. Aber nicht, wo." Er konnte sich denken, worauf Vera hinauswollte, und fragte sich, ob sie es absichtlich so quälend in die Länge zog.

„Ja, er war Gefängniswärter. Einflussreiche Eltern. Tolle Aufstiegschancen im Leben, wie du ja sehen kannst. Er hat nur ein bisschen praktische Erfahrung gebraucht. Und Gefängniswärter sein? Das ist einfach, besonders für einen grausamen und feigen Mann wie ihn. Er hat mir erzählt, damals, dass ihm das alles irgendwann gehören würde. Ich hatte keine Ahnung, was er mit ‚das alles' meinte und ich hatte keine Ahnung, dass mehr dahintersteckte als heiße Luft."

Vera schüttelte den Kopf. „Und jetzt stell dir vor, rund achtzehn Jahre später bin ich im Militär, habe mich bis zum General-Status hochgearbeitet – was nicht einfach ist, wenn man das Ritual nicht gemacht hat – und ich höre von den grausamen Methoden, die die Marsnation an den Tag legt und ich denke mir: Könnte es sein?" Sie breitete die Arme aus. „Und tatsächlich. Es ist tatsächlich *er*. Ich dachte, es wäre alles vorbei, aber das ist es nicht. Der Unterschied jetzt ist allerdings, dass ich in der Lage bin, gegen ihn vorzugehen. Und es wäre unverantwortlich, wenn ich es nicht täte."

Levin sagte nichts. Was sollte er auch sagen? Es gab nichts, was er sagen konnte.

„Oh nein." Vera sah ihn an. Von einem auf den anderen Moment schien sie elendig müde zu sein. „Du heulst jetzt aber nicht, oder? Ich werde mich nicht dafür entschuldigen, was ich über deinen Vater sage."

„Nein", murmelte Levin. Er wischte sich über die Augen, aber sie waren überraschend trocken. „Ich ... hänge nicht wirklich an ihm."

Eine lange Weile spürte er Veras Blick auf ihm brennen.

„Es liegt an ihm, oder?", fragte sie. „Dass du so ... *so* bist."

Levin knirschte mit den Zähnen. Er schwieg, sah Vera nicht an und kratzte sich langsam am Oberarm. Wenn er Glück hatte, würde sie das Thema wechseln.

Glück hatte er selten. Vera kam näher – immer noch mit dem gleichen prüfenden Blick. Das wusste Levin, obwohl er immer noch sein Möglichstes tat, sie nicht anzusehen. Jetzt, da sie direkt vor ihm stand, blickte er wenig subtil nach links.

„Hat er dich geschlagen?"

„Nein", sagte Levin und sah sie an, überrascht. Noch einmal sagte er „Nein", dieses Mal mit Kopfschütteln.

Vera schien es ihm nicht abzukaufen.

„Ich hab ihn nicht so oft gesehen", legte Levin nach. „Er war nur selten da."

Vera hob eine Braue. „Warst du allein?"

„Nein", sagte Levin, „ab und zu kam jemand zum Putzen."

„Was hast du den ganzen Tag gemacht?"

„Ich ... weiß nicht? Es gab nicht wirklich viel zu tun."

„Asmus muss doch stinkreich sein. Hattest du kein Spielzeug?"

„Nein."

„Freunde?"

„Nein."

„Bist du nicht mal rausgegangen?"

„Das war nicht sicher."

„Irgendwas gelernt?"

„Nein."

„Nein?" Für ein paar Sekunden hielt Vera inne. „Kannst du lesen?"

Levin gab ihr ein wackeliges Lächeln und schüttelte den Kopf.

Vera sah ihn eine Zeit lang an, dann ließ sie es darauf beruhen und seufzte. „Da hätte ja selbst ich einen besseren Job gemacht." Sie setzte sich auf den Boden, gelehnt an das Bein von Levins Tisch.

Er antwortete nicht.

Nichts als Schweigen, für gute zwei Minuten.

„Ich konnte nichts tun", sagte Vera. „Er hat dich mitnehmen lassen, kaum dass du geboren warst. Er hat gesagt, dass er auf keinen Fall ‚Jupiterbrut' in die Welt setzt." Sie schüttelte den Kopf. „Ich hätte nie gedacht, dass du aufwächst. Ich kann mir beim besten Willen nicht erklären, wieso er dich hat aufwachsen lassen."

Levin schwieg.

„Wenn ich so drüber nachdenke, hättest du ohne dein Jupiterblut nicht mal die Geburt überstanden", sagte Vera. „Ich sicher auch nicht, die Zustände waren widerlich. Das ist doch eine nette Ironie, oder?"

Levin nickte langsam, obwohl Vera es vermutlich nicht sah.

„Er hat ein Kind gebraucht", sagte er dann. Er hatte nicht geplant, es zu sagen, und war sich nicht sicher, warum er es jetzt tat. „Seit Mars den Willen Gottes wieder verfolgt, ist es fast unmöglich, ohne Kinder aufzusteigen. Wir brauchen so viele Soldaten wie möglich, und wer keine Kinder hat, vernachlässigt seine Pflichten. Vermutlich hat er deswegen ..." Levin holte tief Luft. „Er brauchte mindestens eins, um es hin und wieder mal vorzuzeigen." Das gleiche wackelige Lächeln wie vorhin. „Zumindest bis er da war, wo er sein wollte."

„Verstehe", sagte Vera, mehr nicht.

Jetzt schwiegen beide. Vera verlagerte ihr Gewicht. Levin gab sein Bestes, seine Augen offen zu halten.

„Eigentlich sollte ich dich hassen", sagte Vera. „Oder du solltest mir zumindest vollkommen gleichgültig sein."

Levin sagte nichts.

„Eigentlich war es nicht richtig, was ich getan hab. Vielleicht hätte ich dich töten sollen, auch als ich wusste, dass du mein Sohn bist. Oder vielleicht gerade deshalb."

Ein paar Augenblicke Stille.

„Du hast Glück, dass du mir ähnlicher siehst als ihm, denke ich."

Draußen war es mittlerweile dunkel. Es war ein Tag gewesen, an dem genug passiert war, dass es für ein Leben reichte.

ABEND, FLAUGE, MARSNATION

IRA GÄHNTE – EIN VERSUCH ihres Körpers, an frische Luft zu kommen. Die, die in der überfüllten Kaserne herumschwaderte, war heiß und zum Zerschneiden dick. Der Lärm bereitete ihr Kopfschmerzen.

Obwohl der Raum bis zum Bersten gefüllt und alle Stühle, Tische *und* der Boden von Soldaten besetzt waren, saß Ira allein.

Das mochte an ihr als Person liegen oder an dem mürrischen Blick, den sie seit Tagen nicht abschütteln konnte. Jetzt, in diesem Moment, war er wie die Blicke aller anderen in das Zentrum des Raumes gerichtet, auf die Person, die dort wie ein Tiger im Käfig auf und ab lief: Asmus.

„Ich wünschte natürlich, dass wir uns unter angenehmeren Umständen treffen würden, aber dafür ist in der Zukunft, nach weiteren Erfolgen, noch viel Zeit", sagte er. Kurz hatte er ein leichtes Lächeln auf den Lippen, dann wurde er ernst. „Tatsächlich wird es bald Gelegenheit für große Taten geben. In den äußersten Rändern unsere Nation haben sich Feinde eingenistet."

Er schritt weiter auf und ab und machte dabei zumindest Ira nervöser als nötig.

Asmus war ein wohlgenährter Mann mit schütterem Haar und milchiger Haut. Man sagte, dass sie öfter ins Grünliche wechsele, was mehreren Lebensmittelunverträglichkeiten zuzuschreiben sei. Ira schätzte ihn auf Ende vierzig, vielleicht fünfzig, und das nur anhand von Levins Alter. Oft genug war es schwer, ihn bloß als

Leiter der Armee zu sehen, und nicht als den Mann, der einen zwölfjährigen Levin ohne Wissen, wie die Welt funktionierte, vor die Tür gesetzt hatte.

„Wie ihr vermutlich wisst, denn deswegen seid ihr hier, wurden heute Morgen Pebas im Westen und Sahr im Osten angegriffen." Asmus hielt inne, für ein paar Sekunden verharrte er in der gleichen Position. „Von der Merkur- und der Jupiternation, die sich entgegen jeder Wahrscheinlichkeit zusammengeschlossen haben."

Wie eine Welle ging lautes Gemurmel durch die Kaserne. Er hatte es gesagt. Jetzt war es offiziell. Alles kam so, wie Levin es befürchtet hatte.

Der war hoffentlich jetzt ganz woanders. Weit weg von der Marsnation, lange bevor der Angriff stattgefunden hatte. Sonst würde er im Jenseits aber was zu hören bekommen.

Ira stützte den Kopf in die Hand. Dass sie hier sterben würde, war ihr schon klar gewesen, als Levin sie in der Menschenmenge beiseitegezogen hatte. Schon da hatte sie die Entscheidung getroffen. Sie würde mit Würde und für Mars sterben, für ihre Familie auch. Anders wollte sie nicht abtreten.

„Ja, die Gerüchte sind wahr", sagte Asmus düster. „Ich bin ehrlich erschüttert, dass sie so weit gehen würden. Dass sie den Willen der Götter nicht nur ignorieren, sondern mit Füßen treten." Er blieb stehen und blickte in die Runde, hauptsächlich zu den Soldaten, die vor ihm saßen. „Sie haben zwei Nationen vermischt, nur um uns abzuschrecken, nur um uns kleinzuhalten. Ich frage euch: Werden wir uns davon einschüchtern lassen?"

Ein einstimmiger Chor antwortet mit „Nein!"

„Werden wir zulassen, dass sie sich hier weiter ausbreiten? In unserem Gebiet?"

„Nein!"

Die Menge war aufgekratzt, Asmus war souverän. Stolz nickte er vor sich hin, bis er wieder sprach. „Ganz genau. Als sie ankamen, waren Sahr und Pebas längst leere Hüllen. Wir sind ihnen einen, nein zwei, nein *fünf* Schritte voraus. Sie können uns nichts in den Weg werfen, mit dem die Marsnation nicht fertigwird."

Ira kaute an ihren Fingernägeln. Sie hatte ein schlechtes Bauchgefühl. Tatsächlich gab es so einige Dinge, mit denen die Marsnation bis jetzt nicht fertiggeworden war.

„*Unsere* Soldaten sind kaum gefallen, nein, und in hoher Zahl erwarten sie die Feinde an der großen Mauer." Er breitete die Arme aus. „Dort, meine Freunde, wird dem Versuch, in unsere Nation vorzudringen, ein zügiges Ende bereitet werden. Sie werden den geballten Kampfgeist der Marsnation zu spüren bekommen!"

Soldaten jubelten und johlten.

Asmus nutzte den Aufschwung. „Wir werden sie nicht nur aus unserem Land vertreiben!", rief er. „Wir werden sie bis in ihr Territorium verfolgen, wir werden sie letztendlich so weit zurückdrängen, bis von ihrem Land kein Zentimeter mehr übrig bleibt! Die Marsnation – allein und ohne fremde Hilfe – wird es sein, die sie für ihre Verbrechen strafen wird!"

Die Lautstärke wuchs und wuchs. Die Soldaten von Flauge jubelten, applaudierten und beschwerten sich, dass sie nicht dabei sein konnten.

Ira kaute immer noch an ihren Nägeln, mit der anderen Hand trommelte sie auf den Tisch. Asmus' Worte waren anspornend, anfeuernd, irgendwie auch beruhigend, aber Ira fühlte sich zu schwer, um sich davon tragen zu lassen. Es klang zu einfach, zu gut – und es ging gegen alles, worüber Ira in den letzten Tagen hatte nachdenken müssen.

Wenn sie einen Gegenangriff starten, überleben wir das nicht, keiner von uns. Jupiter ist zu mächtig. Diesmal kommen wir da nicht mehr raus.

„Ähm, Entschuldigung." Ein Mädchen auf dem Fußboden, gleich in der ersten Reihe, hob ihre Hand. Sie rutschte hin und her, als säße sie auf spitzen Steinen. „Wenn ich fragen darf: Warum halten Sie diese Rede hier und nicht in Gusev?"

„Bitte?"

„Ich meine, sollten die Leute mit der Aufgabe, an der großen Mauer die Eindringlinge zurückzuschlagen, nicht eher diese Worte hören? Warum hören wir sie? Sie sagten doch, dass wir nicht kämpfen müssen."

Asmus musterte sie.

„Dies ist eine Rede, um euch zu versichern, dass ihr nichts zu befürchten habt", sagte er. „Hier in Flauge haben die Nachrichten ein wenig für Aufregung gesorgt und ich bin hier, um euch zu sagen, dass es keinen Grund dafür gibt."

„Sind Sie sicher, dass sie nicht weiter vordringen werden?"

„Willst du andeuten …" Asmus' Worte kamen schnell und klangen belegt. Er räusperte sich. „Willst du andeuten, dass wir der Jupiternation nicht gewachsen sind?"

Ein paar Soldaten neben dem Mädchen warfen ihr irritierte Blicke zu.

„Nein, das nicht!", sagte sie schnell. „Aber der … Was ist mit dem Grünen Sturm?"

Ira setzte sich auf.

„Der Grüne Sturm?", echote Asmus, eine gute Portion Überraschung in der Stimme. „Der Grüne Sturm ist heutzutage doch nichts anderes mehr als Propaganda derer, die Mars den Rücken gekehrt haben. Das eigentliche Ereignis liegt fast zwei Dekaden zurück, und was man sich heute davon erzählt, ist nichts als Panikmache. Eine Ausrede derer, die zu feige für den Kampf sind."

Ira runzelte die Stirn. Sie öffnete den Mund, schloss ihn aber wieder.

„Lasst es euch von jemandem sagen, der persönlich dabei war." Asmus wandte sich seinem größtenteils jungen Publikum zu. „Jupitergeborene sind keine Übermenschen. Die Opfer des Sturms? Nicht so viele, wie ihr glaubt. Die Zerstörung, das Chaos, der *Horror* des Grünen Sturms? Übertrieben. Ich war da und nichts davon war so schlimm, wie man es gerne erzählt."

„Das liegt daran, dass Sie stinkreich sind." Ira sagte es, bevor sie darüber nachdachte, ob das eine gute Idee war.

Asmus drehte sich. Er folgte den Blicken der anderen Soldaten. „Verzeihung", sagte er. „Ich habe nicht mitbekommen, wer geredet hat." Das sagte er, aber er starrte Ira direkt, unmissverständlich – und warnend – an. „Wer eine Frage hat, möchte bitte die Hand heben."

Ira hatte keine Frage. Zumindest hatte sie bis jetzt keine gehabt.

Sie hob ihre Hand hoch in die Luft. „Ist es nicht so", fragte sie laut und so kontrolliert wie möglich, „dass der Grüne Sturm uns fast die Hälfte der Nation gekostet hat? Dass die, die's sich nicht leisten konnten, aus den östlichen Bereichen zu fliehen, und die, die gegen Jupiter gekämpft haben, fast alle draufgegangen sind?"

Sie erwiderte Asmus' Blick. Sein Mund war eine einzige dünne Linie. Asmus war ein ausgezeichneter Redner, aber bei der Improvisation schien es zu hapern. Seine Antwort dauerte etwas zu lang.

„Du siehst mir nicht gerade aus, als wärst du in einem Alter, um vor fast zwei Dekaden am Kampf beteiligt gewesen zu sein", sagte er unbeeindruckt.

Ein paar vereinzelte Lacher.

Asmus war im Grünen Sturm gewesen, Ira nicht. Er war eine Autoritätsperson, Ira nicht. Wer würde hier wohl gewinnen? Noch war die Situation nicht ausgeartet, Ira konnte sich immer noch wieder hinsetzen und für den Rest des Abends keinen Ton mehr von sich geben.

Aber da war die Art, wie er sie ansah. Nicht nur brachte es Ira zum Kochen, aber diese Art von Blick hatte sie auf der Straße oft gesehen. Kurz vor einem Handgemenge – eines, das *sie* gewinnen würde. Das entscheidende Detail bei diesen Blicken war, dass sie einschüchternd waren, nicht herausfordernd. Das bedeutete, er *wollte* diesen Kampf nicht kämpfen – und das bedeutete, dass Ira gewinnen konnte.

„Ich nicht, meine Eltern schon." Iras Stimme wurde lauter, sie stand auf, mit ihren Handflächen stützte sie sich vom Tisch ab. „Sie haben beide im Grünen Sturm gekämpft. Deswegen hab ich meinen Vater nie kennengelernt – und die Hungersnot nach dem Sturm hat meine Mutter mitgenommen."

„Ich kann mich nicht entsinnen, nach deiner Lebensgeschichte gefragt zu haben", sagte Asmus. „Und wir haben Krieg geführt, gegen die Jupiternation. Dabei sind Menschen gestorben." Er nickte. „So etwas passiert in einem Krieg."

Er redete von oben auf sie herab. Ira sah rot.

„Nein, *die* haben Krieg gegen *uns* geführt!", rief sie. „Die haben die Hälfte unserer Nation in Grund und Boden gestampft! Es gibt uns nur noch, weil wir geschworen haben, dass wir uns friedlich verhalten!"

„Mädchen, sag mir nicht, dass du an dieses Hirngespinst glaubst", erwiderte Asmus kühl. „Frieden hat es noch nie gegeben. Wir sind dafür *bestimmt*, früher oder später wieder zu kämpfen."

„Ist mir doch egal. Vor achtzehn Jahren hat die Jupiternation –"

„Vor achtzehn Jahren war vor achtzehn Jahren!"

Laut. Zu laut. Asmus musste sich fangen, wollte er seine Seriosität nicht verlieren. „Sie haben keine Erfahrung mehr. Keinen Kampfgeist", sagte er, jedes Wort einzeln und genau betont.

„Sie lügen und das wissen Sie."

Irgendwo im Raum schien jemand die Luft einzuziehen – es hätte fast ein Pfeifen sein können. Ira hatte vergessen, dass alle Ohren in diesem Raum dem Streit zwischen ihr und ihrem höchsten Vorgesetzten lauschten. Egal. Es war ihr egal.

„Als die Nachricht vom Bündnis gekommen ist, gab es hier eine Panik!" Ihr Arm schnellte in die grobe Richtung des Marktplatzes. „Und jetzt sagen Sie uns, dass es keinen Grund zur Sorge gibt – *und es funktioniert?*" Sie schüttelte langsam den Kopf, ohne den

Blickkontakt dabei zu brechen. „Wenn Sie so weiterlügen, dann bringen Sie uns alle in die Hölle."

„Das ist eine ziemliche Unterstellung, ist dir das klar?" Asmus' Blick war kalt wie Eis.

Ira presste die Zunge an den Gaumen.

„Wenn es nicht so ist, wieso mussten wir dann Khansa aufgeben?" Ira trat vom Tisch weg, die Leute in ihrem Weg wichen zur Seite. „Wieso mussten wir fliehen? Fliehen! Nicht taktisch zurückziehen! Es sind grade so ein paar mit dem Leben davongekommen!"

Ira verschwendete keine Sekunde, sie würde Asmus nicht das Feld überlassen. „Bei allem Respekt", sagte sie, „aber Sie lügen. Sie lügen das Blaue vom Himmel und wieso? Damit die Leute hier keine Angst haben, obwohl es einen verdammt guten Grund dafür gibt. Damit sie kämpfen, wenn Jupiter hier einfällt und *Sie* mit dem Leben davonkommen. Sie lassen uns nicht die Wahl, ob es uns wert ist, für Mars zu sterben oder nicht. Sie wollen, dass wir für *Sie* sterben!"

Ira trat auf Asmus zu, die gemeinen Soldaten rückten zwar nach wie vor aus ihrem Weg, aber die beiden Wachen hinter Asmus zogen ihre Waffen, kaum dass Ira näher als vier Meter gekommen war. Sie blieb stehen, was sollte sie auch sonst tun?

„Alles, was ich will, ist, dass Sie ehrlich sind." Ira zeigte auf Asmus' Publikum, die Soldaten der Armee. „Sagen Sie es ihnen! Sagen Sie ihnen wenigstens, dass sie sterben werden!"

Asmus' Kopf zitterte. Sein Blick triefte vor Gift. Gift, das sich einzig und allein auf Ira konzentrierte. Es war keine stille Drohung mehr, über diesen Punkt hatten sie sich längst hinausbewegt.

„Ich könnte abhauen. Ich könnte desertieren", sagte sie und sah Asmus direkt in die giftigen Augen. „Werde ich aber nicht."

Sie hörte sich selbst atmen. Nur sich selbst, wie es schien. Bald waren Iras Stiefel auf dem Holzboden das einzige Geräusch im Raum, als sie sich auf dem Absatz umdrehte und zur Tür stapfte.

Ira öffnete sie und endlich wehte ihr Luft entgegen, die sie atmen ließ. Trotzdem drehte sie sich noch einmal um.

„Ich werde sterben", sagte sie über ihre Schulter. „Aber nicht für Sie. Sondern für Mars."

Dann schlug sie die Tür mit einem heftigen Knall zu.

ABEND, PEBAS, MARSNATION

„SETZ DICH."
„Aber hier gibt es nichts zum –"
„*Setz* dich."
Felix atmete aus, schaute nach links, nach rechts und ließ sich dann auf den Boden fallen.

Erin stand da, mitten auf einer der verlassenen Straßen von Pebas, nicht weit von dem verhängnisvollen Versammlungsraum entfernt, und hatte ihr Kinn auf die Faust gestützt, als ob sie scharf nachdachte.

„Erin", sagte Felix. „Sie denken doch nicht, dass ich der Spion bin. Isaac hat es bloß auf mich abgesehen, der will –"

Sie hob die Hand, ohne Felix dabei auch nur anzusehen. Er klappte den Mund zu, legte seine Arme auf die Knie und wartete. Im Halbdunkel auf den Pflastersteinen von Pebas zu hocken, trug nicht gerade zu einer behaglichen Atmosphäre bei. Der ganze Tag hätte besser laufen können, eindeutig.

Erin atmete lange aus und plötzlich war er so offensichtlich wie noch nie: der Stress. Er saß in ihrer Stimme, in ihrem Gesicht und in ihrer Haltung.

„Angriff eines Vorgesetzten", sagte sie. Sie hielt einen Finger in die Luft und mit ihren nächsten Worten wurden es noch drei mehr. „Beleidigung. Morddrohung. Und Mordversuch können wir auch noch draufpacken, wenn wir schon dabei sind."

„Ich hab es nicht *wirklich* versu–"

„Du siehst, dass wir ein Problem haben, oder?"

Felix holte Luft. Für eine Frage dieses Schwierigkeitsgrads brauchte er überraschend lange. „Er hat mich provoziert, das hat er doch mit Absicht ... Sie waren *da*."

„Du hast auch provoziert, wenn ich mich nicht irre."

„Aber –"

„Das gewinnst du nicht, tut mir leid", sagte Erin. „Du hast deine Grenzen um Meilen überschritten. Ich weiß nicht, ob es in der Venusnation funktioniert, oder wie du es dir hier vorgestellt hast, aber hier bringt dir ein hübsches Gesicht gar nichts."

Felix schloss den Mund.

„Und *ich* muss die Verantwortung tragen, weil ich dich überhaupt erst reingelassen hab. *Ich* muss mir überlegen, was jetzt mit dir passieren soll. Als hätte ich nicht genug am Hals." Mit jedem Wort schien ihr Gesicht ein bisschen bitterer zu werden, mit jedem Wort redete sie ein bisschen schneller, aber ihre Tonlage änderte sich nicht, sie hatte sich immer noch komplett im Griff. „Ich muss zwischen meinen Soldaten und denen einer eigentlich feindlichen Nation vermitteln, ich muss mich mit einer eigentlich feindlichen Generalin gut stellen, ich muss meine Leute in die Vernichtung einer ganzen Nation führen und die Hälfte von ihnen haben Nervenzusammenbrüche." Sie sah Felix an. „Das Letzte, was ich brauche, bist du – offiziell einer *meiner* Soldaten –, der Schwierigkeiten macht und hier irgendwelche Spionagegeschichten reinbringt."

„Aber ich bin nicht der –"

Mit einem Blick brachte sie Felix zum Verstummen. In den nächsten Sekunden atmete sie einmal durch, straffte sich und holte ihren perfekten, professionellen Ton zurück. Erneut zeigte sie Felix die vier Finger, die sie vorher abgezählt hatte. „Bei dem, was du dir angehäuft hast, gibt es, was eine Strafe angeht, eigentlich keine Grenze mehr nach oben", sagte sie. „Vor allem, da du schon auf dünnem Eis warst, als du reingekommen bist."

In Felix' Magen krampfte sich etwas zusammen. Sein Mund

wurde trocken.

„Also bringen Sie mich jetzt um, ja?" Ein papierdünnes Lächeln zeichnete sich auf seinem Gesicht ab. „Das ist ja ganz neu; es ist ja nicht so, dass das jeder Zweite hier auch liebend gerne tun würde."

Erin sah ihn an, ihr Blick hohl. „Ganz genau."

Felix' Lächeln verschwand.

„Ganz genau", sagte Erin noch einmal. „Jeder Zweite hier. Und deshalb werde ich gar nichts tun."

Felix blinzelte einmal, dann noch einmal. „Was?"

„Ich glaube nicht, dass du der Spion bist", sagte Erin. „Nicht nach dem, was du mir über Mars erzählt hast. Aber die anderen?" Sie nickte in Richtung der Versammlungshalle. „Für die bist du es. Ein tatsächlicher Beweis fehlt zwar, aber bei deinem Verhalten wird das nicht nötig sein."

Felix starrte Erin an. Das konnte nicht ihr Ernst sein.

„Ich habe keine Zeit, mich mit dir auseinanderzusetzen", sagte sie bitter. „Aber du hast dir genug eingebrockt, dass ich das auch nicht muss. Was auch immer passiert, überlasse ich dem Mob."

Erin wandte sich ab und folgte der Straße hinunter. „Das ist das beste Szenario, das ich dir geben kann."

Das hieß wohl, dass das Gespräch vorbei war. Irgendwo in dieser Richtung musste die Unterkunft liegen, die sie sich für diese Nacht gesucht hatte. Dass Felix auch noch eine finden musste, erzählte ihm sein Gehirn nur irgendwo im Hintergrund.

Er stützte sich vom Boden ab, stand auf, als wollte er Erin etwas hinterherrufen, aber ihm fiel beim besten Willen nichts ein.

Erin blieb stehen, sie musste es bemerkt haben. Halb drehte sie sich zu ihm um. „Handlungen haben Folgen. Auch deine." Dann ließ sie Felix allein. „Viel Glück morgen bei der zweiten Mauer."

SPÄTER MORGEN, KURZ VOR GUSEV, MARSNATION

OHNE WIRKLICH GESCHLAFEN ZU HABEN, WAR AMARI hellwach. In den vordersten Reihen der vereinten Merkur- und Jupiterarmee machte sie große Schritte und flache Atemzüge. Die Mauer rückte näher und mit ihr die ersten Marssoldaten. Sie tauchten am Horizont auf und mit jedem Schritt schienen sie sich zu verdoppeln.

Amari konnte die Spannung in der Luft schmecken. In wenigen Sekunden würde sich der Platz in ein ausgewachsenes Schlachtfeld verwandeln. Hier vor der Mauer würden zwei, nein, drei – genau genommen vier Nationen aufeinandertreffen. Zählte sie den Kampf auf der Venuslichtung und die schwache Verteidigung in Pebas nicht, dann würde es Amaris erste richtige Schlacht sein.

Erin ließ anhalten. Da man erwartet hatte, erwartet zu werden, hatte sich Vera weitestgehend zurückgezogen und Erin das Feld überlassen – allerdings nicht, ohne Anka als Absicherung für die grüne Seite dazuzustellen.

Jetzt standen sie der Marsarmee gegenüber, vielleicht eine Baumlänge entfernt. Amari trat von einem Fuß auf den anderen und bewegte stumm die Lippen, während sie versuchte, die gegnerischen Soldaten abzuzählen, um herauszufinden, wer wem zahlenmäßig überlegen war. Es gestaltete sich überraschend schwierig.

Aus dem Augenwinkel sah sie Erin den Arm heben und ihr

Herz blieb stehen.

Es begann wieder zu schlagen, als der Arm hinunterschnellte und plötzlich alles um Amari herum in Bewegung war.

Sie spürte sich selbst rennen. Mehr ein Reflex als alles andere, aber trotzdem rannte sie nicht ohne Plan. Sie hatte sich schnell auf eine Marsrüstung fokussiert, ein Ziel, und die anderen behielt sie im Blickwinkel, so gut es ging.

Hier durfte nichts schiefgehen.

Als die Armeen aufeinanderprallten, schaffte es Amari, die Seite ihres Fußes flink gegen den Kopf ihres Ziels zu hämmern. Für eine Sekunde blitzte der aufgeschlagene Eierkopf der Frau aus Pebas vor ihren Augen auf. Amari vergaß abzubremsen, und so stampfte sie den Kopf des Soldaten wortwörtlich in den Boden, rutschte ab und stürze beinahe ins Gras.

Zusammenreißen, zukünftige Kommandantin. Kein Grund zur Panik.

Köpfe waren nun mal unförmig, und abgefangen hatte sie sich auch. Nicht dran denken. Nicht den Fokus verlieren. Weitermachen. Nicht vergessen, sich so oft wie möglich umzudrehen.

Haarscharf wich Amari einem Schwert aus und da der Kämpfer recht klein war, stieß sie ihr Knie in sein Gesicht. Nässe spritzte ihr in den Nacken und sie zuckte zusammen, hatte sich aber schnell wieder im Griff. Es war ein Reflex, es war normal, sie wusste doch, dass sie hier nicht allein kämpfte. Nicht ablenken lassen. Konzentration. Weiter.

Was sie jetzt brauchte, war ein ähnliches Hochgefühl wie das auf der Venuslichtung – von Trance und Adrenalin getragen zu werden. Aber sie konnte ihre Gedanken nicht abstellen, es ging einfach nicht. Tatsächlich war dieser Kampf ganz anders als der auf der Venuslichtung. Selbst Pebas war nicht vergleichbar. Gar nicht vergleichbar.

Wohin Amari auch blickte, sah sie Marssoldaten. Überall schwere Rüstungen, die gefällt wurden wie Bäume. Dass jetzt auch die eine oder andere leichte Rüstung unter ihnen war, konnte sie nicht ignorieren, auch wenn sie es noch so sehr versuchte.

Sie schickte einen Soldaten zu Boden und wirbelte herum, nur einen Befehl ihres Hirnes davon entfernt, ihren Fuß in das nächste Gesicht zu rammen – und stockte.

Das war ein Witz.

Amari sprang zurück, um Abstand zwischen sich und der Soldatin zu schaffen.

Das war keine Soldatin.

Es war ein Mädchen, vielleicht zwölf oder dreizehn Jahre alt, lang und dürr und vielleicht sogar groß für ihr Alter, aber nicht groß genug, um hier etwas zu suchen zu haben. Eine Hand fehlte ihr, mit der anderen streckte sie Amari einen Dolch entgegen. Ihre Augen waren ängstlich und angsteinflößend, im gleichen tiefen Braunton wie die von Amari. Die übergroße Rüstung der Soldatin tat ihr Bestes, sie nach unten zu ziehen, trotzdem stand sie aufrecht.

Sie war ein Sturkopf. Amari musste es wissen.

Für die nächsten paar Sekunden starrten sich die beiden an und keine atmete. Das war eine Sekunde zu viel, in der Amari nicht aufpasste.

Ihr Blick auf das Mädchen und das Schlachtfeld verwischte. Amari wurde von einem gewaltigen Ruck zu Boden gerissen und ihr Kopf prallte auf die Erde. Ihr wurde schwarz vor Augen und ihr Gehirn schien zu vibrieren.

Sie lag auf dem Boden. Ein Moment verging, erst dann wurde es ihr voll bewusst. *Sie lag auf dem Boden.* Noch bevor sie etwas sehen konnte, rollte sie sich hastig zur Seite. Zu spät.

Ein scharfer Schmerz zuckte rechts ihre Taille hinauf und stellte ihren pochenden Kopf in den Schatten. Amari schrie auf. Automatisch wollte sie sich zusammenkrümmen, aber diesem Drang musste sie um jeden Preis widerstehen.

Was tun, was tun, was tun, was tun?

Mach die Augen auf.

Amari blickte auf die Spitze eines Speers. Eines Speers, der den tödlichen Punkt nicht noch einmal verfehlen würde. Ihr stockte die Luft in der Lunge.

Ohne zu denken packte Amari den Speer unterhalb der Spitze. Er schnellte nicht weiter auf sie hinunter, sondern blieb in der Luft stecken. Die Speerkämpferin riss erschrocken die Augen auf, und das war der Moment.

Amaris Muskeln spannten sich an. Sie stieß sich mit einer Hand vom Gras ab, drückte sich nach oben und rammte das stumpfe Ende des Speers in das Gesicht seiner Besitzerin. Ohne es geplant zu haben, traf sie ihr Auge.

Die Speerkämpferin fiel auf die Knie. Ihre Lippen rissen sich weit auseinander und formten einen stummen Schrei. Beide Hände presste sie sich vor ihr Auge. Amari konnte es sich nicht leisten, noch einmal zu zögern. Sie versenkte ihren Ellenbogen im Gesicht der Soldatin.

Kaum lag diese regungslos im Gras, schwankte Amari. Sie stolperte ein paar Schritte zurück, hielt sich instinktiv die Seite und zuckte zusammen, als ihre Handfläche auf feuchten Stoff traf.

Sie blickte an sich herab. Ein Stück oberhalb ihrer Hüfte hatte der Speer den schützenden Lederharnisch zerrissen. Ein großer, roter Fleck sickerte durch den beigen Stoff ihres Hemdes, klebte es an Amaris Haut fest, und breitete sich schnell aus. *Blut*. Sie blutete. Amari wurde schwindelig. Sie war verletzt. *Jemand hatte ihr einen Speer in die Seite gerammt.*

Es tut weh, dachte Amari. Andere Gedanken fanden in ihrem Kopf keinen Platz. Ihr Gesicht wurde heiß und ihre Augen feucht.

Es war eine Erkenntnis, aber gleichzeitig auch nicht. Als Soldatin war man sich der Tatsache immer bewusst und trotzdem war es etwas völlig anderes, es zu wissen und es zu spüren, am ganzen Körper, mit jedem Nerv.

Sie konnte sterben.

Amari hatte Angst.

Nein. Sie tat ein paar Schritte rückwärts und richtete ihren schwankenden Blick nach links, dann nach rechts. Sie war auf einem Schlachtfeld, sie durfte sich nicht von einer Verletzung ablenken lassen. Leute verletzten sich andauernd. Nev war verletzt gewesen, Erin auch, und ihr Vater.

Verletzungen waren normal, völlig normal. Sie machte noch einen Schritt zurück. Es zog in ihrer Seite. Sie biss die Zähne zusammen und schaute noch einmal an sich herunter.

Aber das war wirklich viel Blut. Es lief. Oder wurde die Wunde größer? Fest presste sie beide Hände darauf. War das noch normal? Es musste noch normal sein. Das Einzige, was nicht normal war, war, dass *sie* blutete.

Was nun? Amari drehte sich. Soldaten – es schienen mehr zu sein als zuvor. Sie schienen auch näher und größer zu sein als zuvor. Alles schien andere Dimensionen angenommen zu haben: Die Mauer aus Soldaten war plötzlich undurchdringbar, sie nicht hören zu können, glich plötzlich einem Todesurteil, und Amari war sich plötzlich schmerzhaft bewusst, wie zerbrechlich ein menschlicher Körper war.

Sie trat zurück, trat auf der Stelle, dann drehte sie sich um; aber überall sah sie das Gleiche. Soldaten, Chaos, Leute im Kampf. Das war alles, was es hier gab, und es war plötzlich alles ein bisschen zu viel.

Amari lief, aber sie wusste nicht, wohin, wusste nicht, wen sie suchte oder was. Einen Ansatz vielleicht, irgendeinen Ort, an dem sich die Soldaten nicht so exzessiv häuften, wo sie anfangen konnte – wieder anfangen, *sich* fangen. Tränen schwammen in ihren Augen, nichts war richtig.

Plötzlich blieb Amari stehen und starrte geradeaus.

Der Grund war das Mädchen von vorhin. Das Mädchen, ohne das noch alles in Ordnung gewesen wäre. Sie lag auf dem Boden und rührte sich nicht mehr.

Amari war schlecht. Zitternd wandte sie sich ab und schwankte über das Feld. Sie konnte nicht stehen bleiben, nicht noch mal.

Das Erste, was sie sah, was sie tatsächlich wieder wahrnahm, hätte ihr willkommener gar nicht sein können: Erin.

Amari hielt sich die Seite und stolperte auf Erin zu. Diese drehte sich genau im richtigen Moment um. Überrascht sah sie Amari an. Langsam nahm Amari die Hände von ihrer Seite und offenbarte den roten Fleck.

„Was soll ich tun?", rief sie. Sie spürte, dass ein Schluchzen ihre Worte unterbrach.

Erin betrachtete Amari flüchtig und mit gerunzelter Stirn, immer in Bewegung, den Blick halb auf dem wütenden Schlachtfeld. Blutspritzer waren in ihrem Gesicht und auf ihrer Rüstung, aber es schien nicht ihr eigenes zu sein.

Erin streckte den Arm aus. Er zeigte in die Richtung, aus der sie gekommen waren.

Amari sollte zum Konvoi. In sicherem Abstand zum Feld musste er dort irgendwo stehen. Die Wagen waren nicht nur voll mit Lebensmitteln, sondern auch ein fahrendes Lazarett. Amari nickte und setzte sich wieder in Bewegung, langsamer als vorher. Sie gab sich Mühe, ihren Atem zu beruhigen. Einatmen, ausatmen. Das war jetzt einfacher. Sie war erleichtert, ob sie es sich eingestehen wollte oder nicht. Erleichtert, von ihrem ersten richtigen Schlachtfeld geschickt zu werden.

War sie erst einmal im Wald verschwunden, würde alles gut werden. Es dürfte ein kleiner Weg sein, aber sie würde den Konvoi bestimmt finden. Sie hielt sich abseits, machte große Bögen um die Kämpfenden und behielt sie dabei im Auge, so gut sie konnte.

Erst jetzt fielen sie ihr wirklich auf: die Soldaten auf dem Boden. Es waren zu viele. Zu viele, die leichte Rüstungen trugen. Und zu viele schwere – Kettenhemden und Eisenpanzer – die noch standen. Amari wurde langsamer, die Hände immer noch in die Seite gedrückt. Schon ein paar wirklich gute Leute konnten einen

Unterschied machen, das wusste sie.

Durfte sie überhaupt gehen?

Sie sah zwei Marssoldaten vornüberkippen – zuerst schien es, als hätte sie niemanden auch nur angefasst, dann kam Felix' schlaksige Gestalt hinter ihnen zum Vorschein.

Noch nie hatte ihn Amari ernsthaft konzentriert, gar angespannt gesehen. Auf dem Schlachtfeld hatte ein Mensch ein ganz anderes Gesicht.

Felix wirbelte herum. Er streckte seine giftigen Finger aus, allerdings diesmal keinem rotem, sondern einem grünen Soldaten entgegen. Anka.

Amari stoppte und hielt die Luft an.

Ihr erster Gedanke: Er ist wirklich ein Verräter.

Felix' Hand zuckte zurück.

Ihr zweiter Gedanke: *Nein, falscher Alarm.*

Selbst wenn Felix' Hand nicht zurückgezuckt wäre – Anka war schneller als er. Ihre Axt hatte sie schon geschwungen und so einfach bremste man sie nicht. Felix' Ausweichmanöver kam viel, viel zu spät, das Beil schnitt durch ihn durch, als sei er aus Butter.

Atemlos wandte sich Amari ab und rannte. Hier hatte sie genug gesehen.

MITTAGSZEIT, KURZ VOR GUSEV, MARSNATION

FELIX SAH IHN IM GRAS LIEGEN, NOCH BEVOR er selbst auf dem Boden aufschlug. Jeder Gedanke war aus seinem Kopf gewischt, alles, was er vor Augen hatte, war die gähnende Leere auf der rechten Seite seines Körpers, dann das Blut, wie es in dicken Schwallen aus ihm heraustriefte. Der Arm war ab.

Felix schrie. Erst glich es mehr einem Wimmern, mit zunehmender Erkenntnis wurde es lauter, panischer.

Nur teilweise bekam er mit, dass er sich auf dem Boden krümmte, in seltsamen Positionen, die weder sitzen noch liegen waren. Felix presste seine Hand auf das glitschige, rote Fleisch, rutschte ab, tat es immer wieder und immer heftiger. Es war völlig sinnlos. Blut quoll ungehindert zwischen seinen Fingern hervor, rann seinem Hemd, seiner kompletten rechten Seite entlang, unter und über seinem Harnisch. Es lief langsam, aber – und das war der springende Punkt – es wurde nicht weniger. Es war zu viel Adrenalin in seinem Körper, sein Herz pumpte zu stark.

Anka war fort, aber selbst, wenn sie noch hier wäre, wenn sie ihn tatsächlich umbringen wollte – es wäre ihm egal. Sein Kopf war leer bis auf den einen Gedanken, der seinen Körper unter dem heißen Blut kalt werden ließ: Sein Arm war ab und er würde verbluten.

„Hilfe", würgte er hervor, wollte sich umschauen, sah aber nur den Himmel. Er lag auf dem Boden. Alles, was er wahrnahm, wurde von Tausenden kleinen weißen Pünktchen überlagert – wie ein

Schneesturm. Aber er konnte es sehen: Um ihn herum war der Kampf in vollem Gange. Für einen winzigen Augenblick meinte Felix auch, Amari irgendwo zu sehen, aber im nächsten Augenblick war sie verschwunden.

„Hilfe."

Minuten vergingen.

Felix ging die Kraft aus, sich weiter an die Wunde zu klammern. Ihm war, als würde er schweben.

Er hatte doch noch Dinge zu tun.

„Ich will nicht sterben", flehte er Venus an.

„Du stirbst nicht." Eine Stimme, nicht göttlich, sondern rau und heiser – ganz und gar irdisch.

Wurde Felix geschüttelt? Immer wieder spürte er einen kleinen Ruck. Jedes Mal wanderte ein scharfes Stechen zu seiner Schulter. Er wollte, dass es aufhörte.

„Kannst du mich hören?"

Felix antwortete mit so etwas Ähnlichem wie einem Ja.

Er hörte Nev. Er hörte ihn gedämpft, aber er hörte ihn. Vielleicht war es das, was Felix ein Stück in die Realität zurückbrachte. Vielleicht war es die Tatsache, dass er gar nicht mehr im Gras lag.

Alles andere vergaß er langsam. Den Kampf, das Feld, den Wunsch, nicht zu sterben.

„Hör auf zu rennen", bat er. „Es tut weh."

„Das ..." Nev zögerte. „Das geht nicht. Jetzt nicht. Wenn wir beim Wald sind, hör ich auf."

Felix erwiderte nichts. Nev redete weiter. Er redete zu viel und zu schnell, als dass Felix es verstehen könnte. Irgendetwas von wegen Wald, immer wieder sagte er „Wald" und irgendwann auch mal „Wunde" und „viel Blut". Obwohl auch ständig „du" und „dich" vorkam, hörte ihn Felix erst wieder richtig, als Nev seinen Namen sagte.

„Felix, mach die Augen auf, bitte, das wird langsam unheimlich."

Dabei war das so anstrengend.

Langsam öffneten sich Felix' Lider. Er starrte Nev an, beziehungsweise starrte er durch ihn durch.

„Ich seh nichts." Seine Stimme schleifte über den Boden.

„Was? Wie, du siehst nichts?"

„Alles ist weiß."

Nev zischte irgendetwas durch seine Zähne.

„Aber du kannst mich noch hören, ja?"

„Hm."

„Gut, dann ... dann konzentrier dich auf meine Stimme! Hör zu, was ich sage."

Die Stimme, auf die Felix sich konzentrieren sollte, klang außer Atem. „Ich hab doch keine Ahnung, was ich machen soll, wenn du jetzt einschläfst oder ..." Nev hielt inne. Für ein paar Sekunden hörte Felix nur die Stiefel im Gras.

„... zu viel", wisperte Nev. Dann ein wenig lauter: „Gut, weißt du was, wir sind noch nicht im Wald, aber wir schaffen es so nicht. Wir machen hier Pause."

Nevs Arme verschwanden und stattdessen lag Felix wieder auf dem harten Boden.

„Geh nicht weg."

„Bin doch da", sagte Nev. „Ich geh nicht weg."

Hektische Hände waren mal hier, mal da. An Felix' Seite, an seiner gesunden Schulter und an seiner Taille. Erst als er ein Gewicht von sich fallen spürte und etwas unter ihm hervorgezogen wurde, wurde ihm klar, dass Nev ihm die Lederrüstung abgenommen hatte.

„Wir kriegen das wieder hin." Nev bemühte sich um Ruhe in der Stimme, erzielte aber genau das Gegenteil. Dann waren da ein paar satte, reißende Geräusche.

„Nev."

„Ja. Ich bin hier."

Kühle Luft wehte um Felix' zerstörte Schulter.

„Scheiße", flüsterte Nev. „Da ist echt alles weg."

Eine Pause.

„Das ist ... das ist kein Problem, wir kriegen das hin." Noch mehr reißende Geräusche, jetzt lauter und länger. Nev zerriss das ganze Hemd.

„Ist nicht besonders sauber, aber besser als nichts." Er schien mit jedem Wort, etwas unsicherer zu werden. „Ich mache einen Verband, verstehst du? Felix? Bist du noch da?"

„Bleib hier."

Stille, nur für ein paar Sekunden.

„Mach ich doch, ich bin doch hier. Ich bin da."

„Warte, bis ich gestorben bin."

Stille, erneut. Nev atmete. Felix atmete, stockend.

„Sterben gibt's hier nicht."

Ein Arm schob sich wieder unter Felix' Rücken und hob ihn an. „Du musst dich kurz hinsetzen, dann kann ich das ... ach scheiße." Sobald Nevs Hand verschwand, gab Felix' Körper nach und er kippte wieder hintenüber. In seinem verbleibenden Arm hatte er nicht genug Kraft, um sich abzustützen. „Schon gut. Macht nichts. Ich krieg auch beides hin."

Felix zuckte zusammen und atmete hörbar verkrampft, wann immer der Stoff sein bloßes Fleisch berührte. Nev musste die verknoteten Fetzen komplett um seinen Torso schlingen, denn sonst gab es nichts, woran sie noch halten konnten. Er entschuldigte sich immer und immer wieder, während er die Stofffetzen festzog.

„Das muss reichen. Die Pause ist vorbei."

Wieder verschwand der Boden unter Felix und das Rucken setzte ein. Selbst er konnte spüren, wie der Stoff durchweichte.

„Kannst du mich noch hören? Bist du noch da?"

Als Antwort lieferte Felix ein lang gezogenes Ächzen.

„Gut, wir ... wir sind gleich im Wald, halt nur noch ein bisschen durch."

Der Verband war im Handumdrehen vollgesogen. Ein winziges, warmes Rinnsal tröpfelte Felix' Seite hinab. „Nev."

Auch er bemerkte es jetzt, betastete den nassen Verband, und Felix krampfte sich zusammen.

„Tut mir leid."

Er rannte weiter, das Rucken wurde schneller und bald fühlte Felix wieder die kühle Luft in sein Fleisch stechen. Es hielt nicht. Der Verband rutschte. Alles quoll hervor.

Ständig versuchte Nev, den provisorischen Verband zurück in die richtige Position zu schieben oder ihn festzuziehen. Felix wimmerte.

„Tut mir leid", sagte Nev. „Ich will dir nicht wehtun. Aber es hört nicht auf zu rutschen und es hört nicht auf zu bluten. Ich weiß gar nicht, wieso das nicht mehr aufhört, es muss doch aufhören, du hast doch schon so viel verloren, es muss doch *aufhören*."

Er setzte Felix ab. Noch einmal versuchte er, den Verband ordentlich festzuziehen. Dann rissen die blutdurchtränkten Stofffetzen.

Nev fluchte.

Als er weiterrannte, presste er den blutigen Leinenklumpen einfach so gegen die Wunde.

„Wir sind im Wald." Er redete noch immer, obwohl seine Stimme schon ein wenig erstickt klang. „Wir müssen nur ... wir müssen nur die Wagen finden und ... und ..." Das Rucken wurde langsamer, dann schneller, dann wieder langsam und schließlich hielt Nev an.

„Ich hab es versaut", sagte er. „Ich hab es versaut. Ich hab keine Ahnung, wo der Konvoi ist. Ich hab ... ich hab doch nicht mal eine Ahnung, wo wir hier sind, ob ich überhaupt in die richtige Richtung gelaufen bin." Ein Schritt nach rechts, ein Schritt nach links. „Es tut mir leid. Ich hab es versaut, ich hab es richtig versaut. Ich kann wirklich nichts richtig machen." Nev schluckte. Wieder herrschte für einen Moment Stille.

„Nein, in Ordnung, es ist in Ordnung, wir finden sie schon. Du musst nur … nur noch ein bisschen durchhalten." Dann begann das Rucken von vorn.

„Felix, sag irgendwas. Egal, was. Meinetwegen deinen Namen oder deine Lieblingsfarbe."

Felix sagte nichts.

„Bitte, einfach nur *irgendwas*."

„Lila."

„Lila? Ach so. Ach so, ja. Die Farbe." Nev lachte ein kleines, nervöses Lachen. „Wir schaffen es nicht mehr."

Da war wieder der Boden.

„Wir schaffen es nicht mehr", sagte Nev noch einmal. „Ich muss ehrlich mit dir sein, wir schaffen es nicht. Ich … ich weiß nicht, wo wir sind oder wo der Wagen ist oder …" Nev unterbrach sich selbst. „Oder was ich tun soll. Ich hab keine Ahnung, was ich tun soll. Ich hab doch keine Ahnung, was man bei so einer Wunde macht! Es tut mir leid."

Felix lag im spitzen Gras und fühlte sich selbst kaum mehr. Trotzdem brachte er noch etwas über die Lippen: „Kein Problem."

Es war ruhig.

„Nein", sagte Nev schließlich. Noch einmal lauter: „Nein. Das kannst du vergessen." Seine Stiefel strichen über das Gras, als er sich aufrichtete.

„Geh nicht."

„Ich gehe nicht." Seine Stimme war jetzt fester. „Versprochen."

Das Klingen eines Schwertes, das aus seiner Scheide gezogen wurde, hallte dumpf in Felix' Ohren. Dann ein ähnliches Geräusch, immer und immer wieder, als würde Nev damit gegen etwas schlagen. Gegen einen Baum.

„Was", begann Felix und wollte sagen: ‚Was machst du?', war aber doch zu müde. Schrecklich müde.

„Ich mache Holz", sagte Nev zwischen zwei Schlägen. „Ich werde ein Feuer machen."

Wie schön, dachte Felix. Ihm war auch wirklich kalt.

„Ich weiß, das sage ich schon die ganze Zeit, aber halte nur noch ein bisschen durch, bitte."

Es splitterte und krachte und das Klingen verstummte. Nur ein paar Sekunden später erklang stattdessen das Geräusch von Holz, das an Holz rieb.

„Erzähl mir irgendwas", forderte Nev ihn auf. „Erzähl mir ... erzähl mir von der Venusnation. Ich hab gehört, dass es dort warm ist. Dass ihr viele Früchte habt und Tiere!"

„Hm", machte Felix.

„Es war bestimmt schön, oder?"

Es kam nichts zurück. Felix war still. Dann sagte er: „Mein Mal."

„Dein Mal?"

„Es ist weg."

„Oh", sagte Nev und dann schien ihm nichts mehr einzufallen. „Ich hab es gleich", versicherte er Felix. „Das Feuer. Wenigstens den Tipp hab ich mir gemerkt von meiner Ausbildung bei meinem Vater. Ich weiß nicht, ob es funktioniert, aber ..." Er atmete scharf ein. „Ich werde die Wunde ausbrennen."

Felix erwiderte nichts.

„Gleich", sagte Nev. „Gleich hab ich's." Er begann zu pusten.

Felix träumte vor sich hin. Ihm war nicht mehr kalt.

„Bist du noch bei mir?"

Er gab zumindest ein menschliches Geräusch von sich.

„Es brennt." Nev war völlig außer Atem. „Es brennt jetzt!"

Ein weiteres dumpfes Geräusch, als Nev die Klinge in den brennenden Holzhaufen steckte.

„Gleich", sagte er noch einmal. Immer wieder hörte Felix seinen Fuß auf das Gras tappen.

Vielleicht waren es Sekunden, vielleicht Minuten, aber es fühlte sich wie eine Stunde an, bis das Geräusch wieder ertönte, als Nev sein glühendes Schwert zog.

„Hörst du mich noch, Felix?"

Irgendwo in seinem Hinterkopf tat er das bestimmt, aber vordergründig war er in eine ohrenbetäubende Stille gehüllt. Es war angenehm. Es war angenehm ruhig, dunkel und diesmal schien Felix wirklich zu schweben.

„Ich fang jetzt an."

Die angenehme Dunkelheit wich grellweißem Schmerz. Es war nicht mehr ruhig, denn Felix schrie. Und er schwebte nicht mehr, sondern lag auf dem Boden, im Wald, mit glühendem Eisen an seiner offenen Wunde.

Sein Körper kämpfte gegen sich selbst. Denn einerseits musste er zucken und kreischen und Nev anschreien, damit aufzuhören, und andererseits hatte er nicht einen Funken Kraft mehr in sich, die er für all das brauchte. In diesem Moment schien leben genauso schlimm wie sterben, und zum ersten Mal konnte Felix sich nicht entscheiden.

Er hatte diese Entscheidung ja auch nicht zu fällen.

Obwohl er schrie, wurde er langsam leiser, obwohl der grelle Schmerz ihn blendete, wurde es langsam dunkler, und obwohl er im Wald lag, war in ein paar Sekunden alles um ihn herum verschwunden.

V
MARSNATION

NACHMITTAG, MOROZ, MARSNATION

OBWOHL DIE WORTE leise, kratzig und kläglich waren, war es ein absoluter Durchbruch, dass sie über seine Lippen kamen – dass sein Mund überhaupt in der Lage war, sie zu formen.

Es war ein Anfang. Es war ein: „Hallo."

Im Raum stand es genauso unpassend wie überraschend.

Nev schreckte hoch, das hieß, er fiel beinahe von seinem Stuhl. So wie er dagesessen hatte, war er wohl kurz vorm Einschlafen gewesen.

„Hallo", sagte er mit großen Augen.

Felix sah ihn eine Weile an. Er *sah* Nev. Die gerunzelte Stirn und die tiefbraunen Augen. Es war alles noch ein bisschen verschwommen, aber Felix konnte *sehen*. Er lächelte ein wenig. Schmerzverzerrt, aber ehrlich.

Nev beugte sich nach vorn. „Wie fühlst du dich?"

Gute Frage. Felix fühlte sich, als würde ihm ein Pfeil – ein vergifteter Pfeil – tief in der rechten Schulter stecken. Er hatte pochende Kopfschmerzen. Einen leeren Magen und gleichzeitig Brechreiz. Jeder Herzschlag war eine Erschütterung zu viel.

„War schon mal besser." Langsam hob Felix die Hand – die einzige, die er spürte – und befühlte seine heiße Stirn. Sein Blick wanderte dabei von Nev zur Decke und zu den Wänden des Raumes. Alles aus Holz, in dem Punkt schienen sich Mars und Merkur einig zu sein.

„Das hier war eine Kaserne", erklärte Nev. „Glaube ich zumindest. Jetzt ist es ein Lazarett." Vorsichtig ersetzte seine Hand die auf Felix' Stirn. Sie war überraschend kalt.

„Wo sind wir?"

„Moroz." Nev zog die Hand zurück. „Und du hast Fieber ... Oh, warte." Nev stand auf und verschwand aus Felix' Sicht. Felix hätte ihm mit den Augen folgen können, aber dafür hätte er den Kopf heben müssen. Im Moment eindeutig zu viel Arbeit.

„Ich weiß nicht, ob du dich erinnerst, aber in den letzten drei Tagen bist du immer mal wieder halb aufgewacht", sagte Nev. „Dann haben wir dir Wasser gegeben, aber essen war unmöglich." Nev setzte sich wieder, legte ein Stück Brot auf den kleinen morschen Tisch neben Felix' Bett. Einen Becher mit Wasser stellte er dazu.

Später. Später würde sich Felix damit beschäftigen. Zu anstrengend.

„Drei Tage", murmelte er. Es musste noch mehr Kämpfe gegeben haben. Wenn Felix nur wüsste, wo Moroz lag, dann könnte er sicher auch sagen, wie weit sie vorgerückt waren.

„Du hattest Glück gehabt, dass der Schnitt sauber war", sagte Nev. „Wenn es sich entzündet hätte ..." Nev seufzte auf, dann lächelte er ein wenig. „Jedenfalls bin ich froh, dass du wieder da bist."

„Geht mir ähnlich."

Nach ein paar Sekunden brachte es Felix hinter sich. Unter der dünnen Decke betastete er mit der linken Hand die rechte Seite seines Körpers – und schluckte trocken.

Wie er befürchtet hatte: nichts. Wobei, nicht ganz: Da war ein Verband. Ein Knubbel, eine Art Knubbel, der wohl seine Schulter war. Rund, ohne dass etwas daran hing. Sein Arm – weg. Einfach so. Alles vor der zweiten Mauer hatte sich so ereignet, wie Felix es in Erinnerung hatte. Sein Gehirn begann, die Bilder abzuspielen, wieder und wieder.

Er hätte etwas dazu sagen können – und Nev wartete vermutlich darauf, dass er das tat –, aber Felix entschied sich dagegen.

„Nicht, dass ich es nicht zu schätzen weiß", sagte er stattdessen. „Aber wie kommt es, dass du hier bist?"

„Ich war die ganze Zeit hier."

Felix sah Nev eine ganze Weile an, bis ihm einfiel, was er fragen wollte. „Wieso?"

Nev kratzte sich am Hals, ein entschuldigendes Lächeln auf den Lippen. „Kurz bevor wir im Wald waren, da hast du gesagt, ich soll dableiben ... also, falls du stirbst."

Noch ein paar Sekunden, in denen Felix ihn anblinzelte. Dann schüttelte er einmal leicht den Kopf und grinste schließlich. „Guter Punkt."

„Also, nicht dass ich die ganze Zeit ..." Nev begann noch einmal. „Also, nicht dass ich wirklich rund um die Uhr hier war. Ich musste aufs Schlachtfeld." Er hob die Schultern. „Auch wenn es am Ende keine Schlacht gab."

„Es gab keine?"

Nev nickte in Richtung Westen. „Es war niemand da, in den Städten. Alles komplett verlassen."

Felix starrte. „Evakuiert?"

„Scheint ganz so. Seit der zweiten Mauer haben wir fast niemanden mehr gesehen. Das ist mir zwar ganz recht – aber wir wissen auch alle, was das bedeutet. Sie sammeln sich."

„Oh", sagte Felix. „Unschön."

„In der Zeit, in der du weg warst, waren nur noch zwei weitere Orte geplant." Nev redete langsam, zögerlich. Kein gutes Omen. „Ich hab zwar nicht mitgezählt, aber wir haben jetzt schon ... *wesentlich* mehr hinter uns."

„In drei Tagen?"

Nev nickte. „Wir sind nicht auf Widerstand gestoßen, da ist die Armee immer weiter vorgerückt." Einen Moment lang hielt er inne. „Wenn es so weitergeht, sind wir in zwei, drei Tagen bei der Hauptstadt."

Felix' müde Augen wurden groß. Er versuchte, sich aufzusetzen, vergaß dabei die fehlende Unterstützung auf der rechten Seite und fiel prompt wieder in sich zusammen.

„Wir sind schon in der Nähe?", rief er heiser. Umso lauter sie wurde, desto mehr wurde seine Stimme zu einem unverständlichen Krächzen. „Zwei Tage?! Das geht nicht."

Nev machte Anstalten, ihm zu helfen, ließ aber seine Hände wieder sinken. „Es könnte mehr sein – oder weniger. Je nachdem, wie weit wir morgen kommen."

„Das geht nicht", wiederholte Felix. „Das geht nicht. Bis dahin lassen die mich doch niemals hier raus."

Nev runzelte die Stirn. „Du willst wieder aufs Feld?"

„Ich muss."

„Aber –"

„Ich muss. Das weißt du. Ich muss in die Hauptstadt."

Ein geräuschvoller Seufzer. Nev rieb sich das Gesicht. „Du hast einen Grund, aus der Armee auszutreten. Und zwar einen wirklich guten."

Felix sah ihn an. „Ich *muss*."

„Nein, musst du nicht. Du bist niemandem was schuldig."

„Mir selbst, meiner Familie und meiner Nation." Die Worte kamen wie geschossen. Felix bremste sich und atmete aus. „Außerdem glaube ich nicht, dass ich hierbleiben darf, wenn ich Merkur nichts nütze", sagte er, den Versuch eines Lächelns auf den Lippen.

„Aber wenn du in die Hauptstadt gehst ..." Die Furchen auf Nevs Stirn wurden tiefer und tiefer. „Die ganze Marsnation könnte dort auf uns warten. Du bist verletzt, und das nicht leicht. Das überlebst du nicht."

Bevor Felix etwas erwidern konnte, öffnete sich die Tür.

„Und wie sieht's aus?", fragte eine bekannte Stimme, als wäre es das Natürlichste der Welt.

Felix hob den Kopf. Was er sah, war ein Kopftuch, viel zu tief im Gesicht. „Lor?"

Lor schloss die Tür. „Oh, Junge, du hörst dich furchtbar an."

„Danke", krächzte Felix. Fragend blickte er zu Nev, Nev zuckte die Schultern. Also wandte Felix sich zurück an Lor. „Was machst du hier?"

„Hier in Mars oder hier in diesem Zimmer?"

„Such dir eins aus."

„Tja." Lor verschränkte die Arme. Anders als in Navoi hielt er einen Stock in der Hand. Immerhin war das hier unbekanntes Terrain. „In Mars bin ich, weil auch Leute, die gerade Völkermord begehen, essen müssen. Und hier" – Lor ließ seinen Arm von links nach rechts durch das Zimmer schweifen – „bin ich, weil ich mir gedacht hab, dass ich mal nachschauen sollte, ob du noch lebst, nachdem man dir einen Arm abgehackt hat."

Felix versuchte zu folgen. Es war nicht besonders schwer, aber er war besonders langsam. „Woher weißt du das?"

„Oh", sagte Nev. „Also, das ist so ..."

„Jeder weiß es", sagte Lor.

„Wie bitte?", fragte Felix.

Lor tastete sich seinen Weg an der Wand entlang. „Wie lange war er weg?"

„Bis gerade eben. Drei Tage", sagte Nev.

Lor nickte, blieb in der rechten Ecke des Raumes stehen und lehnte sich an die Wand. „In drei Tagen kann viel passieren. Felix, du bist in einen handfesten Skandal verwickelt."

Felix blickte zu Nev. Dessen Stirn war wieder gerunzelt.

„Ich würde es nicht unbedingt Skandal nennen", sagte Nev, „aber in den letzten Tagen war es ... schwierig mit Jupiter. Und mit unseren Leuten."

„*Vor allem* mit unseren Leuten", sagte Lor.

„Vor allem mit unseren Leuten", stimmte Nev zu.

Felix sah von einem zum anderen. „Was soll das heißen?"

„Na ja." Nev zeigte ein verunglücktes Lächeln. „Immerhin haben sie einen von uns angegriffen."

Felix starrte noch eine Weile, dann blinzelte er. „Hat die Jupiterdame sonst noch jemanden zerhackt? Seit wann bin ich einer von euch?"

„Seit es nützlich ist", sagte Lor. „Wie sich herausstellt, können viele Jupiter noch weniger leiden als dich."

Felix war fasziniert davon, wie er es selbst bewusstlos schaffte, Dinge noch schlimmer zu machen.

„Oh, und weißt du, wer der größte Hetzer ist?", fragte Nev. „Wer jetzt am meisten gegen Jupiter schlägt, weil einer von uns verletzt wurde?"

„Sag nicht –"

„Isaac."

„Nicht dein Ernst." Felix lachte einmal kratzig auf. „Der hätte mir doch am liebsten selbst den Arm abgerissen."

Zum zweiten Mal öffnete sich unerwartet die Tür. Diesmal langsamer, nicht so weit. Nev sah auf und sein Gesicht wurde unergründlich. Amari schien immer dort aufzutauchen, wo man sie am wenigsten erwartete.

Felix hob den verbleibenden Arm und winkte.

„Hallo." Amari stand zwar in der Tür, setzte aber keinen Fuß in den Raum. Ihre Hand lag am Rahmen und hielt sie wie ein Anker an Ort und Stelle. „Wie geht's?", fragte sie die Wand.

Nev und Felix wechselten einen Blick. Lor tat nichts. Wie wollte Amari die Antwort denn mitbekommen? Sie hatte die Tafel am Gürtel, machte aber keine Anstalten, sie zu benutzen. In jedem Aspekt war es eine seltsame Situation.

„Nev", sagte Amari schließlich.

Er sah sie an. Irgendetwas in seinem Blick hatte sich ihr gegenüber verändert, aber Felix konnte nicht genau sagen, was es war.

„Ich will mit dir reden", sagte Amari. Ihr Blick streifte Felix und schnellte zurück zu Nev. „*Nur* mit dir."

☿

Nev folgte Amari aus der Tür und schloss diese etwas widerwillig, als sie beide auf dem Gang standen. Er war eng und für die Unterbringung mehrerer Soldaten, die alle gleichzeitig ausrücken sollten, wahrscheinlich eher unpraktisch, aber wer wusste schon, wie man das in der Marsnation so handhabe. Felix wusste es vielleicht, aber danach musste man ja nicht fragen.

Amari gab Nev die Tafel in die Hand und er wunderte sich. Er sah sie an, wartete darauf, dass sie irgendetwas tat.

Amari hielt sich abwesend die Seite und trat von einem Bein aufs andere.

Wie geht es dir?, schrieb Nev schließlich. Amari selbst hatte die letzten paar Tage nicht auf dem Schlachtfeld verbracht. Als sie die Nachricht las, nahm sie die Hände von ihrer Seite.

„Gut", sagte sie heiser. „Gut, gut."

Für ein paar Sekunden zupfte Amari lediglich an den Bandagen um ihre Hände. „Ich hab viel nachgedacht."

Eine große Frau mit einem Stapel sauberer Laken drängte sich an ihnen vorbei.

Amari blickte ihr nach, dann wieder zurück auf ihre Hände. „Kann ich dich was fragen?"

Ihr milder Ton sorgte bei Nev für Stirnrunzeln. Er wollte wütend auf sie sein. Sie sollte wütend auf ihn sein. Irgendetwas passte hier nicht zusammen.

Er wartete. Amari wusste, dass sie durfte.

„Wie viele Leute hast du schon getötet?", fragte sie.

Nev sah sie lange an.

Er schrieb *Ich weiß nicht* auf die Tafel. Eine Weile war es still. Nur ab und zu hörte man gedämpftes Wimmern durch die Wände des Lazaretts.

„Viele?"

Sorgfältig inspizierte Nev die Wand zu seiner Rechten. Nach ein paar Sekunden nickte er. Vier Jahre waren eine lange Zeit.

„Und wie …" Sie verlagerte ihr Gewicht von links nach rechts und stand schließlich gerade. „Wie fühlst du dich dabei?"

Die Kreide schrammte über die Tafel. Das war eine leichte Frage.

Furchtbar.

Amari begann, an ihrer Lippe zu kauen. „Ist das bei allen so?", fragte sie. „Niemand will eigentlich tun, was wir tun – und trotzdem sind alle hier?"

Fragend hob Nev die Braue, aber Amari sagte nichts weiter. Sie starrte auf die Tafel, so sehr, dass er meinte, sie würde hindurchsehen.

„Es tut mir leid wegen deinem Auge", sagte sie.

Schon gut, schrieb Nev.

Ausgiebig rieb Amari die Stelle zwischen ihrem linken Auge und ihrer Nase. „Glaubst du, ich wäre noch seine Tochter gewesen, wenn ich nach dem Ritual nicht mehr hätte kämpfen können?"

Nevs Mund war trocken. Die Tafel in seiner Hand wog eine Tonne.

„Du sagst doch, dass das alles ist, wofür er sich interessiert hat, oder?" Amari sah ihn an, ihre Augen waren jetzt glasig. „Du sagst doch, dass ich nie im Leben zum Militär gegangen wäre, wenn er nicht gewesen wäre. Du denkst doch, dass mein Leben eine Lüge und alles, wofür ich jemals gekämpft hab, nur erfunden ist, oder, Nev?"

Amaris Hände zitterten. Das Wasser stand ihr in den Augen, aber mit bloßer Willenskraft schien sie es davon abzuhalten, überzulaufen.

Nev sagte nichts. Er fand nichts zum Sagen. Schmerzhaft und absolut unpassend zog er die Schultern nach oben.

„Er ist tot", sagte Amari. Es sollte wohl fest und sachlich klingen, aber für die drei Worte blieb ihre Stimme nicht in einer Tonlage. „Jetzt ist er tot, und ich bin immer noch hier." Die Tränen liefen Amaris Wangen hinunter. „Was, denkst du, bedeutet das?"

Nev begann zu schreiben, wischte es weg, begann zu schreiben, immer wieder. Unter allem, was er sich ausdenken konnte, schien es nicht eine halbwegs richtige Antwort zu geben.

Seine Handfläche war weiß, als er Amari die Tafel zeigte.

Es tut mir leid.

Amari blinzelte ihn verständnislos an. „Was?"

Eine Weile folgte ihr Blick seiner schreibenden Hand. Es gab viele Dinge, die Nev jetzt schreiben wollte. Viele Erklärungen für *Es tut mir leid*, viele Dinge, für die er sich entschuldigen könnte. Aber zum einen passten sie nicht alle auf die Tafel und zum andern wollten die meisten um keinen Preis aus ihm herauskommen.

Als Nev die Tafel umdrehte, stand unter *Es tut mir leid*:

Ich weiß eigentlich, dass es nicht so einfach ist, wieder zu gehen.

Amari öffnete den Mund, aber nichts kam heraus.

„Gehen?", sagte sie dann. Langsam trat sie einen Schritt zurück, als hätte Nev den Teufel beim Namen genannt. Hastig wischte sie sich über die Augen. „Denkst du immer noch ... dachtest du ... Ich kann nicht." Amari trat noch einen Schritt zurück, schüttelte heftig den Kopf. „Ich hab dir gesagt, ich *könnte* nie ... ich würde nie ..."

Nev sah sie schlucken. Danach war ihre Stimme offen und wund. „Ich kann jetzt nicht denken. Ich kann wirklich nicht denken." Nev setzte die Kreide an, aber Amari sprach weiter. „Vater ist tot und jetzt ist alles den Bach runter", sagte sie ein bisschen zu laut. „Ich weiß nicht, wann ich mich das letzte Mal so allein gefühlt hab, ich glaube, noch nie."

Du bist nicht allein, schrieb Nev auf, so schnell und leserlich er konnte, dann drehte er die Tafel. Amari las – und schüttelte sofort den Kopf.

„Du hast doch überhaupt keine Ahnung", sagte sie. Nicht laut, nicht feindselig, eher so, als würde sie es wirklich bedauern. „Du hast es doch nicht mal gemerkt, oder? Dir war er völlig egal. Bei dir hat sich nichts geändert, als ob nie irgendwas passiert wäre. Aber bei mir ist nichts mehr richtig." Amari hatte es aufgegeben, ihre Tränen aufzufangen. Sie tropften auf die groben Holzdielen und auf ihre Hände. „Als er da war, war alles einfach, und jetzt ist nichts mehr einfach, und ich weiß nicht mehr, was ich tue, und ich kann nicht denken."

Nev hatte nichts, was er schreiben konnte. Er wünschte wirklich, er hätte etwas, aber das hatte er nicht. Vielleicht hätte er dann etwas tun sollen, vielleicht hatte er zu viel Zeit vergehen lassen.

Schnell und mit Einsatz beider Hände rieb sich Amari die Augen, als würde das irgendetwas ändern. „Schon gut", sagte sie. „Vergiss es." Sie nahm die Hände weg, blinzelte probeweise ein paarmal. „Ich bin doch ..." Amari nickte zu sich selbst. Ihre Stimme war kaum mehr zu hören. „Ich bin Soldatin, eine *gute* Soldatin."

Sie hielt Blickkontakt mit Nev, dabei waren ihre Augen rot und er konnte sie immer noch überquellen sehen. „Ich bin eine gute Soldatin", sagte sie. „Erin sagt, dass ich das Zeug zur Kommandantin habe."

„Amari", sagte Nev. Es war ein Reflex, ob sie ihn hörte oder nicht, änderte nichts daran.

„Er wäre so stolz", sagte Amari. Sie schien zu platzen. „Er wäre so stolz auf mich!", rief sie. „Ich will doch nur ..." Ein schwerer Atemzug schnitt ihr den Satz ab. „Das ist nicht fair. Ich will einfach nur, dass es wieder so ist wie vorher."

Endlich, *endlich* rührte sich Nev. Er trat auf Amari zu, aber kaum hatte er einen Schritt gemacht, stolperte sie zurück.

„Vergiss es", sagte sie noch einmal. „Ich kann nicht denken. Ich will nur Vater zurück, ich ... vergiss es einfach." Weiter machte sie Schritte zurück. „Schon gut."

Sie hörte nicht auf, rückwärts zu gehen, und erst jetzt merkte Nev, wie weit sie sich schon von ihm entfernt hatte.

„Warte, Amari." Als er ansetzte, ihr nachzugehen, drehte sie sich um. Sie begann zu laufen, dann rannte sie.

Nev blieb stehen. Er würde sie nicht einholen. Natürlich würde er sie nicht einholen.

Amaris Schritte hallten durch das Lazarett. Nev stand im Gang, mit der Tafel in der Hand.

☿

Ein pulsierendes Schwindelgefühl füllte Felix' Kopf. Er hatte es tatsächlich geschafft, sich aufzusetzen, als Nev wieder durch die Tür kam.

„Ist sie schon gegangen?", fragte er. Seine Finger bewegten sich ungeschickt, während er versuchte, das Stück Brot mit einer Hand zu zerpflücken. Er hatte nicht wirklich Hunger.

Eine Weile sah Nev ihn stumm an. Felix konnte sich denken, dass der Grund dafür die dünne Decke war, die jetzt auf seinem Schoß lag und somit den Blick auf das freigab, was nicht mehr da war.

„Ist sie." Nev blickte um sich. Rechte Ecke des Zimmers, linke Ecke des Zimmers. „Lor auch?"

„Er muss Massenmörder füttern." Felix ließ das Brot zurück auf den Tisch fallen und legte den Kopf schief, so weit, wie das in seinem Zustand möglich war. „Du siehst verstört aus."

Nev blinzelte ein paarmal, als müsste er in die Realität zurückfinden. „Möglich." In der rechten Hand hielt er Amaris Tafel.

„Was ist passiert?"

„Nichts, eigentlich." Mit der anderen Hand fuhr sich Nev durchs Haar, dann legte er die Tafel auf den Tisch. Langsam ließ er sich wieder auf den Stuhl neben Felix' Bett fallen und ein paar Minuten starrte er ins Nichts. „Weißt du, ich glaube, sie hat recht damit, dass ich ein Heuchler bin."

Felix sah ihn an und versuchte, aus ihm schlau zu werden.

„Inwiefern?"

Nev zuckte die Schultern. „Insofern, dass ich ihr erzähle, dass das Militär kein guter Ort ist. Dass sie unbedingt raus muss", sagte Nev. „Und wer sitzt noch hier? Wer hat seit vier Jahren brav mitgemacht und sich gedacht: ‚Man kann es nicht ändern, es ist eben so, wie es ist'? Richtig."

Beiläufig nahm Nev das Brot vom Tisch und begann, einzelne Stückchen herauszubrechen. „Oder dass ich immer denke, ich bin nicht so wie Vater. Ich gebe mir *solche* Mühe, das Gegenteil von ihm zu sein, aber seit ich Amari wiedergesehen hab, hab ich sie nur unter Druck gesetzt, genau wie er. Seit ich sie wiedergesehen hab, hab ich nur versucht, sie in die Richtung zu lenken, die ich für richtig halte. Genau. Wie. Er." Einen Moment lang standen Nevs Hände still. „Ich bin nicht besser. Ich bin wirklich absolut nicht besser."

„Nev", sagte Felix. „Wenn dein Vater auch nur ansatzweise so schlimm ist, wie du gesagt hast, dann *kannst* du dich gar nicht mit ihm vergleichen."

„Bist du sicher?" Nev lächelte gequält. „Ich bin immer noch in der Armee. Ich töte Leute, die mir nichts getan haben. Ich helfe dabei, eine Nation zu vernichten. Ich hasse alles, was ich hier tue, aber ich hab nicht das Rückgrat, irgendwas daran zu ändern." Er starrte auf das Brot in seiner Hand. „Alles, was ich kann, ist, mich selbst zu bemitleiden. Ich denke mir immer, dass sich dringend etwas ändern muss, aber seit vier Jahren bewegt sich rein gar nichts."

„Nev", sagte Felix noch einmal, leiser. Er wusste nicht genau, was noch folgen sollte, aber er streckte seine Hand aus. Vielleicht um sie auf Nevs Schulter zu legen. Vielleicht war das eine schlechte Idee. Vermutlich war das eine schlechte Idee. So oder so, Nev richtete sich auf.

„Tut mir leid", sagte er. „Mich so zu beklagen, obwohl du derjenige bist, der geradeso die Kurve gekriegt hat. Ziemlich schwach." Er versuchte ein Lächeln, aber irgendwie änderte es nicht viel. Seine Augen blieben an Felix' demolierter Seite hängen. „Du willst wirklich zurück aufs Feld?"

Felix zuckte die Schulter. „Ich hab ja noch einen Arm, oder?"

Nev sah ihn mit gerunzelter Stirn an und legte dann das letzte Stück Brot auf den Tisch. Es war still, diesmal ausgesprochen lange. Dann seufzte Nev. „Manchmal hätte ich gern ein bisschen was von deinem Mut."

Felix prustete. „Mein *was?* Oh nein, Nev, nur weil ich einen Arm weniger hab, musst du mich nicht *anlügen.*"

„Ich lüge nicht."

„Doch, tust du." Felix lachte. „Ich bin nicht mutig, ich wünschte, es wäre so, aber das bin ich nicht." Eine Weile hielt er Blickkontakt mit Nev. „Ich habe Angst, wieder aufs Feld zu gehen. Das hab ich wirklich."

Nev wollte etwas erwidern, Felix konnte sich auch denken, was, aber trotzdem – oder gerade deshalb – ließ er ihn nicht zu Wort kommen. „Dass ich Angst vorm Sterben hab, weißt du ja." Felix hob einen Finger, um mitzuzählen. „Auch wenn der Gedanke, nie zu sterben, natürlich noch viel furchtbarer ist. Komisch, eigentlich." Jetzt waren es schon zwei. „Ich habe Angst vor der Sonne." Drei. „Ja, wirklich. Ich krieg Kopfschmerzen, ich seh nichts, und verbrannt werde ich auch noch." Den vierten Finger klappte Felix aus, bevor er ihn erklärte. „Ich habe Angst davor, hier jemandem zu begegnen, den ich kenne", sagte er, langsamer. Dann lachte er kurz auf. „Ein bisschen Angst vor Isaac vielleicht. Mir fällt noch mehr ein, aber ich hab keine Finger mehr übrig." Er ließ die Hand zurück aufs Bett sinken.

Nev sagte nichts. Er schaute ihn immer noch so an und Felix würde diese Mine am liebsten einfach wegwischen.

„Siehst du, ich bin eigentlich ein ziemlicher Feigling", sagte er.

„Ich denke nicht, dass du ein Feigling bist."

Es ging eine Wärme von Nev aus, die man beinahe als hartnäckig bezeichnen könnte. Eine Wärme, die gerade eigentlich, *eigentlich* zu nah an Felix' Hand war.

„Und dann gibt's da noch diese eine wirklich alberne Angst", sagte Felix. Leicht tippten seine Finger auf die Leinendecke. „Erinnerst du dich daran, dass ich von Berührungsängsten geredet hab? Vor denen hab ich Angst."

„Du hast Angst vor Berührungsängsten?"

„Ja." Felix schenkte Nev ein leichtes Lächeln. „Immerhin könnte ich jeden, den ich anfasse, umbringen. Ich glaube nicht, dass … äh …" Er kratzte sich am Kopf. „Dass ich … für den Rest meines Lebens besonders viel Liebe erfahren werde."

Nev nickte langsam. Er schien unschlüssig, was er sagen sollte.

„Ich bin eine gesellige Person", sagte Felix. „Ich schätze, ich hab einfach Angst, menschlichen Kontakt zu verlieren. Wortwörtlich." Ein kleines Grinsen war zurück auf seinem Gesicht. „Aber ich könnte es niemandem verübeln, ich bin mir nicht mal sicher, ob ich mir da selbst trauen wollen würde."

„Also", sagte Nev, „ich würde."

„Was?"

„Ich meine …" Nev kratzte sich am Hals. „Ich … nur zum Beispiel. Ich vertraue dir." Er setzte sich gerade hin und hob die Hand, die Handfläche Felix entgegengestreckt.

Felix starrte die Hand an, dann Nev und wieder die Hand. Er lachte einmal, weil es schon ein bisschen albern war. Dann fiel ihm eine Weile nicht ein, was er sagen wollte.

„Bist du sicher?"

„Vollkommen."

Felix zögerte kurz, dann streckte er seine Hand aus und, als wäre es vollkommen selbstverständlich, legte sie sich an Nevs.

So saßen sie da. Keiner von beiden zog seine Hand zurück.

Es dauerte eine Weile, bis Felix den Blick hob – von den beiden Händen zu Nev. Der tat im selben Moment das Gleiche. Nur ein paar Sekunden hielten sie Blickkontakt, dann zuckte es um

Felix' Mundwinkel. Auch Nev musste grinsen – dann lachten sie beide. Es war immer noch albern.

„Okay", lachte Felix. „Okay, okay."

Immer noch ließ keiner los, im Gegenteil, ihre Finger verschränkten sich ineinander.

„Danke, Nev."

ABEND, MOROZ, MARSNATION

„ES TUT MIR LEID." LEVINS HAND lag am Türknauf. Er starrte die Wand über dem Bett an und rieb sich den Hals. Er wollte hier wirklich nicht länger sein.

Der Soldat grunzte. „Schieb's dir sonst wohin." Er war klein, noch recht jung und jemand hatte ihm einen Pfeil in die Schulter gejagt. „Wegen deinen Leuten bin ich hier."

„Es tut mir leid", wiederholte Levin. Das war eine der drei Antworten, die sich in seinem Arsenal befanden. Die anderen beiden waren ‚Ja' und ‚Nein'. Es machte seinen Job wesentlich einfacher, sich auf diese Optionen zu beschränken, allerdings hörten sie langsam auf, ihm wie echte Worte vorzukommen.

Levin verließ das sogenannte Krankenzimmer, schloss die Tür hinter sich, und atmete lange ein und aus.

Surreal. Surreal, surreal, surreal.

Er war in der Marsnation. Er hatte sie nie verlassen. Genau genommen war er nicht einmal richtig geflohen, und trotzdem. *Trotzdem.* Er *war* genau hier, in den Unterkünften, die zwar nicht seine waren, es aber ebenso gut hätten sein können, wäre er nur ein paar Kilometer weiter westlich geboren worden. Nein, es waren keine Unterkünfte mehr, es war ein Lazarett. Die Stadt war bevölkert von Merkur und Jupiter, nicht von Mars. Er *war* in der Marsnation, aber so wie die Worte keine Worte mehr waren, war die Marsnation nicht mehr die Marsnation.

Und er war kein Marssoldat mehr. Vermutlich. Die Grenzen

waren ineinandergelaufen, verschmiert. Irgendwie gehörte er jetzt auch zu Jupiter – oder gehörte Jupiter. Irgendwie war alles so gekommen, dass er nun die Wunden der Leute versorgte, die sich dabei verletzt hatten, seine Nation dem Erdboden gleichzumachen – Iras Nation dem Erdboden gleichzumachen.

Levin stieß sich vom Türrahmen ab und setzte sich wieder in Bewegung. Er hatte keine Zeit für so was. Er würde nachts ohnehin wach liegen, tagsüber musste er arbeiten. Frische Laken holen, frische Verbände. Wunden säubern, Menschen waschen, sich Geschimpfe anhören, so wenig Blickkontakt wie möglich herstellen. Arbeiten – daran, dass er am Leben blieb.

So die Theorie. In der Praxis hatte er zu viele gute Gründe, sich vollkommen wahnsinnig zu machen – und sie kamen ohne Grund, ohne Ankündigung.

Was würde aus ihm werden, wenn Mars vernichtet war?

Wenn Mars vernichtet war. Was für ein Satz. Was für Aussichten.

Wohin würde er gehen? Nach Jupiter? Wegen seiner Mutter, die er nicht Mutter nannte, sondern Vera? Wenn ja, dann war das doch seltsam, denn sein Mal war rot, nicht grün. Selbst wenn Mars die Sache noch irgendwie herumreißen und den Krieg gewinnen könnte, dann wäre Levin ein Verräter und der Tod wäre ihm reserviert. Er konnte es drehen und wenden, wie er wollte: Es gab keinen einzigen Ort mehr, an den er passte.

Mit zahnfarbenen Laken und ein paar Verbänden in den Händen lief Levin den nächsten Korridor hinunter. Wenn er ignorieren konnte, was genau er hier tat und wem er hier half, wenn er ignorieren konnte, warum – dann war es auf der Krankenstation eigentlich nicht schlecht. Zumindest könnte es viel schlechter sein.

Kein einziger Mensch hier konnte ihn ausstehen, viele hassten ihn sogar, aber von den Leuten hier drinnen ging weniger Gefahr aus als von denen draußen. Das Lazarett war normalerweise eher sicher, aber in letzter Zeit – vor drei Tagen genau – war es gefährlicher geworden. Es gab Zimmer, die er mit aller Kraft mied.

Levin wurde langsamer und blieb schließlich auf dem Gang stehen. Er hatte nichts vergessen, nein, aber etwas war im Weg. *Jemand.*

Die Laken vor die Brust gepresst stand er da und blinzelte einer Person entgegen. Das Mädchen lehnte an der Wand, Kopf auf den Knien und Arme über dem Kopf, als würde sie versuchen, sich vor fallenden Trümmern zu schützen.

Zugegeben, sie war nicht wirklich *im* Weg, aber ein Hindernis. Die Gänge waren eben eng.

Weder schien sie seine Anwesenheit zu bemerken, noch schien es, als würde sie den Platz in naher Zukunft freigeben. Sie schluchzte und jedes Mal zuckten ihre Schultern mit. Das Schluchzen hatte Levin zwar schon gehört, aber im Lazarett gewöhnte man sich an solche Geräusche. Offenbar hatte es irgendjemand nicht geschafft.

Noch eine Weile zögerte Levin, dann stieg er vorsichtig über ihre Beine und gab sich Mühe, sie nicht zu berühren. Levin wusste es besser, als sich in anderer Leute Angelegenheiten einzumischen, das hatte er noch nie getan.

Das nächste Zimmer. Eine Soldatin – Merkur, ungefähr dreißig – hatte ein Stück Bein in Gusev gelassen.

Als Levin zurück auf den Flur trat, saß die Gestalt noch immer da, in der gleichen Haltung, an der gleichen Stelle. Er drängte sich jetzt schneller an ihr vorbei. Den geringen Abstand zwischen ihren Füßen und der Wand nutzte er voll aus. Er konnte ihr Gesicht nicht sehen, aber sie wirkte ein bisschen wie ... Sie machte ihn nervös.

Jedes Mal, wenn Levin aus einem der Zimmer kam, hoffte er, dass sich die Gestalt in Luft aufgelöst hatte – und jedes Mal wurde er enttäuscht. Beinahe eine Stunde später, als er mit neuen Verbänden, neuen Laken und einem halb vollen Eimer Wasser auf dem Weg zum vorletzten Zimmer des Ganges war, saß sie noch immer da. Vielleicht war sie eingeschlafen – immerhin hatte das

Schluchzen vor einer guten Weile aufgehört –, trotzdem schob sich Levin vorsichtig an der gegenüberliegenden Wand des Mädchens vorbei.

Das war, als sie den Kopf hob.

Ihr Gesicht war nass, ihre Lippen ausgetrocknet, und ihre braunen Augen rötlich und geschwollen. Sie sah ihn verwirrt an.

Sie war es. Levin erkannte sie von dem Abend, an dem er verhört worden war. Sie *war* der Schatten und jetzt hatten sie Blickkontakt. Das bedeutete: Nicht nur sah er sie, sondern sie ihn auch. Wie er gegen die Wand gedrückt dastand, wie er sie mit weiten Augen anstarrte und wie er die Lippen zusammenpresste, bevor er Richtung Haupteingang davoneilte.

Weit kam er nicht.

„Warte!"

Levin ließ ausnahmslos alles, was er in den Händen hatte, fallen. Der Aufprall des Eimers ließ ihn ein zweites Mal zusammenzucken, Verbände sogen sich voll, und ehemals saubere Laken wurden über den Boden gespült.

Er starrte das Chaos auf den Holzdielen an und sein Herz schlug ihm in den Ohren.

Ein Stück drehte er sich, nur ein kleines, aber er konnte es sehen. Der Schatten, das Mädchen, stützte sich mit einer Hand vom Boden ab und richtete sich auf.

„Hast du ..." Sie wischte sich angestrengt mit dem Ärmel über die Augen. Ihre Stimme selbst war aufgelöst und vollgesogen wie die Verbände am Boden. „Hast du *Angst* vor mir?"

Prompt schüttelte Levin den Kopf.

„Hast du wohl." Ihr Gesicht sah verwirrt aus, ihre Stimme klang bitter. „Wieso?" Langsam trat sie näher. Ihre Brauen zogen sich zusammen und ihre Augen wurden enger. „Wieso?", fragte sie noch einmal, diesmal lang gezogen, als würde sie sich selbst die Frage stellen, nicht Levin. Im schlimmsten Fall kannte sie die Antwort.

„Ich ... es tut mir leid. Ich muss ..." Levin hockte sich hin und griff nach einer der aufgeweichten Verbandsrollen. Seine Finger gehorchten nicht, sie schubsten die Rolle aus seiner rechten Hand und mit der linken konnte er das glitschige Ding nicht auffangen. Sie klatschte wieder in die Pfütze.

Ein Blick über die Schulter sagte ihm, dass der Schatten sich nicht hatte abwimmeln lassen. Im Gegenteil, sie war noch ein Stück näher gekommen, schaute ihn an, als versuchte sie, ein Rätsel zu lösen.

„Was sind das für Flecken?" Ihre Stimme klang erstickt, ein heiseres Flüstern, große nasse Augen hefteten sich an Levins Gesicht. „Wo kommen die her?"

Sie wusste es. Sie wusste es.

Sofort wandte Levin sein Gesicht ab, starrte auf die Verbände auf dem Boden und murmelte irgendetwas von „Pebas". Dafür sahen die Flecken im Gesicht zwar zu alt aus, aber wenn sie nicht so genau hinsah ...

Der Schatten tat noch einen vorsichtigen Schritt auf ihn zu und Levin beschloss, dass ihm die Verbände jetzt egal waren. Stolpernd richtete er sich auf und brachte Abstand zwischen sich und das Mädchen. Allerdings konnte sie ihn jetzt auch wieder komplett sehen.

„Du bist der aus Mars." Sie hörte nicht auf, Schritte vorwärts zu tun, also tat Levin Schritte rückwärts. Ihre Augen wuchsen, wurden größer und größer. Von Verwirrung gab es längst keine Spur mehr, sie sah jetzt panisch aus. „Nein, Jupiter bist du auch, nicht?" Sie hielt die Luft an. Es waren neue Tränen in ihren Riesenaugen. „Bist du auch so robust? Jemand der" – sie tippte sich ins Gesicht – „jemand, der so was überleben kann?"

Dann blieb sie stehen, Levin nicht.

Ihre Worte waren kaum mehr, als ein nervöses Hauchen. „Bist du zufällig Bogenschütze?"

Levin konnte nicht sprechen, atmen auch nicht. Das war er,

das war genau der Moment, der Levin nachts nicht hatte schlafen lassen. Er musste gar nicht sprechen, sein starres Gesicht, seine wackeligen Beine sprachen für sich selbst.

„Bist du oder bist du nicht?!", rief sie, die Tränen liefen jetzt.

Levins Brust fühlte sich an, als sei sie aus Blei, als würde er gleich sterben. Jeden Moment. Zittrig nickte er.

Er war sich nicht einmal sicher, ob sie es mitbekommen hatte. Ihre Brust hob und senkte sich rapide, aber ihr Blick war starr, über mehrere Meter hinweg. Levin war fast auf dem Hauptflur, während sie noch im engen Korridor stand.

Aber dann machte sie einen Schritt. Und noch einen. Und noch und noch und noch und noch einen, sie ging nicht mehr, sie lief, sie rannte.

Selbst wenn Levin nicht zu spät reagiert hätte – es war fast unmöglich, sich schnell rückwärts zu bewegen, vor allem wenn man Levin hieß und einem die eigenen Beine nicht mehr gehorchten.

Er *war* zwar fast auf dem Hauptflur, aber sie bekam seinen Arm zu fassen und riss ihn herum, zurück in den Gang. Der Schwung brachte Levin aus dem Gleichgewicht, er stolperte, dann verlor er die Sicht. Sein Kopf prallte auf die Holzdielen und für einen Moment meinte er, wieder in Pebas zu sein.

„Du!"

Der Schatten verlor keine Zeit. Levin hatte ihr Gesicht vor seinem, bevor er überhaupt ans Aufstehen hätte denken können. Eins ihrer Knie bohrte sich irgendwo in seinen Magen und ihre Hände krallten sich in seine Schultern.

„Du, du warst es", sagte sie – oder schrie sie. Levin war sich nicht sicher. Sein Herz pochte, sein Kopf gleich mit.

„Du warst es, oder?!"

Ja, ja, das war definitiv ein Schrei.

Levins Augen zuckten nach links, nach rechts und nach oben, als würde es jemanden geben, der ihm helfen würde. Es gab niemanden. Der Gang war leer.

„Es waren zwei Bogenschützen", würgte sie hervor. „Der eine ist tot und der andere warst du, oder?"

Levin antwortete nicht.

„Oder?!"

So etwas wie ein „Ja" fiel aus seinem Mund.

Für einen Moment war es still. Eine Stille, die in den Ohren rauschte.

Dann schniefte der Schatten.

„Die Chance ist fünfzig-fünfzig, nicht?" Sie sah ihn an, direkt von einem Paar nasser Augen zum anderen. „Warst du's?" Ihre Arme zitterten, ihre Lippe bebte, ihr Blick mochte Stahl durchschneiden. „Hast du meinen Vater getötet?"

Unbeweglich starrte Levin sie an, dabei sah er etwas ganz anderes: Die düstere Lichtung, den Pfeil, den er losließ. Er hörte das Rascheln, als der Mann fiel, er hörte den Schatten aufschreien. Scheiße.

Levin konnte nichts sagen. Er öffnete den Mund und er schloss ihn und er öffnete ihn wieder, aber es ging nicht. Worte funktionierten nicht mehr. Aber es machte nichts, dass er ihr keine Antwort gab. Seine Reaktion machte alles viel, viel, viel zu offensichtlich.

Der Schatten – das Mädchen – atmete zitternd, stockend. Ihre Brust hob und senkte sich, als wäre sie gerade erst von Pebas bis zur Hauptstadt gelaufen. Die Tränen auf seinem Gesicht waren nicht nur seine eigenen.

„Du" – sie schluchzte, das Gewicht, das auch ihn drückte, wurde größer – „hast mein Leben zerstört."

Levin ächzte. Ein einziges erbärmliches Wort würgte er hervor. „Bitte."

Er war sich nicht einmal sicher, worum er bat.

„Alles", sagte sie. Mehr Tränen. „Alles. Alles davon. Alles wegen dir. Alles wegen dir. Wenn du nicht gewesen wärst, wäre alles noch gut. Dann wäre alles so wie vorher."

Endlich brach ein weiteres Wort frei, ein Satz – die automatische Antwort, mehr geflüstert als gesprochen. „Es tut mir leid."

Dann begann er verschiedene Sätze, ohne einen einzigen zu beenden. „Ich kann nichts dafür ... Ich wollte doch nicht ... Ich musste doch ... Ich war Soldat, ich hatte Befehle, ich ..."

Seine Stimme blieb in der Luft hängen. Seine Worte kamen nicht an. Sie waren körperlos, gingen einfach durch das Mädchen durch, als würde sie ihn gar nicht hören.

Nur vier von Levins Worten hatten zumindest so etwas Ähnliches wie ein Gewissen, also wiederholte er sie. „Es tut mir leid."

Er sagte es noch einmal. Noch einmal lauter, noch lauter und dann wieder leise. Zuletzt klang es mehr wie ein Flehen, als eine Entschuldigung. „Es tut mir leid."

Das Mädchen beruhigte sich nicht, im Gegenteil, sie atmete immer schneller. Es kam Levin wie in Zeitlupe vor, als sie ihre Hände von seinen Schultern nahm und nach oben bewegte. Er spürte, wie der Puls an seinem Hals gegen ihre Hände pochte.

Dann drückte sie zu.

Ein, zwei Augenblicke vergingen, ohne dass Levin wirklich verstand, was geschah. Zuerst merkte er, dass er nicht mehr sprechen konnte. Kein ‚Es tut mir leid', keine halbherzigen Entschuldigungen, nicht einmal ein Hicks kam an den Händen um seinen Hals vorbei.

Richtig, Hände. Verbundene Hände um seinen Hals. Er bekam keine Luft. Sein Mund ging auf und zu, aber da war nichts. *Nichts* war auf einmal ein unglaublich schmerzhaftes Wort. *Nichts* in seiner Lunge, *nichts* in seinem Kopf. Von hier aus sah er das Gesicht des Mädchens, des Schattens – sie weinte, schien selbst kaum Luft zu bekommen, Schluchzer schüttelten ihren Körper. Ihre Arme wirkten wie Säulen, die sich in seinen Hals stemmten.

Das war der Moment, in dem Levin angefangen hätte zu schreien, wenn er nur gekonnt hätte. Er fühlte die Farbe Rot. Grelles, schnell flackerndes Rot. Strom zuckte durch seinen Körper. Panik in ihrer Reinform. Levin zappelte und zuckte – mit seinen Händen um ihre Handgelenke versuchte er, die Säulen von seinem Hals zu zerren. Schon jetzt ging ihm die Zeit aus. Er zog erst an beiden Armen gleichzeitig, versuchte dann mit beiden Händen einen zu bewegen. Ihre Arme bebten, aber gaben nicht nach. Kein Stück. Natürlich nicht. *Natürlich nicht.* Sie war der Schatten. Levins Beine traten ins Leere. Er wusste nicht, wo sie war, wo der Rest von ihrem Körper war, alles, was er sehen konnte, waren ihre Arme, ihr Gesicht. Ihr Blick war komisch, absolut entsetzt, als hätte *sie* Angst vor *ihm*, vor dem, was sie sah. Levins Mund war offen und er konnte ihn nicht schließen. Sein Körper verstand nicht, dass keine Luft mehr reinkommen würde. Sein Kopf wollte explodieren. Er schlug nach ihrem Gesicht, kratzte ihr die Arme auf – nichts davon schien sie wirklich zu stören.

„Du bist schuld!" Sie zitterte, ihre Zähne waren aufeinandergepresst. Ihre Worte waren gedämpft vom Herzschlag in Levins Ohren, eine Erscheinung am Rande seines Bewusstseins. Vielleicht waren sie nicht mal für ihn bestimmt. „Wenn du nur nicht gewesen wärst, dann … dann …" Ihre Worte verloren sich. Sie musste mehrmals in ihren Sätzen Luft holen, um sie überhaupt hinauszubekommen. Levins Energie ging aus. Er konnte die Arme kaum mehr heben. Seine Sicht wurde unscharf an den Rändern.

„Du hast keine Ahnung, wie sehr ich dich hasse! Wie sehr ich dich verflucht hab!" Der Schatten sah jetzt nur noch ängstlich aus. Sie atmete heftig, schüttelte stürmisch den Kopf. „Es wäre egal, wenn ich dich dort draußen getötet hätte!", rief sie. „Warum jetzt nicht!? Wo ist da der Unterschied?" Drei heftige Schluchzer, jedes Mal hoben sich ihre Schultern abrupt.

Levins Sicht war dunkel und vage. Sein Hals war geschwollen, sein Kopf war geschwollen. Er hatte ihre Arme losgelassen – seine Hände konnten nicht mehr zugreifen.

Nur halb konnte er den Schatten noch hören. „Mir tut es *auch* leid!"

Levin verschwand, er verblasste.

☿

Dann wurde er von Luft geflutet. Genauso fühlte es sich an. Einatmen, ausatmen, unfreiwillig, laut, in einem größeren Ausmaß, als Levin für menschlich möglich gehalten hatte. Er hielt sich den Hals – seine Hände, nicht ihre – und rollte sich von einer Seite auf die andere, er hustete und fühlte sich noch einmal, als würde er verenden. Aber: *Er atmete.*

Aber: Wo war *sie?* Es war ganz und gar nicht möglich, dass die Gefahr vorbei war. Levin zwang seine Augen, nach ihr zu suchen, und brauchte nicht lange, um sie mit verschwommenem Blick zu finden: Sie machte Schritte, rückwärts, Richtung Wand. Ihre Augen waren groß, ihr Gesicht aufgequollen und mit ihren Händen umklammerte sie sich selbst.

Sie war noch da. Er musste weg. Levin versuchte, sich hochzustemmen. Ein erbärmlicher Versuch. Kaum lastete Gewicht auf seinen Armen, brach er in sich zusammen – und kaum war das passiert, folgte ein weiterer, beißender Hustenanfall. Schnelle Flucht war nicht gestattet, vielleicht auch sonst keine.

Er warf noch einen Blick in ihre Richtung – und sah nur die Wand.

Geradeso hielt er sich auf den Unterarmen, schaute zur anderen Wand, den Gang hinunter und hinter sich. Nichts.

Sie war fort.

Der Schatten war verschwunden.

FRÜHMORGENS, MOROZ, MARSNATION

DIE NACHT SCHIEN WÄRMER gewesen zu sein als der Morgen. Nev war sich nicht sicher, ob das wirklich möglich war, aber seine Gänsehaut log nicht.

In gut zwei Stunden würden sie Moroz verlassen. Deswegen war er draußen, in der leeren Stadt, die morgens noch gespenstischer wirkte als ohnehin schon, und deswegen war er nicht im Lazarett. Eigentlich war Nev auf dem Weg zum ehemaligen Markt der Stadt, an dem sich die Soldaten sammeln sollten, aber er lief Umwege, von denen er selbst wusste, dass sie ihn nirgendwohin führen würden.

Auch das provisorische Lazarett hatte abbrechen müssen, musste sich in Bewegung setzen und sich in der nächsten Stadt genauso provisorisch aufbauen – sofern diese denn frei war.

Und das war der Haken. Ob auch die nächste Stadt frei war oder ob diesmal tatsächlich Marssoldaten auf sie warteten: Das eine wäre eine Katastrophe, das andere ein Desaster. Nev wollte Pebas oder Gusev kein zweites Mal erleben, kein zweites Mal sehen. Aber er wollte auch nicht in der Hauptstadt sterben.

Obwohl Nev schon den ganzen Morgen ein furchtbares Bauchgefühl gehabt hatte, hatte er nicht damit gerechnet, eine Katastrophe zu finden, noch bevor sie aufbrachen.

Gedämpftes Klirren aus einem kleinen Haus – in der stillen Stadt schien es doppelt so laut. Die Tür war nicht geschlossen, nur angelehnt. Eine Weile stand Nev da und starrte. Es klirrte noch einmal und er trat näher, lauschte.

Nicht nur schweres Atmen, auch der beißende Geruch von Erbrochenem wehte durch den Spalt zu ihm nach draußen. Es könnte ein Marsgeborener sein. Jemand, der sich hier versteckt hatte und hoffte, der Vernichtung zu entgehen. Nev war im Inbegriff, sich wieder umzudrehen und so zu tun, als hätte er nichts gehört.

Aber sein Magen – auch wenn er sich bei dem Geruch umdrehte – hielt ihn davon ab. Eine Weile blieb Nev vor der Tür stehen, unschlüssig und frierend. Dann legte er zwei Finger an die Tür und öffnete sie nur einen winzigen Spalt weiter.

Ein Fehler – oder auch nicht.

„Amari!"

Er hatte ihren Namen schon gerufen, bevor ihm einfiel, dass sie ihn nicht hören konnte. So oder so nicht. Sie saß auf dem Boden, lehnte am Tresen, zusammengefaltet wie ein Stück Papier, ihr Kopf wippte beständig von einer Seite zur anderen, der einzige Hinweis darauf, dass sie überhaupt bei Bewusstsein war.

Nev stand in der Tür wie gelähmt. Keine Faser seines Körpers konnte glauben, was er sah, aber glauben musste er es auch gar nicht. Er *sah* es.

Die zusammengeklappte Amari. Der stinkende Klecks von Erbrochenem zu ihrer Rechten. Leere Flaschen zu ihrer Linken. Der Geruch von Hochprozentigem. Der Ort: eine verlassene Bar.

Jetzt, endlich, setzte sich Nev in Bewegung. In drei Schritten stand er vor ihr, dann hockte er. „Amari."

Ihren eigenen Namen musste sie doch von seinen Lippen lesen können. Dazu musste sie ihn allerdings erst einmal ansehen. Ihr Kopf baumelte, ihr Blick war auf den Boden gerichtet. Vielleicht war sie doch nicht bei Bewusstsein.

„Amari." Er rüttelte sanft an ihrer Schulter.

Sie regte sich.

Er rüttelte noch einmal. Jetzt etwas fester.

Amari hob den Kopf und starrte. Sie sagte nichts, sie starrte nur, mit offenem Mund. Genau genommen sah sie ihn nicht einmal an, sondern er war nur zufällig dort, wohin ihr Blick schwankte. Mit zusammengekniffenen Augen saß sie da, als würde sie direkt in die Sonne schauen. „Nev?"

Ihre Augen waren schwammig, ihre Iris zitterte.

Die Tafel. Nev hatte sie an seinem Gürtel eingehakt, so wie Amari sie immer trug, in der Hoffnung, sie ihr möglichst bald zurückgeben zu können. Die Kreide allerdings hatte er nicht dabei.

Kreide hatte Amari – wenn auch jetzt nicht mehr. Auf die Seite des Tresens waren weiße Tannen gemalt, weiße Stückchen überall auf dem Boden verstreut. Nev hob eins von ihnen auf.

Was machst du hier? Der Satz war sein erster Impuls, eine dumme Frage, zumal er die Antwort bereits wusste, aber er hielt ihr trotzdem die Tafel vor die Nase. Vielleicht hoffte er auf eine Erklärung. Eine Ausrede, auf die Wahrheit. Aber Amari sagte nichts. Ihre Mundwinkel zuckten ein wenig, als müsste sie lachen.

Konnte sie so überhaupt lesen?

Eine andere Option hatte er nicht.

Wie viel hast du getrunken?

Amaris Hand umklammerte eine kleine halb volle Glasflasche. Weitere leere und volle lagen auf dem Boden verstreut, manche waren kaputt, so dass man das unmöglich sagen konnte.

Erneut hörte er nur seinen eigenen Atem. Keine Antwort.

Beim Betrachten der gelbbraunen Flüssigkeit fiel es ihm siedend heiß ein. Der Fusel der Marsnation war eine Sache für sich. Nev wusste nicht mal, ob man das Zeug überhaupt zum Vergnügen trank. Es war Medizin und Betäubung, manchmal mehr.

Ich bring dich zur Krankenstation, schrieb er, dann wusste er nicht, wo er anfangen sollte. Er zog ihr die Flasche aus der Hand und plötzlich war Amari hellwach.

„Nein!" Sie krallte sich fest und zog. Schnell verlor Nev den Halt verloren und Amari hatte ihren Schatz zurück.

„Amari, bitte."

Sie hielt die Flasche fest. Mit beiden Armen, wie ein Baby. Es hatte keinen Sinn. Dann brachte er sie eben so zur Krankenstation, mit der Flasche in der Hand. Er schob seine Arme unter ihre und versuchte, sie vom Boden aufzuheben.

„Nein!", rief Amari erneut. Sie strampelte mit den Beinen. Vielleicht versuchte sie, ihn zu treten.

Mit jeder Sekunde fühlte sich Nev übler. Noch einmal machte er Anstalten, sie anzuheben. „Ich will dir helfen, bitte."

„Nein!"

Die Flasche knallte auf den Boden und das Gift spritzte in alle Richtungen. Nev starrte Amari an und Amari starrte ihn an. Dann brach sie in Tränen aus.

„Schon wieder", schluchzte sie. Er konnte es kaum verstehen. Weder was sie sagte noch was sie damit meinte.

Unsicher streckte Nev den Arm nach seiner Schwester aus. Er wusste nicht, was er damit tun wollte. Er zog ihn wieder zurück.

„Ich will nicht mehr!", rief Amari – so laut und krächzend, wie Nev sie nicht mehr schreien gehört hatte, seit sie klein gewesen war. Kurz presste sie sich die Hände vor den Mund. „Ich kann nicht aufhören."

Wieder der Arm. Wieder nahm er ihn zurück. „Womit?"

Sie verstand ihn nicht, das fiel ihm wieder ein.

Womit?, schrieb er auf. Ob sie überhaupt versuchte zu lesen?

Amari schluchzte weiter in ihre Hände. Würgte immer wieder Geräusche hervor, die noch nicht ganz Worte waren. Gerade als Nev dachte, dass sie sich wieder zu solchen formten, kam nur noch mehr von Amaris getrunkenem Alkohol zum Vorschein. Sie übergab sich zweimal, dann rollte sie sich auf die Seite und blieb liegen. „Hilf mir."

Irgendwie erleichterte das Nev. „Ich helfe dir doch."

Noch einmal schob er die Arme unter Amari und hievte sie von einer liegenden in eine sitzende Position. Amari atmete laut und flatternd. Ihr Gesicht war nass, jede zweite Sekunde wurde sie von einem Schluchzer geschüttelt. Als Nev seine Arme zurückzog, hielt sie seine Hand fest.

„Okay."

Nev nahm Amaris Hände in seine und so saßen sie eine Weile da. Amari weinte. Ihre Finger zitterten und er fühlte ihre aufgeschürften Knöchel in seinen Handflächen. Irgendetwas musste er sagen können. Wenn auch nur, um sie zur Krankenstation zu bewegen.

Amari murmelte. Immer wieder das gleiche Wort. Erst nach ein paar Sekunden verstand Nev es. Sie sagte: „Vater."

Nev sah sie an. Untätig, viel zu lang. Dann ließ er langsam ihre Hände los und nahm die Tafel.

Er ist tot, schrieb Nev.

Amari hob den Kopf. Zum ersten Mal schien sie Nev wirklich anzusehen. Vielleicht auch nicht.

„Komm zurück." Sie starrte ihn weiter an, als hätte er irgendetwas zu sagen, als gäbe es irgendetwas, was er tun konnte. „Ich weiß nicht, was ich machen soll."

Nev hielt die Luft an.

Er kommt nicht wieder, schrieb er. Die Buchstaben wirkten kalt.

Vielleicht war es das Einzige, was Amari wirklich zu lesen versuchte. Sie kniff die Augen zusammen.

„Ich brauche ihn", sagte sie.

„Er ist *tot*", antwortete Nev automatisch und erschrak dabei ein bisschen vor seiner eigenen Stimme. Natürlich hatte es Amari nicht gehört. Die Tafel.

Tote kommen nicht wieder, hielt er Amari hin. Ein paar Sekunden war es ruhig.

„Ich weiß", sagte sie. Dann krallte sie die Finger in Nevs Ärmel. „Ich weiß doch!", rief sie und vergrub ihr Gesicht in seinem Hemd. Nev hatte keine Ahnung, was er tun sollte. Ein bisschen war es wie eine Umarmung, ein bisschen aber auch nicht. Immer noch hatte er die Tafel in der Hand.

„Gar nicht. Niemand", sagte Amari. „Ich wollte doch nur – ich frag mich, wie viele Leute mich hassen."

Nev runzelte die Stirn.

„Ich hab den Mörder gefunden", sagte Amari, als wäre das eine Erklärung. Nach ein paar Sekunden schien sie den Gedanken bereits vergessen zu haben.

„Ich kann das nicht", sagte Amari. Sie schüttelte den Kopf, während ihr Gesicht Grimassen schnitt. „Alles nicht. Ich hab alles falsch gemacht."

Nev tätschelte ihr das nasse Haar, mit der Hand, die den Rest Kreide hielt.

„Und du hasst mich auch."

„Nein", sagte er, sinnloserweise.

Nein, schrieb Nev ungeschickt hinter Amaris Rücken. Ebenso ungeschickt hielt er die Tafel neben sich, sodass es Amari von ihrer Position aus lesen konnte.

„Das stimmt nicht", sagte Amari. „Du hasst mich."

Wirklich nicht, schrieb Nev, aber Amari schaute nicht auf die Tafel.

Sie löste sich von Nev, sah ihn an, das Gesicht verzogen. Eine Weile gestikulierte sie nur mit ihren Armen herum.

„Ich bin ein Mörder."

Ich auch, schrieb Nev. Eine Weile starrte er die Worte an. Tatsächlich kannte er keinen, der das nicht war.

Amari nahm die Tafel – griff dabei zweimal daneben – und legte sie vor sich auf den Boden, als ob sie so besser lesen könnte. Eine gute Weile saß sie stumm über der Tafel und Nev fürchtete, sie würde jeden Moment vornüberkippen, dann hob sie den Kopf.

„Warum bin ich nicht stark genug?"

Langsam zog Nev die Tafel zu sich. Was antwortete man auf so was?

Du kannst nicht – Er wischte.

Du musst nicht – Immer noch nicht richtig.

Nev merkte selbst, wie er die Stirn runzelte. Er rieb sich das Gesicht, beschmierte es dabei mit Kreide. Er opferte noch drei angefangene Sätze, bevor er Amari endlich die Tafel hinhielt.

Du musst dich nicht quälen, damit du stark bist.

Amari sah die Tafel eine Weile an. Sie stützte ihre Stirn in die Hand und schnaubte ein kleines Das-ist-albern-Lachen. Die Tränen liefen noch.

Zur Krankenstation, ja, aber Nev musste vorher noch eins loswerden.

Du hast Mitgefühl und du bist klug. Wir brauchen die echte Amari sowieso mehr als noch eine Soldatin.

Amari starrte durch die Tafel hindurch. Sie schwankte gefährlich. „Ich weiß nicht, was ich machen soll."

Nev wusste es, zumindest vorerst. Die Krankenstation. Er setzte die Kreide an, um es ihr mitzuteilen – aber Amari zog ihm die Tafel aus der Hand. Eine Weile hielt sie die Tafel in die Luft und betrachtete sie, dann ließ Amari ihren Arm nach hinten schnellen und zerbrach die Tafel an der Ecke des Tresens in zwei Teile.

„Scheiße!", rief sie. „Ich weiß nicht, was ich machen soll!"

Nev sah das zersplitterte Holz mit großen Augen an.

„Amari."

Das hatte sie nicht wahrgenommen – natürlich nicht, immerhin sah sie Nev nicht an –, trotzdem schüttelte sie den Kopf.

Eine Weile wartete Nev – nicht sicher, worauf – dann stand er langsam auf und begann, die Kreide vom Boden aufzulesen, Stück für Stück.

Mit der Hand voller Kreide setzte er sich wieder vor Amari. Manche Stücke waren nass, aber sie würden auch wieder trocknen. Nachdem Amari die Kreide ein paar Sekunden lang angestarrt hatte, fummelte sie an der Seite ihres Gürtels herum, ihre Hände schienen den Beutel allerdings nicht zu finden. Nev löste ihn für sie, verstaute die Kreide darin, schnürte den Beutel wieder zu.

Dann stand Nev auf. Er hob die Tafelhälften auf und klemmte sie sich unter den Arm. Die andere Hand reichte er Amari.

Sie blinzelte Nev entgegen, dann nahm sie langsam seine Hand und ließ sich von ihm auf die Füße ziehen. Halb lief Nev mit ihr, halb trug er Amari aus der kleinen, verlassenen Bar.

SPÄTER ABEND, FLAUGE, MARSNATION

IRAS ARME WAREN SCHWER. DASSELBE GALT für ihre Beine, ihren Kopf und ihre Lider. Es wurde bald dunkel, und sie war auf dem Weg nach Hause. Sie hatte eine lange, ausgiebige Trainingsrunde hinter sich. Die Art, bei der sie den Platz erst verließ, wenn sie die Allerletzte dort war und sich die Strohpuppen langsam zu bewegen schienen.

Die Überstunden waren allerdings nicht der Grund, warum sie sich fühlte, wie sie sich fühlte. Ausgelaugt, müde, seit Tagen schon. Nicht nur nach dem Training, sondern auch davor. Nicht nur, bevor sie sich ins Bett legte, sondern auch, nachdem sie aufwachte. Vorausgesetzt, dass sie überhaupt geschlafen hatte.

„Hallo, Ira."

Ira blieb stehen und grummelte. Schon von Weitem hatte sie gesehen, wie ihr die große, schlanke Frau entgegenkam, und bemüht so getan, als hätte sie das nicht. Manche Leute konnten wohl Zeichen nicht deuten.

„Hallo", sagte Ira in einem Ton, mit dem sie die meisten Leute verscheuchte. Sie schaute die Frau mit ihren schweren Augen an. „Was denn?"

Ira kannte weder den Namen der Frau noch die Frau selbst besonders gut – sie war eine Freundin ihrer Mutter gewesen, das wusste Ira. Ein bisschen mehr auf der wohlhabenderen Seite, vergleichsweise zumindest. Manchmal hatte sie ihnen Essensreste gebracht.

Natürlich sah sie Ira an, wie alle Ira ansahen, seit dem Abend, an dem Asmus zu Besuch in der Kaserne gewesen war. Es war ein Blick, der sagte: ‚Oh, das tut mir aber leid für dich. Du warst mutig, es ist schade, wirklich zu schade.'

Normalerweise hatte Ira kein Problem, solche Leute zu verscheuchen, aber die Dame war hartnäckig.

„Der Himmel sieht heute Abend schön aus, findest du nicht?" Sie lächelte freundlich.

„Ich glaube nicht, dass wir denselben Himmel sehen."

„Ach ja, richtig, die Farben." Sie räusperte sich und blickte die Straße entlang. „Du bist ganz schön spät noch unterwegs."

„Es ist noch hell."

„Ja. Ja, schon, aber ..." Die Frau sah Ira unsicher an. Das grimmige Gesicht schien langsam Wirkung zu zeigen.

„Schon klar", sagte Ira. „Ich wohn aber nicht mehr in der Kaserne."

„Oh", machte die Frau und heuchelte etwas Besorgnis. „Wieso das?"

„Was glaubst du, wieso?"

„Äh ..."

„Richtig." Ira setzte ihre Beine wieder in Bewegung. „Weil ihr mich alle so dämlich anstarrt."

„Warte!" Mit ein paar schnellen Schritten war die Frau wieder an Iras Seite. „Heißt das, du bist keine Soldatin mehr?"

„Doch. Ich wohn nur nicht mehr da."

„Ira, bitte bleib doch mal stehen."

Ira blieb nicht stehen.

„Du musst das nicht alleine durchstehen, ich bin da, wenn du was brauchst." Sie wollte ihr eine Hand auf die Schulter legen, schien diesen Gedanken aber schnell zu verwerfen. „Wer weiß, was passieren kann, nachdem –"

„Ich bin nicht allein." Ira war stehen geblieben, die Frau sah sie erwartungsvoll an. Dann setzte sich Ira ohne ein weiteres Wort wieder in Bewegung.

„Moment!" Sie tippelte an ihre Seite. „Wie ... wie geht es den Kleinen? Kommt ihr über die Runden?"

„Kipp ist im Gefängnis."

„Oh ... oh." Sie schluckte hörbar.

„Mika und Maya geht es gut." Ira drehte ihren Kopf und lächelte. „So wie es gerade ist, brummt das Schnapsgeschäft, weißt du? Jetzt lass mich in Ruhe."

Endlich schien es gezogen zu haben. Die Frau blieb auf dem Weg zurück, während Ira ihren Schritt beschleunigte. Es machte sie langsam aber sicher wahnsinnig: die Heuchelei. Dass alle so taten, als würde Ira an einer tödlichen Krankheit leiden.

Dabei lief doch für alle die Zeit ab.

Genau das. Das war es. Der Grund, warum Ira mit Kopfschmerzen aufwachte und mit Kopfschmerzen einschlief; warum sie sich ins Training stürzte und alles tat, um die Zeit, in der sie nachdenken konnte, auf ein Minimum zu beschränken – es waren nur Tage übrig, vielleicht eine Woche, dann würde alles vorbei sein.

Hoffentlich würde Ira hier kämpfen und nicht zur Verteidigung einer der äußeren Bezirke von Flauge geschickt werden. Sie würde so oder so sterben, aber sie wusste, was sie dabei beschützen wollte: das kleine, hässliche, einsturzgefährdete Haus, durch dessen Tür sie seit ein paar Tagen wieder regelmäßig ging.

Erst als Ira die Hand schon am Knauf hatte, fiel ihr der Zettel auf, der an ihre Tür gepappt war. Sie trat einen Schritt zurück und kniff die Augen zusammen.

Es war ein ausgefranstes Pergament, an dem ein Hauch von Hochmut klebte – irgendetwas Offizielles. In dichten Reihen drängte sich ein schwarzes Gewirr aus nichtssagenden Zeichen. Ira verzog das Gesicht. Sie riss den Brief ab, zerknüllte das raschelnde Papier und warf es weg.

Dann öffnete sie die Tür.

Im Prinzip sah alles so aus wie immer. Die leeren Glasflaschen für den Selbstgebrannten standen fein säuberlich im Regal, der runde Esstisch, den Ira mehr schlecht als recht zusammengezimmert hatte, stand in der Mitte des Raumes und nahm zu viel Platz weg. Alle Stühle waren da, vier an der Zahl. Aber es schwaderte ein ekelhafter, drückender Gestank durch den Raum.

Einer der niedrigen Stühle war zur Seite gerückt, Hände lagen auf seiner Sitzfläche und ein Kopf lehnte daran. Ein paar Meter weiter lag eine zweite Gestalt auf dem Boden, auf der Seite, ein wenig gekrümmt. Die erste Gestalt war Maya, die zweite war Mika, beide mit einem klaffenden Loch in der Brust.

☿

Die Sonne war komplett unter- und wieder aufgegangen, bevor Iras Körper wieder zu leben begann. Bis sie die Finger, dann die Arme und die Beine wieder bewegen konnte, und ihr zerschnittenes Gesicht vom Boden hob.

Ihre Hände waren blutig, die Fensterscheiben zerschlagen. Holzstücke waren von den dünnen Wänden gesplittert, die Überreste des Tisches – alle vier Beine waren abgebrochen – lagen verkehrt herum in der Mitte des Raumes. Drei Stühle waren gegen die Wand getreten worden. Bettdecken waren zerrissen.

Iras Hals brannte, denn sie hatte geschrien, erst nach ihren Geschwistern, dann nur noch um des Schreiens willen.

Sie hatte einige von Mayas Schnapsflaschen gegen die Wand geschleudert, bevor sie das ganze Regal umgerissen hatte. So war der See aus Glasscherben entstanden, in dem Ira die ganze Nacht über gelegen und geweint hatte.

Jetzt, zum ersten Mal nach Stunden, richtete sie sich auf.

Dass sie dazu in der Lage war, lag an genau einem Gedanken, der über Nacht Besitz von ihrem Hirn ergriffen hatte.

Kipp.

Nur das leise Klirren der Scherben war zu hören, als Ira sich über den Boden schleppte. Sie wollte nicht aufstehen, sie konnte nicht aufstehen. Sie konnte überhaupt nichts tun. Sie war allein in diesem Haus.

Maya und Mika waren noch genau da, wo sie sie gefunden hatte. Es lag Stunden zurück, dass Ira sie an sich gedrückt und auf sie eingeredet hatte. Mittlerweile kreisten die ersten Fliegen um sie und das warme Wetter setzte ihnen zu. Es stank fürchterlich.

Ira schaffte es bis zur Türschwelle. Die Tür hatte sie gestern Abend nicht mehr geschlossen, und so schien ihr die Sonne jetzt geradezu höhnisch auf ihr geschwollenes Gesicht. Sie konnte nicht zurück ins Haus blicken. Sie wollte es nicht sehen, nicht schon wieder. Die ganze Nacht hatte sie nichts anderes vor Augen gehabt, und sie wusste, dass sie auch in den kommenden Nächten nichts anderes sehen würde.

Ihr Blick fiel auf etwas, was draußen auf dem feuchten Boden lag. Es hatte gestern Nacht wohl noch geregnet, vielleicht sogar ein Gewitter gegeben. Der zerknüllte Zettel war nass, aber nicht aufgeweicht.

Langsam entknüllte Ira den Brief, presste ihn auf die Holzdielen und strich ihn so glatt wie möglich. Die Schrift war nur ein wenig verwischt, sagte ihr aber immer noch nichts. Nichts, bis auf das einzige Wort, das sie lesen konnte – das Wort, das sie gestern Abend übersehen hatte. In der rechten oberen Ecke prangte eine verzerrte Version ihres Namens.

Iras Mund war staubtrocken, sie schluckte angestrengt. Hätte es irgendetwas geändert, hätte sie den Zettel gelesen? Wie sollte es? Maya und Mika waren vorher erstochen worden.

Aber was stand darauf?

Ira klammerte sich an den Türrahmen und zerrte ihren Körper auf die Beine. Mit einem wackeligen Schritt verließ sie das Haus. Die Sonne wärmte ihre Haut und auch wenn sie es nicht ganz verstand, liefen ihr wieder Tränen übers Gesicht. Sie ballte eine Faust um den Brief. Irgendjemand in dieser widerlichen Stadt musste doch lesen können.

Als sie hinaus auf die Straße trat, stellte Ira fest, dass es früher war, als sie geglaubt hatte. Kaum eine Menschenseele war unterwegs. Ein einsamer Bettler sprang auf und suchte das Weite, als Ira sich ihm näherte.

Natürlich.

Ihre Hose und ihr Hemd hatten sich mit dem Blut ihrer Schwester vollgesogen, Ira war mit Schnittwunden bedeckt. Wenn man sie so sah, dachte man womöglich, sie habe selbst einen Mord begangen.

Ira setzte sich auf die Straße, mit dem Rücken gegen die gleiche Wand, an der der Bettler gesessen hatte.

Sie wartete.

Sie konnte selbst nicht sagen, wie lange sie das tat. Jegliches Zeitgefühl hatte sie verloren und so hätten es fünf Minuten oder drei Stunden sein können, bis die Straße sich langsam füllte.

Die Leute wichen Ira aus. Sie machten einen Bogen um sie, starrten sie entgeistert an und liefen schneller, wenn sie ihnen „Können Sie mir bitte helfen?" hinterherrief. Dabei hatte sie sogar die höfliche Anrede rausgeholt.

Mit jeder Abfuhr fiel Iras Energie weiter in den Keller. Öfter als ihr lieb war, musste sie Tränen hinunterschlucken, und öfter, als ihr lieb war, gelang ihr das nicht. Schließlich trafen ihre Augen auf die Person, die sie bestimmt nicht abwimmeln würde. Ira rannte.

„Kannst du ... können Sie lesen?"

Auch die Frau von gestern Abend erschrak, aber sie lief nicht davon. Ira hielt ihr den zerknüllten Zettel hin.

„Ich ... ja ... ja, kann ich." Zögerlich nahm sie ihr den Zettel aus der Hand, sah Ira dabei an. „Was ist mit dir passiert?"

Ira zitterte. Sie presste ihre Lippen aufeinander, ihr Blick klebte am Pflasterstein. „Sagen Sie mir einfach, was das für ein Brief ist, *bitte.*"

Das Papier raschelte, Ira sah nicht auf.

„Es ist eine Ankündigung", sagte die Frau.

„Eine Ankündigung." Ira hatte ein dumpfes Gefühl im Magen. „Wofür? Von wem?" Sprechen bereitete Ira Probleme. Ihr Mund fühlte sich pelzig an, ihre Zunge trocken. Um die Wörter über gesprungene Lippen und an aufgerissenen Mundwinkeln vorbeizubringen, musste sie sich bemühen.

„Von ..." Kurz war es still. Die Frau räusperte sich. „Von Asmus. Asmus hat es unterschrieben."

Die Wärme, die die Sonne in Ira hineingezwängt hatte, wich voll und ganz aus ihr heraus. Wie ein Geist, der ihren Körper verließ.

„Für was?", würgte Ira hervor. Sie hob den Kopf und sah der Frau direkt in die Augen. „Für was? Was kündigt er an?!"

Jetzt war es die Frau, die Iras Blick auswich. Sie schaute auf den Zettel, ihre Augen bewegten sich wiederholt von links nach rechts. „Ich habe so einen schon mal gesehen, die hängen hier manchmal rum. Aber ... normalerweise nicht unterschrieben." Die Frau hielt inne und sah Ira an. „Es geht um die Hinrichtung. Auf dem Marktplatz."

„Hinrichtung von *wem?*", rief Ira, obwohl sie es genau wusste. Obwohl die Tränen längst wieder liefen.

Immer mehr schrumpelte die Stirn der Frau zusammen. Immer mitleidiger wurde ihr Blick. Immer nervöser wurde sie selbst. „Von ... den Gefängnisinsassen, die ... die das Ritual verweigern oder nicht gut genug überstanden haben oder anderweitig ... nicht dazu in der in der Lage sind ... Wegen der Lebensmittelknappheit, und ... da ist eine Liste mit Namen –"

„Steht Kipp drauf?"

„Ich, also –"

„Steht er drauf?" Ira bebte. „Er steht drauf, oder? Warum sollte das Scheißteil sonst an meiner beschissenen Tür hängen? Er

steht drauf, oder nicht? Sagen Sie es mir!"

„Es tut mir leid", murmelte sie.

Kurz schien Ira schwarz vor Augen zu werden, aber sie blieb standhaft.

„Wann?" Sie trat noch einen Schritt näher, obwohl die ganze Straße sie bereits hören konnte. „Steht da, wann das sein soll?!"

„Heute", stammelte die Frau. „Morgens, also heute Morgen. Also –"

Das Letzte nahm Ira nicht mehr wahr, denn sie rannte schon. Hatte Kipp das Ritual überstanden oder nicht? Nein, das war völlig egal. Asmus ließ ihn hinrichten, einfach weil er mit ihr verwandt war. Alle ihrer Geschwister, alles, was Ira an Familie noch hatte, musste büßen, nur weil *sie* vor ein paar Tagen irgendwelche Worte gesagt hatte. Warum konnte es nicht *sie* sein? Warum konnte er nicht einfach *sie* ermorden lassen?

Ira rutschte auf dem feuchten Boden und schlug der Länge nach hin. Ihr Körper war taub, aber sie stand auf und lief weiter. Wieso nicht sie? Wieso nicht sie?

Sie erreichte den Marktplatz, völlig außer Atem – und zu spät. Inmitten einer Menschentraube, und pünktlich mit Iras Eintreffen, zerschnitt eine Axt die Luft, und ein dunkelhaariger Kopf rollte auf den Pflasterstein.

Ira war allein.

NACHMITTAG, IRGENDWO, VERMUTLICH MARSNATION

NOCH NIE HATTE AMARI GETRUNKEN. NICHT ein einziges Mal. Alkohol war für sie Gift und nichts weiter. Selbst wenn sie an der Behauptung noch gezweifelt hätte, wäre es dieser Nachmittag gewesen, der die Zweifel allesamt fortgewaschen hätte.

Amari übergab sich. Noch mal.

Ihr ganzes Sein war um einen Holzeimer geschlungen, ihr Kopf lag auf dem Rand, das Innere ihres Magens auf dem Boden des Eimers. Es stank widerlich, aber Amari konnte den Kopf nicht heben. Er wurde zermalmt.

Selten in ihrem ganzen fieberreichen Leben hatte sie solche Kopfschmerzen ertragen müssen. Es fühlte sich an, als würde jemand mit den Rüstungsstiefeln der Marsnation auf ihrem Schädel herumtanzen. Als wäre ihr Kopf ein Ball, den die Kinder auf der Straße umherkickten. Sie konnte die Augen nicht öffnen.

Amari war in Bewegung. Sie selbst bewegte sich natürlich kein Stück, aber ein unebenes Holpern bestätigte ihr, dass sie sich in einem Wagen befand. Sie wünschte, es würde aufhören. Sie wollte Ruhe, nichts als Ruhe. Allerdings war es schwer, zur Ruhe zu kommen, wenn man nicht wirklich wusste, wo man denn war.

Amari gab ein bemitleidenswertes Stöhnen von sich, als sie sich überwand, die Augen zu öffnen. Zunächst brachte ihr das gar nichts. Sie konnte kaum etwas sehen, und das, was sie sehen konnte, war verschwommen, verzerrt, verdoppelt und pulsierte in ihrem Gehirn. Sie stöhnte noch einmal, brachte ihre ganze Kraft auf, um mehrmals zu blinzeln, und übergab sich in den Eimer. So war sie auch aufgewacht: durch Magensäure in ihrer Speiseröhre.

Langsam nahm die Welt vor ihren Augen Gestalt an. Es war viel zu hell.

Eine Hand stellte einen Becher Wasser vor ihr ab. Es dauerte eine Weile, bis sie begriff. Die Krankenstation. Dort war sie.

Amari hatte nicht das geringste Verlangen, den Becher auch nur anzurühren. Es musste der heißeste Tag sein, den dieses Jahr bis jetzt hervorgebracht hatte. Schweiß bedeckte jeden Zentimeter ihres Körpers, ihre Haare klebten ihr im Gesicht und ihr Mund war eine Wüste. Sie war ausgetrocknet, trotzdem wollte sie das Wasser nicht. Sie wollte sich nicht ein Stück bewegen.

Die Krankenstation fuhr. Das bedeutete, dass sie verlegt wurde. Das bedeutete, dass gerade jetzt – in diesem Moment – die Eroberung von Mars weiter fortschritt.

Amari übergab sich noch einmal in ihren Eimer.

Es dauerte volle fünf Minuten, bis ihr auffiel, dass sie in dem Wagen nicht allein war. Fünf Minuten, bis es Amari fertigbrachte, sich mitsamt dem Eimer ein wenig um die eigene Achse zu drehen.

Auf der gegenüberliegenden Wagenseite saß Felix, so nah am Rand, dass man Angst haben musste, er würde hinausfallen. Es schien ihm besser zu gehen – immerhin trug er sein Hemd wieder, nur jetzt mit einem leeren rechten Ärmel. Unter seinem Kragen schauten noch immer Bandagen hervor.

Amari sammelte Kraft und Worte.

„Wo sind wir?", fragte sie Felix und bemerkte erst dann, dass sie nicht wusste, wie sie eine Antwort bekommen sollte. Ihre Tafel war weg.

Nein, war sie nicht, Felix hatte sie.

Nein, hatte er nicht. Was er in der Hand hielt, war nur eine Hälfte. Ihre Tafel war zerbrochen.

Eine kleine Welle der Wut schwappte über sie hinweg, aber kaum war sie da, ebbte sie auch schon wieder ab – zu schwach, um

Amari auch nur dazu zu bringen, ihre Stimme zu heben.

„Was hast du damit ...?", würgte sie hervor. Stichwort würgen: Sie drehte den Kopf, sodass ihr Mund wieder über dem Eimer hing. Diesmal war es allerdings falscher Alarm.

Felix schrieb. Die andere Hälfte der Tafel lag neben ihm. Sogar die Kreide hatte er. Wieso hatte er ihre Sachen?

Ich war das nicht, stand auf der Tafel, die er ihr hinhielt.

„Wer sollte ..." Amaris Worte verloren sich irgendwo zwischen der einen und der anderen Tafelhälfte. Zwischen ‚Es ist mir egal' und ‚Ich will es nicht wissen'. Plötzlich hatte sie das Bedürfnis, sich bei jemandem zu entschuldigen, aber nicht die leiseste Ahnung, bei wem.

Weiß nicht, wo wir sind, schrieb Felix. Seine Buchstaben waren riesig und grenzten ans Unlesbare. Vermutlich war er Rechtshänder gewesen.

Anstatt die Nachricht auf der ersten wegzuwischen, nahm Felix die zweite Hälfte.

Wir fahren schon eine Weile.

Amari konnte es sich nicht erklären, vielleicht war es Einbildung, aber er wirkte irgendwie hibbelig.

„Wo ist Nev?", fragte sie, ohne sich wirklich sicher zu sein, wieso sie das tat. Vielleicht war es komisch, Felix allein zu sehen.

Er hob den Finger und zeigte in Fahrtrichtung.

Richtig. Nev musste kämpfen – falls denn jemand zum Kämpfen da war.

Amari hatte gedacht, das Gespräch wäre beendet, aber nur ein paar Minuten später schob sich die Tafel wieder in ihr Blickfeld. Beide Hälften zusammen ergaben eine Nachricht.

Die anderen sind geflüchtet und haben sich in andere Wagen gequetscht, weil es hier stinkt.

Genau das war es, was Amari gerade brauchte.

„Was machst du dann hier?", fragte sie halb zu ihm, halb in ihren Kotze-Eimer.

Felix grinste.

Ich rieche doch nichts, schrieb er. *Danke für die Beinfreiheit.*

„Hau ab", brummte Amari, und es hatte ganz und gar keine Bedeutung.

Felix lächelte und lehnte sich zurück an die Wand des Wagens.

Wenn Amari bloß denken könnte. Wenn sie sich bloß erinnern könnte. Sie war sich ziemlich sicher, dass sie jetzt wusste, wer die Tafel zerbrochen hatte. Alles war so kompliziert.

Ein paar Minuten später schob Felix wieder eine Tafelhälfte in ihre Richtung.

Soll dir was ausrichten, stand darauf. Bevor Amari fragen konnte, was oder von wem, folgte schon die zweite Hälfte. *Du musst raus aus der Krankenstation. Zurück zu den Soldaten.*

„Wieso?", fragte Amari und hätte es gern sofort zurückgenommen. Es klang, als ob sie sich drücken wollte.

Felix zog die Tafel mit dem Fuß zu sich zurück, dann schrieb er. Amari wartete mit dem Gesicht über dem Eimer. Ihr Magen drückte und ihr Kopf schien noch mehr außer Kontrolle als zuvor.

Alkohol befreit dich nicht vom Dienst, schrieb Felix. *Selbstsabotage lassen sie dir nicht durchgehen.*

Amari sah die Worte an, bis Felix beide Hälften zurücknahm, wischte und weiterschrieb. Das war nicht, warum sie es getan hatte, oder? Oder? Sie kaute an ihrer trockenen Lippe.

Dann bekam Amari die Tafeln zurück.

Heute kannst du nicht, sagte die erste. *Aber morgen musst du wieder, egal was du tust*, sagte die zweite. Felix beugte sich vor und fügte *Sollte ich dir sagen* zur letzten Nachricht hinzu.

„Von wem?", fragte Amari.

Felix zeigte nach oben.

Irgendjemand, der über ihnen stand. Ein Kommandant höchstwahrscheinlich. Vielleicht sogar Erin? Sie hätte nachgefragt, wurde aber zum einen von einer weiteren Welle der Übelkeit überrollt und war sich zum anderen nicht sicher, ob sie es wirklich wissen wollte.

Morgen musst du wieder. Amari fand kein überzeugendes Argument dagegen. Die Wunde oberhalb ihrer Hüfte war ohne Komplikationen verheilt und am Trinken war sie selbst schuld.

„Es sind sowieso keine Marssoldaten mehr da", murmelte sie in ihren Eimer. Dass sie das laut und nicht nur zu sich selbst gesagt hatte, bemerkte sie erst an Felix' Gesichtsausdruck. Sein Blick war ausgesprochen schwer zu deuten. Er schrieb.

Morgen schon. Ziemlich sicher.

Soweit sie konnte, hob Amari ihren Kopf vom Eimer. Neben der Übelkeit breitete sich nun noch ein ganz anderes, ungutes Gefühl in ihr aus. „Was soll das heißen?"

Felix blinzelte ein paarmal. Ein ungläubiges Lachen zog an seinem Mundwinkel. Während er schrieb, verschwand es wieder und sein Blick wurde starr.

Wir sind fast bei der Hauptstadt, Amari.

ABEND, VORORT VON FLAUGE, MARSNATION

DIESMAL HATTE SICH DIE ARMEE schwergetan, eine Unterkunft für die Insassen des Lazaretts zu finden, und so hatte man sich notgedrungen auf eine Fläche geeinigt, wo winzige Bungalows wie Blumen in einem Beet standen. Sie waren provisorisch, einengend und hatten Löcher in den Dächern – kurz nach der Einnahme der Venusnation hatten sie schnell angelegt werden müssen.

Der Tag war fast vorbei. Jedes Mal, wenn Levin einen der Bungalows verlassen hatte, war der Himmel ein Stück dunkler und seine Magenschmerzen ein Stück schlimmer geworden. Kaum hatte er die Tür zum letzten Patienten geschlossen, wollten ihn seine Schultern auf den Boden ziehen. Ein paar Schritte machte er noch, bevor er nachgab.

Levin setzte sich. Erst mit den Armen auf den Knien, nach einer Weile mit den Händen auf dem Gesicht, so dass nur seine Augen frei waren, um den braunen Himmel und den schwachen Mond zu sehen.

An diesem Abend kam Vera zur Krankenstation.

„Du kannst ruhig sitzen bleiben", sagte sie beiläufig, als sich Levin abstützte. Sie zeigte auf den Boden, ein paar Meter links von ihm. „Das mache ich auch gleich ... das heißt, wenn ich darf."

Langsam ließ sich Levin wieder sinken. Es dauerte eine gute Weile, bis er bemerkte, dass Vera mit dem letzten Satz eine Frage gestellt hatte.

Er nickte.

Vera setzte sich.

Irgendwie unangenehm. Irgendwie seltsam, dass auch Vera auf dem Boden saß. Seltsam, dass sie überhaupt zur Krankenstation gekommen war – oder zu Levin. Was auch immer seltsamer wäre.

„Was?", fragte Vera. Ihre Blicke hatten sich unverhofft gekreuzt und Levin hatte nicht schnell genug weggesehen. „Kann ich nicht herkommen, um mit meinem Sohn zu reden?" Halb belustigt hob sie eine Braue, aber es wirkte alles andere als ungezwungen.

Beide schwiegen. Unangenehm, schon wieder. Vera wusste wohl nicht genau, *was* sie mit ihrem Sohn zu bereden hatte – entweder das, oder sie wusste nicht, wie.

Schließlich die unterwältigende Frage: „Wie geht es dir?"

„Gut", sagte Levin automatisch – wobei es eher ein ‚ut' war und seine Stimme ihn verriet. Sie war rau und heiser und klang selbst jetzt noch abgewürgt. Es entging Vera nicht, natürlich nicht. Sie musterte ihn.

„Was ist das?", fragte sie, den Finger auf die roten Flecken an seinem Hals gerichtet. Ihr Ton machte deutlich, dass sie nicht wirklich eine Antwort brauchte, also gab Levin auch keine. Er rieb sich den Hals und schluckte schmerzhaft.

Vielleicht lag es an der Tatsache, dass Vera sich gerade wirklich fast wie eine Mutter angehört hatte, dass sich seine Zunge löste.

„Wie sich herausstellt", sagte er, „habe ich ihren Vater erschossen."

Eine Weile starrte er auf die wenigen Grashalme, die auf diesem Platz noch wuchsen.

„Verstehe", sagte Vera. Levin hatte den Eindruck, dass sie das tatsächlich tat, und vermutlich mehr, als er ihr erzählt hatte.

„Ich weiß, das ist nicht besonders ehrenhaft", sagte sie, „aber, wenn es einer von Merkur war – wovon ich ausgehe – dann muss ich dich bitten, keinen von meinen Leuten davon zu erzählen."

Levin hob den Kopf. Nicht, dass er das unbedingt vorgehabt hätte, aber die Bitte war seltsam.

„Es ist zwar nicht wahrscheinlich, weil du nicht *wirklich* einer von uns bist. Aber du bist eher einer von Jupiter, als einer von Merkur – und das letzte was wir brauchen, ist, dass meine Leute auch einen Vorwand für dumme Ideen bekommen." Wie alles andere auch, erklärte Vera das mit einer kontrollierten Ruhe, aber die Anspannung dahinter war kaum zu überhören. „Das Eis ist schon dünn genug."

Erneut war es still und Levin starrte zurück auf das Gras. Abwechselnd wippten seine Füße auf und ab.

„Die Soldatin ..." Irgendetwas erstickte Levin, eine Menge Dinge, die alle gleichzeitig gesagt werden wollten, verbarrikadierten seinen Hals. Eine Weile blieb sein Mund halb geöffnet, als hätte er vergessen, was er sagen wollte. „Ja, sie war von Merkur."

Das war keins der Dinge gewesen. Levin holte tief Luft. Es kam ihm nicht vor, als würde sie seine Lunge wirklich erreichen.

„Ich habe ihr gesagt, dass es mir leidtut, aber ich glaube nicht, dass sie mir geglaubt hat", sagte Levin. Blut rauschte in seinen Ohren. „Vermutlich, weil es nicht wahr ist." Die letzten zwei Worte waren höher als der Rest.

Vera sah ihn an, aber ihr Blick war nichtssagend. Sie versuchte, ihn einzuschätzen – abzuwägen, was das bedeuten sollte.

„Da war nichts, als ich geschossen hab", sagte Levin, „außer Angst, aber die hatte ich um mein eigenes Leben. Das ist immer so." Er leckte sich nervös die Lippen. „Natürlich tut es mir jetzt leid, aber als ich es getan hab, hat es das nicht. Ich habe ihr gesagt, dass es mir leidtut, damit sie mich vielleicht in Ruhe lässt. Und so oder so ähnlich ist es immer. Wenn es bedeutet, dass ich überlebe, dann würde ich lügen und dann würde ich meine Leute verraten und dann würde ich töten." Levin sah auf, er sah Vera an; zum ersten Mal redete er in ihr Gesicht. „Und das habe ich. Alles davon. Selbst wenn ... Sie ... nicht meine Mutter wären – und ich das wüsste –, ich hätte mitgespielt, weil meine Chancen dann größer gewesen wären."

Vera blinzelte langsam. „Hast du gerade deine Mutter gesiezt?"

„Tut mir leid."

Sie schüttelte den Kopf. „Was wolltest du sagen?"

Levin starrte auf den Boden, als würden die Grashalme ihm die Antwort verraten. Er öffnete den Mund, ohne dass ein Ton herauskam, und er hatte den Eindruck, er müsste gleich wieder losheulen. Mit einer Hand auf den Flecken an seinem Hals sagte er schließlich: „Sie hätte es durchziehen sollen."

Vera musterte ihn lange, die Stirn gerunzelt. „Hast du mir nicht gerade erzählt, was du alles fürs Überleben tun würdest?" Sie sprach ganz ohne Urteil in der Stimme. „Du bist nicht besonders gut im Entscheidungen treffen, was?"

„Ich treffe die Entscheidung jeden Tag", sagte Levin, schneller und klarer, als er das je von sich erwartet hätte. „Und ich bin wirklich nicht gut darin … ein bisschen wünsche ich mir, dass sie jemand anderes für mich treffen würde." Er lachte, nicht viel mehr als ein flacher Atemzug. „Aber davor hab ich wieder zu viel Angst."

Vera verschränkte die Arme und setzte ein nachdenkliches Gesicht auf. Sie hatte den Blick einer Person, die verstand – die *wirklich* verstand – und die dort schon lange vor ihm gewesen war.

„Mit der Marsnation, mit dem Militär, mit Asmus." Vera legte die Hände in den Schoß und lehnte sich ein Stück nach vorn. „Sag mir, Levin, warum hast du dich bis jetzt so entschieden, wie du dich entschieden hast?"

„Ich …" Levin kratzte sich am Hals, an den Armen und an beiden Beinen. Dabei bewegte er seinen Kopf zu viel – hin und her und vor und zurück. „Ich will einfach nicht glauben, dass das mein Leben gewesen sein soll", sagte er. „Ich denke immer … manchmal … oft …" Er kaute am Nagel seines kleinen Fingers. „… das kann doch nicht alles sein."

Vera sah ihn geduldig an.

„Als ich zwölf war, hat sich mein Leben schon mal geändert – komplett, dabei sah es vorher nicht so aus, als würde das jemals tun." Die Worte stellten sich quer in Levins Hals. Es war mit Ira. Mit dem Rausschmiss – und mit Ira hatte die Zeit begonnen, an die er lebendige Erinnerungen hatte. Welche, die er haben *wollte*. Ira war da überall.

„Levin?"

Er blinzelte angestrengt und schluckte den Kloß herunter. „Ich dachte, dass es das vielleicht noch mal tut. Dass es sich noch mal ändert. Zum Guten, meine ich, das wollte ich sagen."

Levin blickte starr geradeaus, Vera schien sich jeglichen Kommentar über die momentane Situation zu verkneifen.

„Aber, ich weiß nicht", sagte er langsam. „Es kommt mir nicht so vor, als wäre da wirklich noch was."

„Oh, du widersprichst dir", sagte Vera.

„Nein. Doch. Ich meine – ich *hoffe* auf mehr, aber ich glaube nicht, dass es noch wahrscheinlich ist."

„Nun", sagte Vera, ihre Stimme war ruhig. „Hast du jemals darüber nachgedacht, dass es keine gute Strategie ist, darauf zu warten, dass sich dein Leben ändert?"

Levin kratzte sich die Arme, es waren wieder die Arme. Er schüttelte den Kopf. „Ich weiß doch auch nicht, was ich tun soll – oder wie und wo ich anfangen soll. Ich weiß nicht, wo ich hinwill, ich bin mir ja nicht mal sicher, wo ich gerade bin … metaphorisch."

„Vielleicht findest du es raus, wenn du an das denkst, was dir wichtig ist?", sagte Vera.

Langsam sah er sie an. Das Kratzen hatte aufgehört, stattdessen stachen seine Fingernägel jetzt in seinen Unterarm.

Nach ein paar Sekunden hob Vera die Schultern. „Es sei denn, das weißt du auch nicht."

Levin holte tief Luft, diesmal, ohne sie wieder hinauszulassen.

Vera stand auf. „Ich hoffe jedenfalls, dass du es bald rausfindest", sagte sie. „Ich kann es mir nicht leisten, noch länger wach zu bleiben. Wir sind uns sicher, dass der Kampf morgen der kritischste wird, auf den sich die Jupiternation bis jetzt hat einstellen müssen – und ich denke, das gilt für die anderen Nationen genauso. Du kannst froh sein, dass du nicht mehr darin verwickelt bist."

„Ja", sagte Levin. Er atmete flach, sein Herz schlug schnell. „Das kann ich wohl."

☿

„Du willst wirklich gehen?" Ein fernes Donnergrollen mischte sich in Nevs Stimme. Regen trommelte auf das schmächtige Dach und immer wieder fanden einzelne Tropfen den Weg nach drinnen. Solange die Kerzen weiterbrannten, machte das nichts.

Mittlerweile war es draußen stockdunkel. Unter normalen Umständen sollte ein Soldat – insbesondere einer, der an der Schlacht morgen teilnahm – jetzt schlafen. Andererseits war es auch nur normal, dass das unter diesen Umständen ans Unmögliche grenzte.

Felix lehnte sich zurück, ein halbes Lächeln auf den Lippen. „Wir haben darüber geredet."

„Ich weiß doch." Nev seufzte und fuhr sich mit der Hand durchs Haar. „Ich weiß, aber schau, sie werden dich nicht mitnehmen, und die ganze Armee, nein, *beide* Armeen glauben immer noch, dass du irgendwie in Verbindung zur Marsnation stehst. Wie soll das denn aussehen, wenn du erwischt wirst, wie du dich in die Hauptstadt schleichst?"

„Ich lass mich eben nicht erwischen."

„Das kannst du nicht einfach so sagen."

Durch die Ritzen zwischen dem Holz zuckte grellweißes Licht.

Die schmierigen Unterkünfte hatte Felix sofort wiedererkannt. Lang genug hatte er sich geweigert, auch nur einen Fuß hineinzusetzen, aber die erbarmungslose Sonne hatte ihn vor ein paar

Stunden doch in den übergroßen Sarg getrieben. Er war krebsrot und seine Haut schälte sich.

Jetzt saß er in der feuchtwarmen Bruchbude mit Nev auf dem Bett. Eigentlich gab es nicht viel Platz für einen anderen Menschen, aber wäre Felix hier drinnen allein, würde er vermutlich durchdrehen.

„Weißt du, was ich glaube?", fragte Felix.

„Was glaubst du?"

Es donnerte.

„Ich glaube, dass du ein bisschen egoistischer werden musst." Er lächelte. „Du weißt schon, dein Ding machen, weniger an andere Leute denken."

„Ich bin egoistisch. Ich bitte dich um einen Gefallen."

„Wenn der Gefallen ist, nicht in die Hauptstadt zu gehen, muss ich dich enttäuschen."

„Ich weiß."

Felix wechselte in den Schneidersitz, stützte seine Wange auf die Hand. Es wäre gelogen, wenn er behaupten würde, dass er es nicht zumindest ein bisschen genoss, dass sich jemand um ihn sorgte.

„Felix", bat Nev, und nicht zum ersten Mal an diesem Tag. „Die ganze Marsnation wird da sein. Du *wirst* sterben."

„Nein, werde ich nicht." Felix zog seine Lippen zu einem Grinsen zurecht. „Stell dir vor, wie ich trotzig die Arme verschränke, weil – du weißt schon." Er schlackerte mit dem leeren Ärmel.

„Felix."

„Nev", sagte er. „Ich werde mein Bestes tun, glaub mir. Sterben würde ich auch ganz gerne vermeiden."

Wieder Nevs Seufzen. Er klang, als hätte er Bauchweh.

„Komm schon", sagte Felix, ein schmales Lächeln auf den Lippen. Er duckte sich ein wenig ab, um in braune Augen zu sehen, so als könnte er Nevs Kopf allein mit seinem Blick anheben. „Du weißt doch: Ich hab das gemeinste Talent in der Armee. Das, was du nicht auf der Gegnerseite haben willst, erinnerst du dich? Ich krieg das schon irgendwie hin."

Nev erwiderte seinen Blick. Die Stirn immer noch gerunzelt, aber das Braun wurde weicher. Trotzdem sagte er nichts.

„Es ist nicht mehr wie damals in der Venusarmee", legte Felix nach. „Ich weiß nicht, ob ich dir das jemals erzählt hab, aber ich war der Schlechteste in meinem ganzen Jahrgang."

„Nein, hast du nicht. Das ist allerdings auch nicht wirklich beruhigend."

Felix lachte ein bisschen. „Es ist jetzt anders, sag ich doch." Dann wurde daraus ein Lachen mit zusammengebissenen Zähnen. „Es ist wundervoll, dass mir das Marsritual den Arsch rettet, nicht?" Nev öffnete den Mund, aber Felix sprach weiter. „Eigentlich die perfekte Ironie, oder? Ich werde Asmus mit *dem* Ding umbringen, das ich nur wegen ihm habe."

„Felix", sagte Nev endlich. Dann schien er nicht mehr weiter zu wissen. Mit jedem Wort war sein Gesicht nur besorgter geworden.

Es donnerte noch einmal, schallend und krachend, als wäre es direkt über ihren Köpfen.

„Weißt du, ich hatte das alles nicht so geplant." Felix sagte es leise und nicht zu Nev, sondern zum Laken auf dem Holzbett. Auch ohne den Kopf zu heben, wusste er ganz genau, wohin Nev sah. „Ja, das mit dem Arm auch nicht, aber das ist nicht, was ich meine."

Nev wartete. Als die Antwort nicht kam, fragte er: „Was meinst du?"

„Ich meine ..." Felix rutschte hin und her, verlagerte sein Gewicht. „Ich meine, dass es mir nicht so schwerfallen dürfte, die Entscheidung zu treffen."

Eine Weile redete nur der Regen.

Es donnerte wieder, genau als Nev sprach.

„Was hast du gesagt?"

Nev guckte etwas gequält. „Ich habe gesagt, dass ich nicht will, dass du stirbst."

Felix schaute Nev an. Der Himmel grummelte.

„Danke."

Dann sagte er: „Ich will auch nicht, dass du stirbst."

Es blitzte, wenig später folgte ein unverschämt langer Donner.

„Das darf doch nicht wahr sein." Nev sah hinauf Richtung Decke. „Als wäre das alles noch nicht deprimierend genug."

Felix kicherte. „Ja? Also ich finde, das macht was her – für die dramatische Atmosphäre und so." Seine Stimme war seltsam belegt.

„Wirklich dramatisch." Nev seufzte lange, aber immerhin hatte es Felix geschafft, aus ihm so eine Art Lächeln hervorzulocken. Für einen Moment lächelte Felix mit. Ihm war ein wenig schwindelig.

Kurz schloss er die Augen, dann richtete er seinen Blick auf die Ritzen in den Holzwänden, durch die Dunkelheit und Kälte nach drinnen drängten. Felix entknotete seine Beine und rückte ein Stück näher heran. „Wie spät ist es, was meinst du?"

„Auf jeden Fall zu spät." Es dauerte eine gute Weile, bis Nev weiterredete. „Ich weiß, ich muss langsam gehen."

„Wir müssen beide schlafen." Ein wenig verkrampften sich Felix' Eingeweide, als er das sagte. Er wusste, dass er nicht schlafen würde. In dieser Nacht schon gar nicht. Mit den Gedanken an den morgigen – oder vielleicht eher heutigen – Tag wollte er Nev den Gefallen tun. Wirklich. Er wollte auch nicht, dass Nev ging. Er wollte nicht allein sein, hier drinnen schon gar nicht, aber es war der Tag, an dem alles so kommen musste, wie es vorgesehen war. Am liebsten hätte Felix die Zeit angehalten und sie nie wieder weiterlaufen lassen.

„Wir könnten in ein paar Stunden beide tot sein", sagte Felix und fragte sich noch während er ihn aussprach, ob der Satz so eine gute Idee gewesen war. Das lag an Nevs Blick – beinahe nicht auszuhalten. „Also, ich weiß nicht, sollten wir uns irgendwie verabschieden?"

Es war eine Menge Bewegung in Nevs Augen, dafür dass es so eine simple Frage war. „Nein, bloß nicht", sagte er. „Auf keinen Fall, das macht alles nur viel schlimmer."

„Du hast ja recht." Felix' Lächeln war diesmal kleiner als sonst. Er atmete flach, sein Herz schlug schnell. „Dann eben nur so."

Felix lehnte sich nach vorn, legte seine Hand auf Nevs Schulter und küsste ihn. Zuerst waren es nur kribbelnde Lippen auf kribbelnden Lippen. Zuerst war Felix unsicher und Nev ein wenig überfordert. Die Zögerlichkeit stand im Raum wie eine dicke Masse, aber dann zog Nev Felix näher und Felix legte seinen Arm um Nev. Und bald war sich Felix seiner Lippen nicht mehr so furchtbar deutlich bewusst, und bald war es ein echter Kuss.

Für den Moment reichte das, denn es machte viele Dinge ein wenig besser.

MORGEN, VORORT VON FLAUGE, MARSNATION

AMARI WAR VOLL AUSGERÜSTET UND viel zu früh auf dem Versammlungsplatz. Ein paar andere Soldaten waren schon da, liefen im Kreis oder kauten an ihren Nägeln – allesamt in der Rüstung der Merkurnation. Auch Erin war da. In einer geraden Linie lief sie immer wieder vor und zurück, die Faust an den Mund gepresst, tief in Gedanken. Nervös, konnte man behaupten.

Es wehte ein kalter Wind, Amari wusste nicht, ob das ein gutes oder ein schlechtes Omen war. Langsam ging sie auf Erin zu, hielt dann aber auf halber Strecke an. Als Erin sich das nächste Mal umdrehte, sah sie Amari dort stehen.

Eine Tafel wechselte den Besitzer. Erin sagte nichts dazu, dass es nur eine Hälfte war.

Kann ich dir helfen?

Erst jetzt, als Amari auf die ordentlichen Buchstaben schaute, fiel ihr auf, dass sie keine Ahnung hatte, warum sie zu Erin gekommen war.

Es gab viele Dinge, die sie Erin hatte fragen wollen, bevor sie sie gekannt hatte – und noch mehr Dinge wollte sie sie fragen, nun da sie es tat. Aber dieser Morgen war wohl kaum der richtige Zeitpunkt dafür. Amari blickte zu den spärlichen Soldaten und dann zurück zu Erin.

„Was ist mit Jupiter?", fragte Amari und hätte gern gewusst, wie sich ihre Stimme gerade anhörte. Vielleicht hatte sie gar nichts gesagt.

Erins Brust senkte sich deutlich, bevor sie schrieb.

Wir versammeln nicht mehr alle an einem Ort. Sie wischte die Buchstaben weg, setzte neue auf die Tafel. *Haben beschlossen, das ist keine gute Idee mehr.*

Amari hatte einen Knoten im Hals. Sie schaute den Pflasterstein zu ihren Füßen an, bis die Tafel erneut unter ihrem Gesicht schwebte.

Bist du bereit?

Amari sah auf. Von Erins Gesicht konnte sie nicht ablesen, was sie hören wollte. Welche Antwort welche Folgen hatte. Sollte sie ehrlich sein?

Amari schüttelte den Kopf. Nur leicht, ohne den Blickkontakt zu brechen.

Erneut sah sie Erin atmen. Tief ein und aus, vielleicht ein Seufzer.

Ich glaub nicht, dass das mit dem Beten funktioniert, schrieb sie. *Aber heute ist ein guter Tag, es auszuprobieren.*

Amari sah auf ihre Füße.

„Erin", sagte sie dann, und sie musste es noch einmal sagen, weil es zu leise gewesen war. „Meinen Sie immer noch, dass ich das Zeug zur Kommandantin habe?"

Erin sah Amari lange an, sie überlegte lange, und sie schrieb lange.

Ich glaube immer noch, dass du für Großes geschaffen bist.

„Was, wenn ich nicht überlebe?"

Erin hob die Schultern. *Das kann ich dir nicht sagen.*

Das konnte sie ihr nicht sagen.

Langsam füllte sich der Platz.

Erin hielt eine finale Ansprache, die Amari nicht verstand. Sie bat niemanden, für sie aufzuschreiben, sie konnte sich den Inhalt vorstellen.

Als sie aufbrachen, hatte Amari das Bedürfnis, Nev zu suchen. Immer wieder ließ sie den Blick über die Soldaten vor sich schweifen. Ein paarmal schaute sie nach links und rechts, und einmal riskierte sie sogar einen Blick nach hinten. Sie fand ihn nicht, aber aus der Reihe würde sie nicht treten. Es würde alle nur noch nervöser machen.

Schließlich tat sich Flauge wie ein surrendes Wespennest vor ihnen auf.

Die ganze Zeit über war sich Amari sicher gewesen, dass ihr Leben mit dem Tod ihres Vaters aus den Fugen geraten war. Dass sie vom Weg abgekommen war, den sie – den *er* für sie bestimmt hatte. Aber das war falsch. Sie war jetzt genau da, wo der Weg schon immer hingeführt hatte.

Getränkt in den Geruch von Tod, Schweiß und Exkrementen, umhüllt von Soldaten, die nichts mehr zu verlieren hatten. *Fast* nichts mehr – und für das letzte bisschen waren sie bereit zu sterben.

Amari wusste nicht, wie sie Flauge beschreiben sollte. Vielleicht wie einen Traum, wie eine Halluzination, auf jeden Fall nichts, was sich real anfühlte.

Flauge brannte. Es brannte nicht so, wie Khansa gebrannt hatte, es brannte nicht buchstäblich. Die Menschen, die Soldaten – sie drängten sich so dicht, wie an dem Tag, als Erin ihre Dostoevskij-Ansprache gehalten hatte. Nur, dass man den Anfang und das Ende der Menge nicht sehen konnte. Nur, dass die Menge nicht still stand, nicht lauschte, nicht aufmerksam nach vorn schaute, sondern sich gegenseitig Klingen in den Magen stießen. Die Masse loderte und Amari stand mitten im Feuer.

Ein verzerrtes Marsgesicht – vielleicht vor Wut, vielleicht vor Furcht – tauchte vor ihr auf. Für den Bruchteil einer Sekunde sah Amari ihm in die Augen, dann schloss sie ihre und rammte ihm den Ellenbogen ins Gesicht. Sie spürte es, aber sie schaute nicht hin.

Was sollte sie auch tun?

Was sollte sie auch tun?

Sie musste angreifen, wenn sie angegriffen wurde. Sie musste töten, wenn jemand sie töten wollte. Was sollte sie sonst tun? Sie war Soldatin.

Amaris Kopf pochte vor Reizüberflutung. In jeder Minute, jeder Sekunde berührte sie etwas, berührte sie jemand: Mal streifte das Schulterteil einer Rüstung ihren Arm, mal schnitt ihr ein verbündetes Schwert ungewollt ins Gesicht. Zu jeder Zeit – zu *jeder* Zeit – hatte sie jemanden im Rücken. Sie konnte sich nicht schnell genug drehen, herumwirbeln, ausweichen. Selbst wenn ihr nicht bloß vier Sinne zur Verfügung gestanden hätte – sie konnte nicht auf drei Signale gleichzeitig reagieren. Welche waren die wichtigeren Signale? Nicht den Hauch einer Ahnung. War es eine Klinge von Merkur, die sie aus Versehen streifte, oder war es eine von Mars, die ihr im nächsten Moment im Hals stecken würde, oder war es eine von Jupiter, die das Gleiche – absichtlich oder unabsichtlich – tun konnte? Und *wer* war hinter ihr?

Amari hyperventilierte – zuerst.

Die Panik hatte sich zugespitzt und zugespitzt und zugespitzt, mit Tränen, unverständlichen Lauten, und sogar kleinen Hilferufen, die niemand hörte. Dann waren Amaris Rezeptoren durchgebrannt. Sie nahm ihr Umfeld wahr, aber nur durch einen Schleier. Sie tat Dinge, aber nur mit Verzögerung. Ob ihr Geist oder ihr Körper hinterherhinkte, konnte sie nicht sagen. Jede Minute, die sie in Flauge überlebte, war nichts als Glück.

Sie würde hier sterben.

Immer wieder hatte Amari ihre Augen auf der verschwommenen Menge, versuchte, Gesichter zu erkennen, zu unterscheiden. Sie war sich nicht gleich sicher, wieso sie das tat – und als es ihr klar wurde, wünschte sie sich, es wäre so geblieben.

Sie starben wie Fliegen, nicht nur rote, sondern auch orange und grüne.

Vielleicht war es das, was sie suchte. Menschen, die sie kannte. Tot oder lebendig.

Sie hatte Erin gesehen. Erin hatte zu viele Schlachten geschlagen – zu viele gewonnen –, um hier unterzugehen. Aber wenn sie untergehen würde, dann wäre es hier. Vielleicht hatten Amaris Augen auch Isaac einmal kurz gestreift.

Jetzt, hinter weiteren wuchtigen Rüstungen, sah sie Nev.

Nev, der sein Schwert aus der Brust eines Soldaten zog. Sie hatte ihn noch nie töten sehen. Sie wusste, dass er es tat, aber nie war es ihr vor Augen gekommen – oder auch nur in den Sinn, dass es so aussehen würde. Nev wirbelte herum. Für den Bruchteil einer Sekunde trafen sich die Blicke von Bruder und Schwester.

Das Nächste, was Amari beobachtete, war, wie Nevs Körper zusammen mit Dutzenden anderen quer über das Schlachtfeld gerissen wurde, als die Erde explodierte.

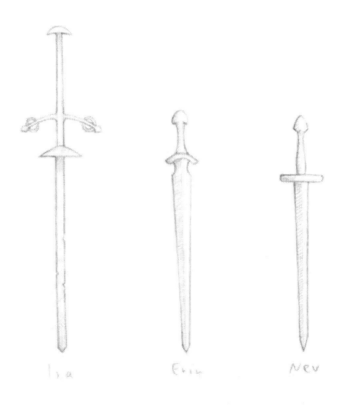

VI
FLAUGE

MITTAGSZEIT, FLAUGE, MARSNATION

FEUER SCHOSS AUS DEM BODEN UND SCHLEUDERTE Dreck und schwarzen Rauch in die Luft. Nev sah Pflastersteinsplitter fliegen, er sah das Feuer aus dem Boden brechen, aber er hörte es nicht. Nur ein fernes Pochen hallte in seinen Ohren wieder, unterlegt von zerreißendem Fiepen.

Das Fiepen war alles, was seine Existenz bestätigte. Wäre es nicht da, würde Nev meinen, dass es ihn hier gar nicht gäbe und er lediglich kurz davor wäre, aus einem Traum aufzuwachen. Er sah die anderen Menschen nicht, er war allein mit sich selbst und er wäre es auch geblieben, wenn es da nicht einen Schmerz gäbe, der ihn langsam in die Realität zurückzerrte.

Es war sein Bein, seine Wade genauer gesagt, und der Schmerz zog sich durch sie wie ein dicker Faden.

Es brannte. Nev stand in Flammen.

Die Welt um ihn herum war erbarmungslos. Sie explodierte ungehalten weiter, während er sich halb blind, taub, und vermutlich schreiend herumrollte und sein brennendes Bein durch den Dreck zog. Er wusste nicht, ob er wirklich schrie, er hörte sich nicht. Alles, was er wusste, war, dass ein Teil seines Körpers in Flammen stand, dass der Schmerz ihn bei lebendigem Leibe auffraß und ihm die Luft abdrückte.

Doch, doch, er schrie auf jeden Fall.

Mal erschlug ihn eine Hitzewelle von links, gefolgt vom Boden, der auf ihn niederprasselte wie Regen. Mal kam eine von rechts oder sie tat sich direkt vor ihm auf. Menschen wurden durch die Luft geschleudert, verkohlt und zerrissen, unmöglich zu sagen, zu welcher Nation sie gehörten.

Und Nev, Nev brannte.

Dann drückte etwas auf sein Bein. Es wurde schwer und der Schmerz erreichte neue Dimensionen. Nev versuchte, es wegzuziehen, weg von was auch immer dort war, aber sein Bein ließ sich nicht bewegen. Es wurde erdrückt, das Feuer wurde unter seine Haut gepresst und er schrie und krallte sich in die heiße Erde. Er zitterte, obwohl alles um ihn herum kochte.

Nein, er zitterte nicht nur, er wurde geschüttelt, etwas ruckte an seiner Seite. Nicht die Erschütterung einer Explosion – es war Amari.

Blut lief ihr aus den Haaren ins verdreckte Gesicht, auf ihren Lippen lag sein Name.

Immer noch dumpf, aber deutlich genug hörte er den Befehl seiner Schwester: „Hoch, schnell!"

Als Amari sich Nevs Arm um die Schultern legte und ihn hochzog, rutschte eine Lawine aus graubraunem Dreck von seinem Bein. Ein paar Sekunden kostete es ihn, um zu erkennen, dass sie ihn dorthin gepackt hatte.

Das Feuer war erstickt, aber sein Bein brannte weiter. Die kleinen, feinen Dreckklumpen bohrten sich in sein Fleisch, und Nev stöhnte und keuchte, als er humpelnd durch Schutt und Asche, brennende, schreiende und blutende Menschen gezogen wurde. Sein Hören kam langsam zurück und Nev wünschte sich, dass es damit noch ein wenig gewartet hätte.

Er war sich nicht sicher, ob es überhaupt noch jemanden gab, der gegen etwas anderes als Feuer kämpfte. Wenn jeden Moment der Boden unter den eigenen Füßen in die Luft flog, schien der Feind keine Priorität mehr zu haben. Die, die es konnten, rannten um ihr Leben.

Der Ausdruck auf Amaris Gesicht war undeutlich, panisch und

entschlossen. Nev hätte ihr gerne etwas gesagt, nicht zuletzt um sich von seinem Bein abzulenken, aber sie würde es nicht mitbekommen.

Im nächsten Moment änderte Amari scharf ihre Richtung. Nev kippte beinahe zur Seite weg und musste sich an ihrer Schulter festhalten. Fast erwartete er, dass die Erde, die sich gerade noch unter ihnen befunden hatte, ihnen jetzt um die Ohren flog, aber so kam es nicht. Nev blinzelte heftig und versuchte, geradeaus zu blicken. Heißer Wind flatterte ihm übers Gesicht. Er konnte Erin sehen. Sie rief etwas, lief ein Stück, drehte sich wieder um und rief noch einmal. Amari folgte ihr, andere Soldaten taten das genauso und Nev verstand. Nein, es war kein Rückzug, von hier konnte man sich nicht zurückziehen, denn hier würde sich alles entscheiden. Sie rannten nicht weg, aber sie mussten sich neu sammeln.

Amari und Nev folgten Erin und den anderen durch ein Haus, das bis aufs Fundament niedergerissen war. Es war wenig überraschend, dass die klapprigen Häuser der Marsnation bei der Wucht einer Explosion sofort in sich zusammenfielen. Das Feuer begleitete sie noch weit. Nev kam es vor wie eine unwirkliche, schmerzhafte Stunde, bis sie zu einem weiten Platz kamen, der wohl mitten in der Innenstadt lag und aus dessen Boden kein Feuer schoss.

Erin blieb stehen, Amari blieb stehen und so auch Nev. Sofort rutschte er zu Boden. Amari nicht, aber sie atmete schwer, die Hände auf die Knie gestützt. Sie waren nicht die Ersten, auch General Vera, ihre rechte Hand, und Dutzende andere Soldaten waren hier schon dabei, ihren Atem wiederzufinden. Weitere Merkur- und Jupitersoldaten liefen an ihnen vorbei. Kein Einziger mit der Rüstung der Marsnation.

Sie hatten bestimmt genug mit sich selbst zu tun, mussten sich wie Jupiter und Merkur neu sammeln, jetzt, da ihre Streitkräfte wortwörtlich zerrissen worden waren. Nev war sich nicht sicher, ob man das als temporäre Waffenruhe bezeichnen konnte, aber solange er hier auch nur für fünf Minuten durchatmen konnte, war es ein Geschenk der Götter.

Jetzt – zum ersten Mal – schaute Nev auf sein linkes Bein und wurde kurz von Übelkeit überrollt. Man konnte zwar noch erkennen, dass sein Bein ein Bein war, aber von seinem Knie abwärts war seine Haut zerrissen und löchrig wie altes Papier. Sie war nicht länger braun, sondern überwiegend glitschig rot, in unterschiedlichsten Tönen. Hier und da brannten weiße Blasen oder klebte Dreck. Nev fragte sich, ob es schlau wäre, die Fetzen seiner Hose von der Wunde abzupulen, musste aber allein bei dem Gedanken einen kleinen Schmerzensschrei unterdrücken. Ihm stachen Tränen in die Augen. Er atmete verkrampft. Irgendetwas sagte ihm klar und deutlich, dass er diese Stadt nicht lebend verlassen würde.

Er sah die anderen Soldaten an. Egal wie viel Erfahrung sie hatten, egal ob sie alt oder jung oder von Merkur oder Jupiter waren, jeder sah hier ähnlich aus. Sie schlurften ohne Orientierung und Kraft auf dem Platz hin und her, sie redeten zitternd auf andere ein, manche schluchzten, viele weinten und ein paar starrten apathisch ins Leere. Vera und Erin diskutierten.

Hatten sie dafür überhaupt Zeit? Der Platz, an dem sich die vereinten Kräfte von Merkur und Jupiter neu sammelten, schien wie ein überkochender Suppentopf. So viel Panik hatte Nev noch nie an einem Ort gesehen.

Die Stimmen verschwammen zu einem einheitlichen Summen, aber eine setzte sich über die Menge hinweg. Das tat sie, weil Nev die Stimme kannte.

„Erin hört mir nicht zu! Sie redet nicht mit mir!"

Nev kamen zwei Erkenntnisse. Erstens: Das war Isaac. Zweitens: Isaac war vollkommen übergeschnappt.

Er lief von Person zu Person und brüllte ihnen mit rostiger Stimme ins Gesicht. „Sie hört mir einfach nicht zu! Ich weiß, was zu tun ist, aber sie hört nicht! Sie redet nicht mit mir! Nur mit dieser ..."

Nev war zu erschöpft. Zu erschöpft, um irgendetwas zu sagen, und selbst zu erschöpft, um Isaac auch nur zuzuhören. Sein Gezeter erinnerte Nev unwillkürlich an Felix, und die Frage, ob er nun gegangen war oder nicht, brannte ihm auf der Haut. Hier war Felix jedenfalls nirgendwo. Nev betete, dass er es nicht getan hatte.

„Die sind an allem schuld!", hörte er Isaac. „*Die* wollten Mars erobern, nicht wir! Ohne die wären wir überhaupt nicht –"

Ein „Pass auf, was du sagst" schnitt Isaacs Wortschwall ab. Es kam von der Frau, die General Vera rund um die Uhr zu begleiten schien. Ein ähnliches Muster wie das auf Nevs Bein zierte die linke Hälfte ihres Gesichts, ihre Haare waren verbrannt. „*Wir* wären nicht in dieser Situation, wenn *wir* nicht versucht hätten, *euren* erbärmlichen Arsch zu retten!"

Alle Nerven auf dem Platz waren zum Zerreißen gespannt. Keine guten Voraussetzungen, egal wofür.

Im nächsten Moment wurde es stiller. In der Mitte des Platzes gingen die Menschen auseinander und die winzige Gestalt der Jupitergeneralin tat sich auf. In der Menschenflut wirkte sie wie der rettende Anker. Ohne aufzustehen schob sich Nev näher heran, damit auch seine Ohren mitbekamen, was Vera sprach. Amari folgte ihm stumm. In ihrem Zustand vergaßen beide, dass sie zwei Tafelhälften am Gürtel trug.

„Ich weiß, dass ihr Angst habt, aber ich kann euch sagen, was das da draußen war!" Vera stand so gerade und straff, wie es ihre Statur zuließ. Den Arm streckte sie in die Richtung, aus der sie gekommen waren. „Das", sagte sie, „sind Waffen der ersten Menschheit."

„Unmöglich." Dieses Wort wurde durch die Menge gereicht, immer wieder. Die Waffen der ersten Menschheit konnten nicht mehr funktionieren, man *wusste* ja nicht einmal, wie sie funktionierten. Die Ersten hatten alles aufgebraucht, womit man sie hätte nachbauen können. Es konnte nicht sein.

Nevs Herz hämmerte gegen seine Rippen. Es gab wenig, das furchteinflößender war als die Waffen der ersten Menschheit.

„Es muss Rohstoffe gegeben haben, die die Marsnation geheim gehalten hat", sagte Vera. „Sie sind diejenige, die vom Krieg besessen sind, es wundert mich nicht, wenn sie herausgefunden haben, wie man diese grauenvollen Sachen rekonstruiert und benutzt."

Und trotzdem haben sie die Hälfte ihrer eigenen Leute in die Luft gesprengt, dachte Nev – und dann schien ihm plötzlich alles glasklar: Sie waren sich dem bewusst gewesen. Die Explosionen im Boden waren Mars Plan Z gewesen – für den äußersten Notfall, dass ihre Hauptstadt tatsächlich überrannt werden würde. Und dann, anders konnte es Nev sich nicht erklären, hatten sie gehofft, dass sie mehr Feinde erwischten als eigene Soldaten.

„Ist das alles?", erhob sich eine Stimme aus der Menge. Wem sie gehörte, war Nev schleierhaft. „Mit Verlaub", fuhr die Stimme fort, sie war brüchig und rissig, „ich habe meine Freunde hier sterben sehen, *Generalin*. Soll das alles sein, was du uns zu sagen hast?"

„Nein", erwiderte Vera ohne zu zögern. Nur um ein kleines Stück verengten sich ihre Augen. Sie holte einmal tief Luft, erschöpft und geschlagen. Dann redete sie, sagte, was man von ihr hören wollte. „Wir haben gerade Dinge erlebt, die keiner vor uns bis jetzt erlebt hat. Ich kann verstehen, dass es nicht gut um euch steht. Ihr habt Kameraden verloren und diese Armee – diese *Armeen* – liegen in Trümmern." Träge hob sie ihre Stimme, gab sich noch einmal Mühe, als sie rief: „Aber wir dürfen jetzt nicht aufgeben! Nicht jetzt und nicht in Zukunft. Wir haben es bis zur Hauptstadt geschafft. Und wir hätten sie bereits eingenommen, wären diese Waffen nicht gewesen! Alles, was wir bis jetzt getan haben, war für diesen Moment und darf nicht umsonst gewesen sein. Deswegen sage ich euch, Jupiter und Merkur, wir müssen jetzt kämpfen!"

Sie ließ ihre Stimme und ihre Arme sinken. Es war still.

Nach einer solchen Ansprache hörte man für gewöhnlich Jubel, Johlen, Pfeifen. Irgendetwas. Aber da war nichts. Eine gähnende Leere breitete sich über den vollen Platz aus.

Warum stand Vera dort überhaupt allein? Wo war Erin? Nev blickte nach links, nach rechts und sah sie vorn in der Menge stehen. War selbst ihr Kopf nicht mehr klar genug, um eine Ansprache zu halten? Konnte das überhaupt sein? Er spürte, wie sich die letzte Hoffnung von ihm ablöste wie verkohlte Haut.

Noch immer war es still auf dem Platz. Nicht einmal eine Beschimpfung, nicht einmal ein geworfener Stein, es herrschte lediglich Stille.

Es herrschte Stille, als Vera in die zermürbte Menschenmasse blickte und nicht einmal überrascht aussah. Es herrschte Stille, als die Soldaten schweigend zu Boden oder müde zur Generalin aufschauten.

Es herrschte beinahe Stille, als Isaac die Person war, die sich durch die gelähmte Masse nach vorn drängte und noch einmal schrie, dass alles ihre Schuld sei.

Es herrschte nur noch wenig Stille, als er innerhalb eines Augenblickes mit gehobener Axt vor Vera stand und ihr – noch bevor sie oder jemand anderes es begreifen konnte – den Kopf vom Leib trennte.

Dann war es laut.

MITTAGSZEIT, FLAUGE, MARSNATION

NOCH BEVOR VERAS KOPF in den Dreck klatschte, fegte ein grotesker Aufschrei durch die Menge. Nev schnappte nach Luft. Amari stolperte mit starren Augen rückwärts und landete auf dem Boden.

Bevor Isaac auch nur die Gelegenheit bekam, seine Axt sinken zu lassen, hatte er selbst ein Beil in der Brust. Und wie konnte es anders sein, war die Person am anderen Ende der Waffe die Frau, die als Veras rechte Hand bekannt war.

Jetzt ging alles unheimlich schnell. Noch ein und noch ein und noch ein Soldat färbte ihre Axt mit Merkurblut. Ob diese sich auf *sie* gestürzt hatten, oder ob die Jupitersoldatin in einen rachsüchtigen Blutrausch verfallen war, das war im Grunde völlig egal. Der Fall, der sich niemals hätte ereignen dürfen, war eingetreten. Merkursoldaten mit grünem Blut an den Händen, daraufhin orangefarbenes Blut an grünem.

Das Bündnis war in Teile zerbrochen, die man nicht wieder zusammensetzten konnte. Isaac hatte eine Kettenreaktion ausgelöst und die Jupitersoldatin trieb sie voran, mehr Soldaten von Merkur, von Jupiter wurden hineingezogen. Innerhalb von wenigen Sekunden stand ein Massaker in den Startlöchern.

Mit schmerzverzerrtem Gesicht richtete sich Nev auf. Seine Hände waren leer. Selbst, wenn es das Schwert bei der Explosion nicht fortgerissen hätte – in seinem Zustand konnte er unmöglich kämpfen. Nev war wehrlos, ausgerechnet jetzt. Die einzige Chance:

weglaufen, durch die Gassen der Hauptstadt, bevor der Platz vollkommen am Brennen war.

Weglaufen – etwas, wozu Nev nicht in der Lage war, konnte er doch kaum stehen. Kaum belastete er sein linkes Bein, zuckte ein Blitz von seinem Fuß bis zum Kopf und er verlor den Boden unter den Füßen. Nev schlug nicht auf, Amari fing ihn.

Nach wie vor war Amaris Gesicht kalt und glatt in ihrer Starre. Immer noch waren ihre Augen schreckgeweitet, aber von Veras Körper hatte sie sich losreißen können. Amari starrte nun etwas ganz anderes an. Nev folgte ihrem Blick und er sah Erin. Erin im Kampf mit der wütenden Jupitersoldatin.

Sie sollte die Oberhand haben – natürlich. Nicht wegen ihres flinken Schwertes, sondern weil sie eben Erin war. Es war unmöglich, dass es anders ausging.

Aber Erin schien die Hiebe der Jupitersoldatin öfter abzublocken, als sie selbst angriff. War Veras rechte Hand wirklich auf Augenhöhe mit der besten Kriegerin Merkurs – oder hielt sich Erin zurück? Als ob es noch möglich wäre, sich auszusöhnen und den Schaden zu beheben.

Die Jupitersoldatin nutzte Erins Zögern aus. Nev hatte es nicht kommen sehen, Amari hatte es nicht kommen sehen, und Erin hatte das wohl auch nicht. Mit ihrer Handaxt duckte sich die Jupitersoldatin ab und zielte auf Erins Beine, riss die Unterschenkel von den Knien, alle beide.

Nev war froh, dass Amari Erins Schrei nicht hörte. Die Königin der Kriegsführung schlug auf den Boden und die Jupitersoldatin hob ihre Axt ein zweites Mal.

Das Knacken schien lauter als alles andere auf dem neuen Schlachtfeld. Es erschlug Nev. Amari schrie.

Eine tote Erin war ein unmöglicher Gedanke. Ganz und gar komplett unmöglich.

Amaris zweiter Schrei, lauter als der erste, durchstach endlich die Watte in Nevs Hirn und setzte einen Gedanken in seinen Kopf.

Den einzigen, der dort Platz hatte. Er zog seinen Arm aus Amaris Griff. Um nicht umzufallen, hielt er sich mit einer Hand an ihrer Schulter fest und zwang sie gleichzeitig, ihn anzusehen.

„Was?" Es war nur gehaucht. Amaris Gesicht war wächsern, die zuckenden Augen so groß, dass sie beinahe wie ein Kind wirkte. Sie *war* ein Kind.

„Ich will, dass du wegläufst", flüsterte er, hielt sein Gesicht genau vor Amaris und bewegte seine Lippen so deutlich er nur konnte.

Amari starrte ihn an. Hatte sie es verstanden? Sie sah aus, als würde sie ihm am liebsten eine scheuern, also hatte sie es vermutlich. Zumindest wusste sie, was er von ihr wollte.

„Amari, bitte", sagte er und stellte fest, dass sie nicht weglaufen konnte, solange er sich auf sie stützte. Er trat zurück, schwankte, stand dann aber mit beiden Beinen auf dem Boden. Die Augen zusammengekniffen, um zu verhindern, dass etwas aus ihnen herauskam. Er streckte den Arm aus und zeigte in die entgegengesetzte Richtung von Erin und der Jupitersoldatin. „Nur einmal. Hör nur ein einziges Mal auf mich, bitte."

Amari sah ihn an, dann auf das wachsende Schlachtfeld, wieder auf ihn.

„Bitte", presste er zwischen den Zähnen hindurch. Sein Bein pulsierte und brachte seinen ganzen Körper in Schwingung. Erneut schloss er die Augen. „*Bitte*, Amari."

Als Nev die Augen öffnete, war Amari verschwunden.

Dankbar sank er zu Boden, inmitten der anschwellenden Geräusche von Eisen auf Eisen. Er war sich nicht sicher, ob es etwas gab, für das es sich wieder aufzustehen lohnte.

KURZ VOR DEM FEUERWERK, KURZ VOR FLAUGE, MARSNATION

FELIX' HERZ SCHLUG IM TAKT zu seinen Stiefeln auf dem Lehm. Dass er ein schlagendes Herz besaß, war nichts Neues und zudem auch eine Tatsache, über die er hin und wieder doch recht froh war – aber wenn er es hören konnte, dann war das kein gutes Zeichen.

Der Weg nach Flauge war wesentlich länger als erwartet, und langsam gerieten sein Herz – oder seine Füße – aus dem Takt. Mühsam setzte er einen vor den anderen, aber er konnte nicht ändern, dass er immer langsamer wurde. Eigentlich hätte er schon längst dort sein wollen.

Lange konnte es nicht mehr dauern. Am Horizont stemmten sich die ersten klapprigen Häuser in die Luft.

Aber der Horizont war so schrecklich weit weg. Er war weit weg und Felix' Körper war schwer. Er hätte die Rüstung einfach dalassen sollen, kam ihm in den Sinn, aber das wäre dumm. So lebensmüde war er nun auch nicht.

Felix blieb stehen. Sein Kopf drehte sich. Die Welt um ihn herum drehte sich auch, aber in die entgegengesetzte Richtung. Er stemmte beide Beine fest in den Boden, um nicht zu schwanken, und presste seine Hand gegen seine Stirn, die ganz bestimmt nicht heiß war. Ein paar Sekunden stand er so da, wechselte zwischen Handrücken und Handfläche und flüsterte mit sich selbst.

„Lass dich nicht verrückt machen", sagte er. „Du fühlst dich nur so, weil dir die Leute sagen, dass du stirbst."

Die Leute, namentlich Nev, hatten das natürlich nicht böse

gemeint. Er machte sich Sorgen, und Felix machte sie sich ja auch. Halb wünschte er sich zurück ins Lazarett, aber so eine Chance würde sich ihm nicht noch einmal bieten. Es war nicht abwegig, dass Asmus heute starb, und Felix musste derjenige sein, der ihn tötete.

Kaum setzte sich Felix wieder in Bewegung, beschleunigte sein Herz. Er zischte ihm zu, dass es damit aufhören sollte, aber es war mindestens so dickköpfig wie er, denn anstatt sich zu beruhigen, schlug es noch heftiger. Felix atmete tief ein und lange aus. Wieder stand er still. So würde er nie rechtzeitig in der schmutzigen Hauptstadt sein. Irgendjemand würde ihm zuvorkommen – und was dann?

Kalter Schweiß rann seinen Rücken hinab und weiße Flöckchen fielen vor seinen Augen.

Das durfte doch nicht wahr sein.

Er gab nach.

Er setzte sich.

Nachdem er eine halbe Minute gesessen und gewartet hatte, dass sein Körper wieder richtig funktionierte, hörte er ein dumpfes, beständiges Wummern. Es kam aus Richtung Hauptstadt. Felix hatte keine Ahnung, was es bedeuten sollte, aber im Moment kümmerte ihn das auch kaum.

Sein Arm stach unaufhörlich, und es war wirklich unfair, dass es sich dabei um den Arm handelte, der nicht mehr da war. Selbst der andere Arm schien, als würde er nicht länger zu seinem Körper gehören. Eigentlich war nichts so, wie es sein sollte. Ihm war kalt, aber es war Sommer und seine Haut war der Beweis: rot gebrannt mit Gänsehaut.

Im nächsten Moment war ihm tatsächlich warm. Warm, und zwar viel zu warm. Die ganze Hitze stieg von seinen Armen, seinen Beinen und seiner Brust hinauf in den Kopf und setzte sich dort fest. Er stöhnte. Langsam musste sich Felix eingestehen, dass es ihm furchtbar ging.

Er konnte nicht aufstehen, also legte er seinen Kopf auf die Knie. Ein bisschen schlafen, zehn, zwanzig Minuten vielleicht, dann würde er sich ausgeruht wieder auf den Weg machen. Das klang doch gar nicht so schlecht, wo er doch so angenehm saß und sein Kopf so bequem auf seinen spitzen Knien lag. Was sprach dagegen? Er schloss die Augen.

Ein weiterer, diesmal besonders lauter Knall wehte durch die Luft und Felix riss die Augen auf. Richtig. Asmus. Hauptstadt. Er lehnte sich zur Seite, verlagerte sein Gewicht und stützte seinen Arm in den Dreck. Schwarzweiße Insekten schwirrten vor seinen Augen umher, aber er schwor sich, sie zu ignorieren.

Was Felix allerdings nicht ignorieren konnte, war, dass sein Arm sofort wegknickte, als sein Gewicht darauf lastete. Felix lag.

Er konnte sich nicht mehr bewegen. Er wusste, was jetzt passieren würde, und er wollte nicht, dass es noch einmal passierte. Er musste aufstehen, er musste zur Hauptstadt, aber natürlich geschah nichts. Er regte sich nicht, seine Sicht wurde zugeschneit, seine Gedanken rissen ab.

Alles, was er noch wahrnahm, waren viele, viele Schritte auf der trockenen Erde.

MITTAGSZEIT, FLAUGE, MARSNATION

AMARI RANNTE MIT BRENNENDEN AUGEN und schmerzenden Beinen. Überall an ihrem Körper klebte Blut, Dreck und Schuld.

Hatte sie ihren Bruder zum Sterben zurückgelassen? Hatte sie das getan? Er hatte ihr gesagt, dass sie laufen soll. Sie war gelaufen. Sie lief noch immer, durch tote Gassen einer Hauptstadt, in der nur noch die Hälfte der Herzen schlug.

Sie hatte Nev nicht zurückgelassen, er hatte es ihr aufgetragen, er hatte sie darum gebeten. *Gebeten.* Amaris Hals fühlte sich an wie zugeschnürt. Sie blieb stehen und drehte sich um. *Ich bin kein Feigling*, war ihr erster Gedanke. Ihr zweiter Gedanke war der an explodierende Erde und brennende Beine. Der Kopf von Vera. Das Beil in Isaac und das Beil in Erins Knien.

Ein Schluchzer brach aus ihr hervor und sie brachte es nicht fertig, einen einzigen weiteren Schritt zu tun, egal in welche Richtung. Dann kam ein Hustenanfall. Amari zuckte und krümmte sich, aber schließlich war es nicht der Husten, sondern ein Schwall aus Erbrochenem, der sie zu Boden zwang.

Eine Bewegung – Amari hatte sie nur kurz aus dem Augenwinkel gesehen – ließ sie überstürzt wieder auf die Füße kraxeln.

Sie war nicht allein. Sie wurde angestarrt. Amaris Mund war trocken und ihre Fäuste geballt, als sie sich umdrehte.

Sie musste hinter einem der Häuser hervorgetreten sein. Ein Mädchen, eine junge Frau, ungefähr Nevs Alter, vielleicht jünger.

Es war schwer zu sagen, ihr Gesicht war dreckverschmiert, ihre langen schwarzen Haare waren verfilzt. Sie sah aus, als hätte sie schon den ganzen Tag auf dem Schlachtfeld gekämpft, das gerade einmal ein paar Stunden alt war. Selbst von hier aus konnte Amari sehen, wie schwer sie atmete.

Ihr Mund schnappte auf und zu. Sie rief etwas, aber es war zu schnell vorbei, als dass Amari auch nur ansatzweise etwas hätte erkennen können. Die Haltung der Fremden war bei Weitem nicht friedlich. Die Rüstungen, die Male. Beide Dinge ordneten Amari und die Fremde glasklar einer Seite zu und beide wussten, was das bedeutete. Nicht einen Moment bestand auch nur der geringste Zweifel, was als Nächstes passieren würde.

Ein stickiges Gefühl kroch Amaris Kehle hinauf und beinahe meinte sie, sich erneut übergeben zu müssen. Sie wollte das nicht mehr. Das alles. Sie bemühte sich um ihre Stimme, vermutlich löchrig und verätzt.

„Ich will nicht mit dir kämpfen!"

Eine Weile schauten sich die beiden einfach nur an.

Dann rief die Fremde etwas, vermutlich die gleichen Worte wie zuvor, immer noch wütend, und immer noch verstand Amari nichts. Sie blieb, wo sie stand. Noch überlegte sie, ob sie nicht einfach davonlaufen sollte.

Die Hände der Fremden umklammerten den Schaft ihres Schwertes und sie schoss vorwärts, ein lautloser Schrei verzerrte ihr Gesicht. Gerade rechtzeitig zuckte Amari nach links und die Klinge rauschte an ihr vorbei. Sie spürte den Wind im Gesicht.

Die Augen der Fremden loderten vor Wut, so sehr, dass man die ganze Hauptstadt damit hätte niederbrennen können.

Innerhalb einer Sekunde taten sich zahllose Möglichkeiten vor Amari auf. Die Marssoldatin war in Reichweite. Ein Schlag gegen den Kopf, im Optimalfall die Schläfe, war alles, was es brauchte. Sie könnte ihr Gesicht zertrümmern, wie sie es schon so oft getan hatte, oder ihr mit ein paar Handgriffen das Genick brechen.

Als ob sie selbst Amaris Optionen erkannt hatte, machte die Fremde mehrere Sprünge zurück und brachte Abstand zwischen sich und ihre Gegnerin. Ihre Augen klebten an Amaris waffenlosen Händen. Sie verstand.

„Ich will nicht kämpfen!", rief Amari noch einmal.

Die Lippen der Fremden bewegten sich. Sie gab ihre Kampfhaltung nicht auf und Amari stellte sich vor die Wahl: entweder angreifen oder weglaufen. Wenn sie weiterhin nur untätig auswich, würde sie das den Kopf kosten – um das zu wissen, musste sie die andere nur ansehen.

Der Zweihänder flog ein zweites Mal auf sie zu. Amari wich aus, nur um eine Haaresbreite. Sie verfluchte sich selbst.

Wieder ging die Soldatin auf Abstand. Sie schrie Amari an, wirkte, als ob sie sofort wieder auf sie losgehen würde, aber das tat sie nicht. Sie schrie und schrie weiter. Es waren Worte, aber Amari konnte unmöglich wissen, welche. Die Marssoldatin warf ihre Arme in Amaris Richtung und gestikulierte zu einem der armseligen Häuser.

Als Amari nicht reagierte, explodierte sie. Sie schwang den Zweihänder nach ihr, als gäbe es drei Amaris. Ohne klares Ziel und ohne Pause, doppelt so wuchtig wie zuvor. Die Leichtigkeit, mit der sie die sperrige Waffe führte, war beeindruckend. Generell schien Amari die Marssoldatin unterschätzt zu haben, denn plötzlich war die Klinge viel, viel zu nah.

Amari ließ sich fallen. Diese Idee hätte ihr eine Sekunde früher kommen sollen. Schmerz zischte durch ihre Schulter – nicht vom Aufprall auf dem Pflasterstein, sondern von der Klinge der Soldatin.

So sehr es auch schmerzte, Amari durfte keine Sekunde verschwenden. Sie lag auf dem Boden, völlig offen. Wie bei der zweiten Mauer.

Mit dem anderen Arm stieß sich Amari ab und rollte zur Seite – im gleichen Moment steckte die gewaltige Klinge neben ihrem

Kopf, in der Rille zwischen zwei unförmigen Steinen, und nagelte Amaris Haare auf den Boden. Sie rissen, als sich Amari zähneknirschend und mit Tränen in den Augen wieder in die Hocke und schließlich zurück in den Stand drückte. Die Sekunden, die die Soldatin brauchte, um ihren Zweihänder aus dem Boden zu ziehen, reichten allemal. Ihrer Schulter hatte Amari mit dem Manöver allerdings keinen Gefallen getan.

Warme Flüssigkeit lief ihr unter Rüstung und Hemd großflächig die Haut hinunter, dann flammte der Schmerz wieder auf. Amari war sich sicher, dass sie irgendeinen armseligen Laut von sich gab. Ihr Arm wollte sich nicht mehr heben lassen.

Ein wohlbekanntes Gefühl schlich sich in Amaris Eingeweide und rührte sie um. Ein Gefühl, das ebenfalls zur zweiten Mauer gehörte und das sie so sehr hasste. Das brennende Bewusstsein, wie verletzlich sie war.

Angst hielt Amari zum Kämpfen an. Es wäre so einfach; sie war schneller, sie war *besser*. Selbst mit einem Arm könnte sie die Soldatin besiegen. Selbst jetzt, da sie wieder auf Abstand gegangen war, würde es nicht länger als drei Sekunden dauern. Es wäre so schnell vorbei, dass es sich gar nicht wirklich anfühlen würde, dass es nicht echt schien, dass Amari nicht begreifen musste, was sie tat.

Die Soldatin verlagerte ihr Gewicht auf ein Bein, gleich würde sie wieder auf Amari losgehen – und Amari wusste, was sie zu tun hatte. Mit zusammengebissenen Zähnen hielt sie ihren nutzlosen Arm fest, knickte ein Bein ein und dann das andere.

Sie saß.

Die Soldatin starrte sie an und Amari starrte zurück.

„Ich kämpfe nicht mit dir." Sie spürte ihre Stimme zittern.

Die Marssoldatin trat auf Amari zu. Ihre dunklen Augen waren voller Hass, aber der konnte nicht Amari gelten, jedenfalls nicht nur. Er war schlichtweg zu groß für eine Person.

Sie hob den Zweihänder erneut.

Amaris Beine waren zu ihren Seiten abgeknickt, ihre Hände lagen nutzlos auf ihren Oberschenkeln. Tränen rollten ihr übers Gesicht.

Ich will nicht, formte sie mit den Lippen, ihre Stimme versagte.

Einen Moment schien es, als wäre alles eingefroren – dann holte die Soldatin aus.

Amari kniff ihre nassen Augen zusammen. „Ich will nicht mit dir kämpfen!", schrie sie.

Ihre Lippe bebte.

Das machte Amari stutzig. Wenn sie noch spürte, dass ihre Lippe bebte, dann war sie noch am Leben. Als drei Sekunden vergangen waren und sich dieser Zustand nicht geändert hatte, öffnete sie die Augen.

Die Soldatin hatte es sich nicht anders überlegt, sie zögerte lediglich. Ihre Hände waren genauso fest, vielleicht fester um den Griff des Zweihänders gelegt, ihre Arme zitterten vor Anspannung. Die Klinge war neben Amaris Hals, so nah, dass die Soldatin sie auf ihrer Schulter hätte ablegen können.

Trotz der Tränen sah Amari der Soldatin in die Augen. Sie schüttelte leicht den Kopf.

Ich kämpfe nicht.

Sekunden vergingen. Mal war die Klinge näher an Amaris Hals, mal weniger. Das lag wohl an den zitternden Armen der Soldatin – lange würde sie das Schwert nicht mehr so halten können, sie musste sich entscheiden.

Amari tat nichts, Amari würde nichts tun.

Die Soldatin brach den Blickkontakt.

Nichts passierte.

Dann richteten sich die Augen der Soldatin auf etwas hinter Amari. Ihr Mund öffnete sich halb, ihr Schwert sank. Die Spitze schleifte über den Boden, als sie mit stockenden Schritten an Amari vorbeiwankte.

Sie ging an ihr vorbei. Wie gelähmt starrte Amari geradeaus und drehte sich erst nach der Soldatin um, als sie diese selbst aus dem Augenwinkel nicht mehr sehen konnte.

Sie war bereits gute zwei Meter entfernt. Der Zweihänder glitt auf halben Weg aus ihrer Hand und blieb auf dem Boden liegen, als hätte die Soldatin Amaris Anwesenheit vergessen. Vielleicht hatte sie das ja auch, denn sie waren nicht länger zu zweit.

Ein paar Meter entfernt, im Ausgang einer kleinen Gasse, stand er – der Mörder ihres Vaters.

☿

In vielerlei Hinsicht war es für Levin wohl besser gelaufen als erwartet.

Er hatte vieles den halben Meter breiten Gassen und Hohlräumen unter den Treppen zu verdanken, in denen man sich vor dem Militärdienst drücken konnte. Sie eigneten sich ebenso als Versteck vor einer feindlichen Armee, auch wenn Levin nicht so genau wusste, welche der anwesenden Armeen das nun sein beziehungsweise nicht sein sollte.

Dass er Iras Gasse genommen hatte, war zwar seinem schlechten Orientierungssinn zu verdanken, und nicht etwa der absurden Idee, dass sie tatsächlich hier sein könnte, aber Levin war der Letzte, der sich darüber beschweren würde.

Nun tat sich lediglich ein einziges, aber überragend großes Problem vor ihm auf.

Was jetzt?

Ira war da, direkt vor ihrem Haus, direkt vor Levins Augen. Sie sah furchtbar aus, aber es war ohne Zweifel Ira. Der Schatten war auch da. Sie saß auf dem Boden und starrte.

Hatten sie gekämpft? Das konnte nicht sein, Ira war noch am Leben.

Sie kam auf ihn zu und auch er tat ein paar Schritte in ihre

Richtung. Noch war es schwer zu glauben, dass sie echt war. Dass er sie tatsächlich gefunden hatte.

„Levin?" Sein Name hing an ihren aufgesprungenen Lippen. Sie waren weniger als fünf Meter voneinander entfernt.

„Ich ..." Levin sah Ira an, ihr Haus, dann den Schatten, wieder Ira. Irgendwie kam er sich dumm vor, ihr das zu sagen. „Ich wollte dich retten."

Ira blieb stehen und starrte ihn an. Zwei Meter Entfernung. Es folgte eine Art verzweifeltes Lachen und das Erste, was sie ihm nach der Wiedervereinigung zu sagen hatte: „Bist du bescheuert?"

Hilflos zuckte er die Schultern. Eine rhetorische Frage. Er stand in der Hauptstadt, aus der er geflohen war, und er stand in der Rüstung des Feindes vor Ira.

Das Lazarett beförderte nicht nur die Verletzten und Sterbenden, sondern auch deren Rüstungen, damit man sie später wieder verwenden konnte. Glück hatte Levin insofern gehabt, dass er eine gefunden hatte, die ihm in etwa passte, und auch nicht dabei erwischt worden war, sie zu entwenden.

Aber er hatte nicht vergessen, was Ira zwischen den zukünftigen Leichen der Menschen und Häuser von Flauge zu ihm gesagt hatte.

Dann bleibt mir nichts anderes übrig, als dich auch wie einen Feind zu behandeln.

Er hatte es damals verstanden und er verstand es noch immer. Aber vielleicht konnte er ihr alles erklären.

Der Schatten war aufgestanden und hatte sich ein paar Schritte entfernt. Ihre Stirn war gerunzelt, aber ihre Hände untätig, nicht in Fäusten. Levin strengte sich an, seine Angst beiseitezuschieben. Er durfte sie jetzt nicht wichtig sein lassen.

Langsam ging er auf Ira zu. Etwas unbeholfen streckte er seine Hand nach ihr aus. Er wusste nicht, was er damit tun sollte, also blieb er damit auf halbem Weg stecken. „Geht es dir ... geht es dir gut?" Es war fast, als wären sie Fremde.

Ira antwortete nicht. Sie starrte auf seine Hand. „Was ...?"

Levin presste seine Lippen aufeinander und sah Ira an, immer noch erwartungsvoll. Er zog die Hand nicht weg, er ließ sie, wo sie war, auch wenn er nicht wusste, was er damit tun sollte. Vielleicht kam er noch einen Millimeter näher an sie heran. „Ist alles ..." Er beendete den Satz nicht. „Ira?"

Endlich bewegte sie sich. Sie nahm sein Handgelenk und zog ihn zu sich heran, hielt ihn aber gleichzeitig auf so viel Abstand, dass sie ihn ansehen konnte. Irgendwie wirkte sie, als habe sie Schmerzen. Sie ließ ihn nicht los.

„Was zur Hölle?", sagte sie und schaute auf seine zitternde, aufgeschürfte Handfläche.

Dann auf die ledrigen Armschienen der Merkurnation.

Auf den Rest seiner zu großen, feindlichen Rüstung.

Die roten Flecken an seinem Hals.

All die neuen blauen Flecken und sein eingefallenes Gesicht.

„Was zur ...?" Ihre Stimme war auf einen Berg gestiegen, sie war hoch und dünn.

Levin meinte, er würde gleich etwas Außergewöhnliches und Beängstigendes sehen, etwas, was so selten war wie frisches Obst: eine weinende Ira.

Sie schüttelte den Kopf und das Nächste, was sie mit ihrer gipfelerklimmenden Stimme sagte, war: „Du bist ja doch ein Verräter."

Er hatte sich geirrt. Wie immer war Levin derjenige, dem die Augen überliefen. Er wurde von einer Lawine begraben.

Dann fiel Ira Levin um den Hals und drückte ihn fest an sich, eine Hand auf seinem Haar.

„Ich auch." Ihre Stimme hatte die Spitze des Berges erreicht. „Ich glaube, ich auch."

Levin spürte die raue, verdreckte Schulterrüstung unter seinem Kinn, ihre weichen, verfilzten Haare an seiner Wange. Sie drückte ihn so fest wie an ihrem letzten Tag in Flauge. Und natürlich weinte Levin. Wie ein Kind. Vielleicht war es die Erleichterung, vielleicht war es die Angst, vielleicht war es doch nur Ira oder er hatte das einfach verdammt nötig gehabt. Er umarmte sie, selbst wenn sie es durch die störrische Rüstung nicht spüren konnte. Alles um ihn herum war ihm in diesem Moment so egal, wie es das noch nie gewesen war.

Bis der Schatten sprach. Ihre Worte schnitten durch Levin und Ira hindurch und sie lösten sich voneinander. Beide sahen sie an und Ira setzte an, sich vor Levin zu schieben. Ihr Blick triefte vor Misstrauen.

„Levin", sagte der Schatten und ein Schauder huschte ihm vom Kopf bis zum Fuß. Sie kannte seinen Namen. Er kam aus ihrem Mund. Ihr Gesichtsausdruck war schwer zu deuten – ihre Worte dafür umso deutlicher. „Vera ist tot."

IRGENDWO, MARSNATION, VERMUTLICH

EIN BESTÄNDIGES METALLISCHES KREISCHEN zog sich durch Felix' Kopf. Es brachte seinen Schädel zum Bersten und seine Augen zum Pochen. Sein Arm und seine Beine waren taub, aber langsam zuckte auch durch sie ein Kribbeln.

Noch zwei, drei, vielleicht vier Minuten, dann schälte sich endlich eine Erkenntnis aus seinem Hirn: Er war zurück aus dem Nichts. Felix öffnete Augen und Ohren und wartete darauf, dass sich seine Sicht scharf stellte. Schon jetzt war ihm, als habe er keine Erde mehr unter sich, aber dabei konnte es sich genauso gut um Einbildung handeln. Er war furchtbar erschöpft.

Seine Augen kamen endlich wieder zu sich: Es war ein Bild, was er sah, und das Bild war ein Schlachtfeld. Er hörte dumpfes Klingenklirren und das Geschrei von Angreifern und Angegriffenen. War Felix einer von ihnen? Lag er halb tot auf dem Schlachtfeld? Wie war er hierhergekommen?

Er schaute noch eine Weile auf die kleinen Leute, viel zu weit weg. Er erkannte, dass es sich um Menschen handelte, aber nicht, um was für Menschen.

Dann war da noch eine Frage: Wieso war ein Rahmen um das Bild des Schlachtfelds?

Felix blinzelte einmal. Seine Lider waren schwer. Es war kein Rahmen. Es war ein Fenster. Das glaslose Fenster hing in einer Wand aus grauem, abgenutztem Holz. Ein Türrahmen, genauso türlos, stand ein paar Meter daneben. Nur um wenige Millimeter verschob Felix seinen Kopf und schon konnte er auch einen grauen Boden und eine graue Zimmerdecke sehen.

Und einen grauen, leicht zerfetzten Mantel.

Drei Sekunden und Felix saß aufrecht.

„Alle Achtung", sagte der graubemäntelte Rücken, ohne Anstalten zu machen, sich umzudrehen. „Da bist du ja schon wieder."

Fernes Geklirr und Geschrei von draußen waren nicht die einzigen Geräusche. Es lagen gedämpfte, undeutliche Stimmen in der Luft. Felix überlegte eine Sekunde, ob er es tatsächlich tun sollte, dann blickte er durch den Raum.

„O... Oha."

Mehr Leute. Vielleicht zwanzig, nicht ganz dreißig. Sie alle waren mehr oder weniger von provisorischen Umhängen und Kapuzen in verschiedenen Grau- und Brauntönen verschleiert. Die meisten saßen zusammen auf dem Boden, manche lehnten an der Wand. Sie redeten, aber Felix verstand kein Wort.

Er kam auf genau eine logische Erklärung.

„Bin ich tot?"

„Fühlst du dich denn so?", fragte der erste Mantel. Sein Blick schien am Fenster festgeklebt zu sein.

„Ein bisschen."

„Dann ruh dich besser noch 'ne Weile aus."

Felix dachte gar nicht daran. Er war mit etwas ganz anderem beschäftigt. Zum Beispiel damit, dass er die Stimme schon einmal gehört hatte.

Felix legte den Kopf schief, versuchte, um die Gestalt herumzugucken. Neben ihr lag ein Stock aus Holz.

„Bin ich jetzt völlig bescheuert oder ... Lor?"

Zum ersten Mal kam Regung in den Mantel. Er drehte sich um.

Keine Spur von dem weißen Küchenkopftuch, an das Felix sich so gewöhnt hatte. Stattdessen drückte Lor sich mit einer Hand die Kapuze in die Stirn, sodass Felix nicht mehr sah als sonst auch. Lor lächelte.

„Lange nicht gesehen und trotzdem wiedererkannt."

Mit jeder Sekunde tauchten zehn neue Fragen in Felix' Kopf auf. Am liebsten hätte er sie alle gleichzeitig gestellt, aber was sein Hirn hervorbrachte, war: „Wieso die Kapuzen? Bist du ... seid ihr ein Kult?"

Lor lachte. „Die meisten hier haben ein Leben außerhalb", sagte er. „Können es sich nicht leisten, erkannt zu werden."

„Ah", machte Felix. „Ah, klar." Noch einmal wanderte sein Blick durch den Raum. „Ich hab um aller acht Götter willen nicht den Hauch einer Ahnung, was hier gerade passiert."

Lor drehte sich zurück zu seinem Fenster, als ob er tatsächlich hinaussehen könnte. „Wir warten."

„Wer ist ‚wir'?"

Er konnte hören, wie sich auf Lors Gesicht ein Grinsen ausbreitete. „Die Revolutionäre, natürlich."

„Na...türlich"

Noch ein Blick durch den Raum. Einer der sogenannten Revolutionäre, ein Bemäntelter an der Wand, grinste und hob die Hand. Felix blinzelte, dann hob er langsam seine und grüßte zurück, noch währenddessen wandte er sich zurück zu Lor. „Ich träume, oder?"

„Wie kommst du darauf?"

„Ich verstehe nichts. Nicht ein Ding."

„Das ist in Ordnung", sagte Lor, „Alles, was du im Moment wissen musst, ist, dass Mars auf gar keinen Fall vernichtet werden darf."

„Wieso nicht?"

„Das ist eine ganz schön gemeine Frage, ist dir das klar?"

Ein halbherziges Grinsen zuckte über Felix' Gesicht. Auch Lor hörte man ein wenig lächeln, bevor seine Stimme kontrolliert und nachdrücklich wurde.

„Du musst wissen, dass ich es ernst meine, wenn ich davon rede, den Krieg zu beenden."

Felix' Mund öffnete sich halb. Vielleicht hatte er irgendetwas erwidern wollen, aber die Umstände ließen ihn jeden möglichen Satz direkt wieder vergessen. Lachen konnte er auch nicht. Lor hörte sich wirklich – *wirklich* – so an, als wäre er vollkommen überzeugt, von dem, was er sagte.

„Bist du ... bist du der Anführer hier oder so was?" Schon vorhin war es ihm vorgekommen, als wäre Lor die Person im Raum, der die meisten Blicke zugeworfen wurden.

„Oh", machte Lor. „Ich würde eher sagen, ich bin so eine Art Sprecher – aber wenn du es so nennen willst, funktioniert das auch, schätze ich."

„Wieso?" Die Frage bezog sich nicht zwingend auf etwas Bestimmtes.

„Ich bin glaubwürdig", sagte Lor, dann einen Moment lang nichts weiter. „Ich ... weiß viel über Götter, wie du ja weißt. Und ich" – er drehte sich zu Felix um, um ihm ein entschuldigendes Lächeln zu schenken – „war nicht ganz ehrlich mit dir, wieso das so ist. ‚Kluges Kind mit reichen Eltern' ist zwar nicht unbedingt so falsch" – ein kurzes Grinsen – „aber ich bin nicht fast blind, weil ich Soldat gewesen war."

Felix' Gedanken arbeiteten unglaublich langsam, er brauchte eine gute halbe Minute. „Lor", sagte er dann, „zeig mir deine Stirn."

Lor lachte.

„Das *musst* du mir erklären."

„Später, später", sagte Lor, gerade als ein abgenutzter, grünlicher Mantel sich neben ihn hockte und kurz auf ihn einflüsterte. Lor nickte. Es war entweder zu leise, als dass Felix es hätte verstehen können, oder es war ... eine andere Sprache?

Der Mantel verschwand so schnell, wie er gekommen war. Felix merkte, dass er den Kopf schüttelte, und er war sich nicht sicher, wie lange er das schon tat.

„Wie wollt ihr ...?" Er versuchte noch mal, die Leute im Raum zu zählen. „Seid ihr nicht überhaupt viel zu wenige, um irgendwas zu tun?"

„Ach was", sagte Lor. „Bis jetzt mussten wir uns noch nicht in irgendwelche Gefechte werfen, und es wäre mir auch lieber, wenn wir weiter im Hintergrund arbeiten könnten, aber wir sind jetzt weit über den Punkt hinaus, an dem das noch funktioniert." Er hob den Zeigefinger. „Aber kein Problem, wir sind kreativ."

„Im Hintergrund arbeiten" Felix zerbrach jedes einzelne von Lors Worten. „Wofür? Klar, ihr wollt nicht, dass Mars vernichtet …" Seine Stimme blieb in der Luft hängen. Er starrte Lor an, oder eher den grauen Mantel. Nur langsam bildeten sich Worte auf seiner Zunge. „Ich habe gerade einen sehr beunruhigenden Gedanken und ich hoffe nicht, dass er wahr ist."

Lors Mantel regte sich kaum. „Ich denke, die Chance, dass es so ist, steht ziemlich gut."

Felix' Mund wurde trocken. Als er sprach, war seine Stimme so leise und schneidend, wie die wenigsten sie erlebten. „*Du* hast Mars vorgewarnt? Du hast ihnen gesteckt, dass wir sie angreifen?"

Der graue Mantel schwieg eine Weile. Dann bot er Felix ein einziges Wort an, eine Korrektur: „Wir."

„Lor!" Das war laut. Die Hälfte der Mäntel drehte sich um und Felix senkte seine Stimme. Er war sich nicht sicher, ob er empört oder belustigt klang. „Die hätten mich beinahe dafür kaltgemacht!"

„Ja, ich weiß. Das war nicht gut."

„Das … das könnte man so sagen." Felix lachte ein halbes, vielleicht ein gevierteltes, nervöses Lachen. Dann rieb er sich erschöpft das Gesicht. „Ich fass es nicht, du hast mit Mars gemeinsame Sache gemacht." Er ließ sich hintenüberfallen und lag wieder auf dem Holzboden, mit der Hand auf den Augen. „Mit *Mars*."

„Ja." Lors Stimme war ruhig und klinisch. „Entschuldigung."

Während sich eine überwältigende Mauer aus Stille zwischen die beiden schob, wurden die anderen unruhiger. Das Murmeln wurde gepresster, sie wippten hin und her, manche standen auf oder machten Anstalten, das zu tun. Es steckte Felix an. In seinem Magen kribbelte es unangenehm.

Auch in Lors stimme schwang etwas Finales mit. „Felix, wenn wir uns jetzt gleich aufmachen, bleibst du am besten hier und versteckst dich."

Felix nahm die Hand vom Gesicht. „Was?"

„Wir müssen jetzt raus, sonst ist gleich noch viel mehr verloren als nur Mars. Dort draußen kämpfen mittlerweile alle gegen alle."

„Warte, was?" Felix setzte sich auf.

Lor stand bereits.

„Erin und General Vera sind tot. Es ist das pure Chaos."

„Was?"

Auch die anderen Mäntel hatten sich erhoben. Alle sahen sie zu Lor.

„Merkur und Jupiter schlagen sich gegenseitig tot", erklärte Lor flüchtig. „Asmus will das nutzen, keine Frage. Er ist mit Verstärkung angerückt und jetzt kämpfen alle drei Nationen gegeneinander."

Das nächste *Was?* lag Felix schon auf den Lippen, aber er blieb still. Seine Augen waren weit.

„Wir haben uns das eine Weile angeguckt, aber wir müssen *jetzt* eingreifen. Du solltest –"

Felix rauschte an ihm vorbei, rannte aus der Tür, weiter geradeaus und stolperte dabei nur einziges Mal.

„Das ist nicht dein Ernst!"

Aber es war Felix' Ernst und Lors Worte erreichten ihn kaum mehr. Kalter Schweiß rann ihm die Seiten entlang und sein Herzschlag brachte seinen ganzen Körper in Schwingung, aber Felix rannte weiter.

Natürlich hätte Lor ihn einholen können, wenn er wollte – aber wieso sollte er wollen? Er war fast blind und konnte es sich sicher nicht leisten, unüberlegt von seiner seltsamen Truppe davonzustürmen. Felix würde es schaffen. Diesmal würde er seinem Körper nicht erlauben, ihm das zu verderben.

Die Geräusche schwollen an. Sie erinnerten an Kenko, sie erinnerten an Khansa, und trotzdem reichte das noch lange nicht aus. Felix hatte noch kein Schlachtfeld gesehen, das diese Art von Schreien in die Luft warf. Schon bevor er den Platz erreichte, drückte sich Galle seinen Hals hinauf. Ob das nun am Feld lag oder an ihm selbst, war dahingestellt. Er schluckte sie hinunter.

Auf dem Platz schien es, als würde er selbst verschluckt werden. Er lag vor ihm wie ein riesiges Maul, in dem sich tote Körper auftürmten. Zwischen ihnen schwamm eine dicke Brühe aus Blut und anderen Flüssigkeiten über den Pflasterstein. Erneut war Felix froh, nichts riechen zu können. Er stand auf einer Erhöhung, am Rande eines Schlachtfeldes, das alles übertraf, was er kannte, und seine Augen suchten angestrengt die Menge ab. Er konnte es sich nicht erlauben, lange hier herumzustehen, er wusste, wie gerne er auffiel.

Hoffentlich war Asmus noch am Leben. Hoffentlich war Asmus noch am Leben, sodass es Felix sein konnte, der es beendete. Er sah ihn nicht. Seine Marssoldaten, die sah er, aber nicht ihren Anführer. Soldaten, Soldaten, Soldaten. Der Haufen war so verworren, dass man Jupiter nicht mehr von Merkur unterscheiden konnte, nur die sperrigen Marsrüstungen stachen heraus. Es war wesentlich einfacher, die Soldaten in Kategorien wie *tot* und *lebendig* einzuteilen.

Der Gedanke, dass auch Nev hier war oder hier gewesen war, brachte die Übelkeit auf direktem Wege in Felix' Kopf zurück und er musste kurz die Augen schließen. Eins nach dem anderen. Er atmete angestrengt aus und öffnete die Augen. Das war der Moment, in dem sie sich auf das hefteten, was er gesucht hatte.

Strom floss durch Felix' Körper.

Natürlich war es Asmus. Das hätte er mit seinen neuerdings schlechten Augen vielleicht sonst nicht erkannt, aber da unten war

Asmus der Einzige, der eine rote Rüstung trug. *Eine rote*. Dass er damit auffiel, nahm er wohl in Kauf. Asmus war auch der Einzige, der nicht kämpfte. Er stand in einem beinahe sicheren Abstand zwischen eingefallenen, braunen Häuserruinen und überblickte das Geschehen, geschützt von drei massigen Soldaten, die sich ebenfalls nicht von der Stelle bewegten.

Unter normalen Umständen hätte Felix abgewogen. Seine Chance gegen drei dick gerüstete Kampfmaschinen, seine Chance, überhaupt über das Feld zu kommen, von dort, wo er stand, auf die andere Seite. Aber es herrschten keine normalen Umstände und Felix rannte bereits.

Mit dem Blick auf der roten Rüstung war nichts einfacher, als die Gedanken zu verdrängen, dass er noch nie in seinem Leben verwundbarer gewesen war. Natürlich trug er seine Rüstung, aber in diesem Kampf machte das kaum einen Unterschied. Keuchend schlängelte er sich durch die Soldaten. Mal blieb eine Schwertspitze an seinem Arm hängen, mal riss ein Speer an seiner Haut. Das war egal. Solange es niemand genau auf ihn abgesehen hatte, würde er es bis zu Asmus schaffen. Solange er den Arm noch heben konnte, solange ihn seine Beine noch trugen, würde man ihn nicht aufhalten.

Wie ein Pfeil würde er durch Asmus' kleine Menschentraube stechen oder sich wenn nötig an die schweren Rüstungen quetschen, um an ihn heranzukommen. Hauptsache, er berührte Asmus mit seiner Hand. Bevorzugt, indem er ihm mit allem, was er noch hatte, ins Gesicht schlug.

Niemand würde es kommen sehen, niemand konnte wissen, welche Waffe Felix mit sich trug. Höchstwahrscheinlich würde sich Asmus nicht einmal an ihn erinnern. Vielleicht sollte Felix sich noch einmal vorstellen, wenn der Diktator von Mars vor ihm auf dem Boden lag.

Er war in Reichweite. Felix stieß seine Hand in das Gesicht des ersten Soldaten, den er erwischen konnte. In Khansa hatte es noch

Hemmungen gegeben, jetzt nicht mehr. Seine Bewegungen waren wütend und überstürzt. So sehr, dass die Warnsignale nicht ankamen, und dass er sich ganz und gar bei der Anzahl seiner Arme vertat. Dass er vergaß, dass es jetzt nicht nur beinahe, sondern gänzlich unmöglich war, zwei Soldaten gleichzeitig loszuwerden.

Ein greller Lichtblitz zerriss, was Felix vor Augen hatte, und stieß ihn ins Dunkle. Schmerzhafte Taubheit in seinem Gesicht. Boden, den er unter den Füßen verlor, und der mit einem Ruck unter seinem Schädel wieder auftauchte. Das Pochen seines Kopfes war das Erste, was Felix fühlte. Dann Blut, das ihm aus der Nase in den Mund lief. Es war ein Schild gewesen, ganz bestimmt. Eine der Leibwachen hatte ihm ihr Schild ins Gesicht gedonnert.

„Nein. *Nein*", zischte eine Stimme. „War das ... *nein*."

Ob sie zu ihm oder sonst jemandem sprach, war Felix völlig egal. Er erkannte die Stimme. Sie war nicht so triefig, wie er sie in Erinnerung hatte. Sie war höher, aber er erkannte sie. Sie steckte Felix in Brand. Er glühte vor Wut.

Aber er konnte sich nicht rühren. Er hatte seine Orientierung verloren. Er sah nichts. Es war, als hätte ihn der Schild aus seinem eigenen Körper gehauen. So sehr sollte ihn das nicht überraschen, in besonders gutem Zustand war Felix zuvor nicht wirklich gewesen.

„Könnt ihr – *könnt* ihr das fassen?!" Ungläubig lachte Asmus auf. „Jetzt, ausgerechnet *jetzt* schicken sie noch jemanden, um mich zu ...! Die Dreistigkeit. Diese *Dreistigkeit!* Unglaublich." Mit jedem zweiten Wort wurde seine Stimme dünner, lauter, höher. „Wenn sie denken, ich würde mich hier so einfach töten lassen – nein, *nein* – ich hab Flauge doch nicht umsonst in die Luft gehen lassen!"

Felix bebte. Seine Zunge war wie gelähmt, aber er würde Asmus *gerne* etwas sagen. Dass niemand ihn geschickt hatte, außer er selbst. Dass er ihn lediglich im Namen der Venusnation umbringen würde. Asmus musste in unmittelbarer Reichweite sein.

Wenn er doch bloß den Arm heben könnte. Bloß den Arm.

„Weg da!", bellte Asmus. Seine Stimme dröhnte. „Das, oh, *das* erledige ich selbst! Meine Nation ist vielleicht verloren, aber das werden sie mir nicht nehmen!"

Endlich, aber viel, viel zu spät, war Felix in der Lage, seine Augenlider aufzuzwingen. Was er sah, sah genauso aus, wie es sich angehört hatte.

Asmus' verzerrtes Gesicht schaute auf ihn herab, ein Speer fest in der rechten Hand. Wie gut er diesen tatsächlich führen konnte, war vollkommen egal. Felix konnte man nicht verfehlen. Er wünschte, dass er seine Augen nicht aufbekommen hätte. Asmus war direkt vor ihm, aber er konnte keinen Muskel rühren.

„Haben wir uns schon mal gesehen?", fragte Asmus, zwischen heftigen, wütenden Atemzügen. Eine Art letzter, verzweifelter Spott. „Tut mir leid, aber Gesichter kann ich mir *so* schlecht merken."

Beidhändig riss er den Speer höher als nötig in die Luft.

Vielleich hatte Asmus noch eine Bemerkung auf den Lippen gehabt, aber ein Schwert bohrte sich durch seinen Hals. Um die Schneide herum breitete sich ein dunkelrotes Oval auf seiner Haut aus und riss auf, als die Klinge unachtsam wieder herausgezogen wurde. Asmus' Kopf rutschte zur Seite, Fäden aus Haut spannten sich und rissen in dem schwachen Versuch, seinen Kopf auf den Schultern zu halten. Der Körper mit der roten Rüstung krachte scheppernd auf den Boden und machte den Blick auf den Schwertkämpfer frei.

Nev, war Felix' erster Gedanke, aber Nev war es nicht.

Felix kannte Asmus' Mörder nicht, aber er wusste zwei Dinge. Erstens: Er hieß nicht Felix. Zweitens: Es war jemand, der Asmus' Leibgarde in ein fatales Stocken brachte, denn es war jemand aus den eigenen Reihen. Eine Marsrüstung.

Eine Frau mit verfilztem schwarzem Haar, mit einem Gesicht, das vor Wut zu zerreißen schien – und sie war noch nicht fertig.

Ein zweites und ein drittes Mal fetzte ihr Schwert durch die Luft und traf Hälse und Köpfe der Leibwachen. Dabei schrie sie Namen und Worte, mit denen Felix nichts anzufangen wusste. Generell wusste er gerade recht wenig. Sein Kopf war leer.

Die Marssoldatin schrie noch immer, während sie zu Boden ging. Nicht durch ein Schwert, sondern durch ihre eigenen nachgebenden Beine. Unaufhörlich zerriss ein dumpfes Klingen die Luft, als ihr Schwert wieder und wieder von der roten Rüstung auf Asmus' totem Körper abprallte.

Man konnte nicht übersehen, dass er tot war, aber sie schlug noch immer zu, weinend, schreiend, bis sie die Kraft verließ, und eine neue Stimme dazukam, völlig außer Atem.

„Ira, du – *nein*. Ira! Das ... Hast du ...?"

Der Wortschwall riss ab, und jetzt sah Felix den Marsjungen, Levin. Er starrte auf die Soldatin, auf Asmus, seine Arme angehoben, als wollte er sein Gesicht bedecken, war dabei aber auf halbem Wege eingefroren. Sein Mund war geöffnet. Es war nicht unwahrscheinlich, dass er Felix nicht einmal wahrnahm, und selbst wenn er es tat, brauchte es ihn nicht kümmern.

Levin blieb in Stein gemeißelt, bis sein Blick auf das Feld rutschte.

„Ira." Sein Mund bewegte sich, erst tonlos, dann beinahe hysterisch. „Ira, sie haben's gesehen!" Er zog am Arm der Soldatin, während er hektische Blicke hinter sich warf. „Wir, wir müssen weg!"

Er sagte noch mehr, aber Felix' Ohren dröhnten und alles verschwamm zu einer einzigen unverständlichen Pampe. Aber was er verstanden hatte, war, dass Asmus' Tod bemerkt wurde. Dass Soldaten kamen.

Soldaten kamen und Felix lag da wie eine lebendige Leiche. Selbst wenn sie ihn nicht entdeckten, würden sie ihn wohl einfach zertreten.

Endlich hatte Levin die Soldatin auf den Beinen. Nicht ein einziges Mal wandte ‚Ira' den Blick von ihrem toten Anführer ab, während sie sich wegziehen ließ. Die Tränen liefen, die Wut stand ihr im Gesicht. Levins Gesicht konnte Felix nicht mehr sehen. Dann verschwanden beide aus seinem Blickfeld.

Nur Felix lag noch da. Sein Kopf war leer.

Was sollte er auch denken? Er lag mitten in Flauge auf einem Schlachtfeld. Asmus war tot. Er war nicht derjenige, der ihn getötet hatte. Jupiter kämpfte gegen Merkur – seine letzte Zuflucht. Drei Armeen ohne Anführer töteten sich gegenseitig. Wer sollte sie stoppen? Völlig gedankenlos zu sein, konnte man sich gerade eigentlich nur wünschen.

Dann erschien ein gehetztes Gesicht mit lockigem Haar über seinem.

Nein, es war immer noch nicht Nev.

Etwas unsanft, aber bestimmt nicht so gemeint, zog ihn Amari auf die Beine. Schweiß stand ihr im Gesicht und tropfte von ihren Haaren. Sie benutzte nur einen Arm, der andere hing ihr schlaff und blutig vom Körper. Sie atmete schwer und trotzdem schleppte sie ihn weiter, wohin, das wusste er nicht. Jetzt wo er hinter ihr her stolperte, floss das Blut langsam wieder durch seine Beine und auch durch seinen Arm. Er konnte sich bewegen, aber er verstand nicht. Felix verstand gar nichts mehr. Zum zweiten Mal in seinem neunzehnjährigen Leben war dessen Sinn direkt vor seinen Augen zerplatzt.

Was sich jetzt vor ihm auftat, war Holz. Der Haufen aus zerfressenem Holz war wohl einmal die Wand eines Hauses gewesen. Jetzt war es einfach nur noch Holz, aber Holz, das beinahe so etwas wie ein kleines Fort bildete. Amari ließ sich fallen und auch Felix brach auf dem Boden zusammen. Sie waren nicht wirklich in Sicherheit, aber es war besser als nichts.

Im nächsten Moment fragte sich Felix, ob Amari das gewusst hatte – ob sie ihn vielleicht sogar *hergebracht* hatte: Hinter den Holztrümmern saß schon jemand. Eine Gestalt mit verkohltem

Bein.

In einem Augenblick wurden zwei Namen geflüstert und Nev schloss Felix in die Arme. Felix drückte Nev an sich, so fest es seine verbleibende Kraft und ein fehlender Arm zuließen, und eine Weile zitterten sie zusammen.

„Ich hatte gehofft, dass du nicht hier bist", sagte Nevs heisere Stimme.

Es gab ausgesprochen viele Dinge, die Felix jetzt in Nevs Schulter hätte murmeln wollen.

Geht es dir gut?

Was ist mit deinem Bein?

Wäre ich doch wirklich nicht gegangen.

Wir leben noch, kannst du das glauben?

Ich will nicht mehr.

Es tut mir leid.

Im Endeffekt sagte er nichts von alldem, aber es war auch gar nicht nötig.

Nach einem Moment, der viel zu schnell verging, fiel Nevs Blick wieder auf Amari. Auf ihr schweißglänzendes Gesicht, das alles andere als gesund aussah, und den blutdurchtränkten Ärmel ihres Hemdes.

„Amari", krächzte er, obwohl sie ihn doch nicht hören konnte. Gehetzt, fast ein bisschen verzweifelt rutschte er näher und streckte seine Hand aus. Amari verstand nicht gleich. Auch sie schien von einem Nebelschleier umgeben. Würden sie nicht in Flauge hinter Holzbrocken sitzen, hätte Felix vielleicht lachen können. Sie waren alle drei völlig am Ende.

Endlich kam die Erkenntnis, eine halbe Tafel wanderte in Nevs Hand, gefolgt von einem Kreidestummel. Keinen Moment zögerte er, schrieb hastig und in wackeligen Buchstaben: *Warum bist du zurückgekommen?*

Amari blinzelte die Frage an, ein paar laute Sekunden vergingen. „Ich –", sagte sie und wurde von ihrem eigenen heftigen Atmen unterbrochen. Ihre Stimme schwankte, so wie sie selbst, aber trotzdem stahl sich ein schiefes, unendlich erschöpftes Lächeln auf ihr Gesicht. „Ich fang jetzt nicht damit an, auf dich zu hören."

Flink setzte Nev die Kreide an. Seinem Blick nach zu urteilen, würde die nächste Frage sicher so etwas wie *Geht es dir gut?* sein, was zum einen recht überflüssig war und zum anderen wohl eher so etwas wie *Wirst du ohnmächtig?* heißen sollte.

So oder so, er kam nicht dazu, die Frage zu stellen. Amaris Aufmerksamkeit war längst weit entfernt. Sie lugte an dem Holzhaufen vorbei auf das Schlachtfeld. Nun, zuerst lugte sie – dann starrte sie. Ihre Brauen schoben sich nach oben, ihre Augen wurden groß und ihr Mund klappte auf.

„Was", hauchte sie. Falls es der Anfang eines Satzes war, dann kam der Rest nicht.

Felix lehnte sich ächzend nach links, sodass er sehen konnte, was sie sah.

Was er sah, war ein Mantel in Grau.

Nein, es waren zwei. Drei. Fünf. Zwanzig. Noch mehr. Viel mehr. Vielleicht war es die Erschöpfung, vielleicht hatte Felix Halluzinationen. So viele waren nicht in dem halbverfallenen Haus gewesen, darauf hätte er wetten können. Es musste Einbildung sein, ja wirklich, aber er konnte auch nicht leugnen, was er vor sich sah.

Die Revolutionäre stürmten das Schlachtfeld. Ob sie einen Plan hatten, wusste Felix nicht, aber sie überraschten die Kämpfenden ungemein. Manche rannten auf sie zu und griffen an, jetzt, da sowieso jeder gegen jeden war. Tatsächlich sah Felix ein oder zwei der verhüllten Gestalten zu Boden gehen, aber die meisten überrumpelten die Soldaten. Waffen wurden vorgehalten, aber nur mäßig benutzt, zwischen Kämpfenden wurden menschliche Barrieren gebildet und manch eine Klinge prallte von unter grauem Stoff verborgenen Rüstungen ab.

Hätte man Felix vorher erzählt, was hier passieren würde, er hätte es nicht eine Sekunde geglaubt. Er musste mit eigenen Augen sehen, wie die graue Masse den Kampf begrub, die Flammen erstickte, mit eigenen Ohren hören, wie das Klirren der Schwerter abnahm und das Feld leiser wurde.

Vielen ging es ähnlich. Auf dem Platz gab es kaum blutrünstige Soldaten. Sie waren erschöpft, verwirrt, ausgelaugt. Es gab einige Wilde, die festgehalten werden mussten, aber sie wurden weit von der Zahl der Soldaten übertroffen, die ratlos in der Menge standen. Manche ließen sich zu Boden sinken, als hätten die Mäntel ihnen jeglichen Wind aus den Segeln genommen. Als wären sie insgeheim froh darüber, dass jemand das Kämpfen stoppte, auch wenn sie nicht verstanden, was in diesem Moment in Flauge vor sich ging. Felix merkte, wie er langsam den Kopf schüttelte. Lor hatte es wirklich ernst gemeint.

„Hey!", dröhnte eine Stimme über das Feld, als hätte Felix ihn gedanklich heraufbeschworen. Lor stand in der Mitte des Feldes, flankiert von zwei anderen; einem mit einem ganzen Umhang, einem mit lediglich einer braunen Kapuze. Sie mussten sich während des Chaos dort platziert haben.

Stille Anspannung lag in der Luft. Natürlich würde Lor sprechen, immerhin stand er in der Mitte, aber er schien damit zu warten, bis sich die Falten seines Mantels gelegt hatten.

„Jupiter!", rief er dann. „Merkur, Mars, Venus auch! Eure Anführer sind tot. Für wen kämpft ihr noch?"

Felix und Nev wechselten einen Blick. Keine Frage, das war Lors Stimme, die über den Platz hallte. Venus hatte er gesagt. Felix musste ein seltsames Gefühl in seinem Hals herunterschlucken und versuchte, nicht zu sehr darauf zu achten, ob jemand auf dem Feld besonders auf dieses Wort reagierte.

Amari starrte, obwohl es aus dieser Entfernung unmöglich war, irgendwelche Lippen zu lesen. Vielleicht hatte sie vergessen, dass es eine Tafel gab. Sie sah wirklich, wirklich fertig aus.

„Leute aller Nationen!", appellierte Lor erneut und nahm so

die Aufmerksamkeit derer, die sich nervös nach ihren Anführern umsahen, wieder an sich. „Es ist Zeit, dass das hier ein Ende findet. Nicht nur der Kampf hier in Flauge, nicht nur die Invasion der Marsnation. Ich rede von allem, was in den letzten fünf Jahrhunderten stattgefunden hat."

Er trat einen Schritt nach vorn und breitete gebieterisch die Arme aus, unter seiner Kapuze blitzte so etwas wie ein Lächeln.

„Schaut euch um!", rief er. „Schaut es euch gut an, euer Blut, eure Leichen, eure Wunden. Wer daran schuld ist, heißt nicht Mars, Merkur, oder Jupiter. Weder die Götter noch ihre Nationen!"

Jetzt wurde es unruhiger, mittellaute Widersprüche, aber sie verliefen erschöpft im Sand.

Noch einmal machte Lor es spannend. Er wartete, bis wieder Stille einkehrte, dann schlug er seine Kapuze zurück.

„Nehmt es als das Wort eines waschechten Priesters", sagte er und deutete dabei auf das hell leuchtende Merkurmal auf seiner Stirn. „Wir sind keine natürlichen Feinde. Wir müssen keine Feinde sein."

Felix wollte etwas sagen, aber Amari kam ihm zuvor.

„Nev!", rief sie hastig, aber ihre Augen starrten eher durch ihn hindurch. Sie wollte wohl aufstehen und die zwei Schritte zu ihm machen, aber wie ein Kartenhaus fiel sie wieder in sich zusammen.

Nev und Felix versuchten gleichzeitig, sie aufzufangen, aber Amari drückte sich selbst einhändig wieder in eine sitzende Position. Ungeschickt streckte sie ihren gesunden Arm nach der Tafel aus, die ihr Bruder noch immer in den Händen hielt. „Du musst ... kannst du ..." Sie blinzelte angestrengt. „Schreib auf, was er sagt. Ich weiß nicht, was ..."

Noch einmal spielte ihr Körper nicht mit und schon stützte sich Amari wieder auf einen – jetzt gefährlich zitternden – Arm. Sie atmete heftig, nuschelte etwas, das Felix als „Ich halt das nicht mehr aus" verstand, und schließlich gab auch ihr letzter Standpfeiler nach. Sie wäre mit dem Gesicht in den Dreck gefallen, hätte Nev sie nicht noch mit einem Arm festhalten können.

„Wir bringen die Revolution", sagte Lor gerade. „Und wir werden den Krieg beenden."

UNBEKANNT, UNBEKANNT, UNBEKANNT

DAS AUFWACHEN, ODER – UM GENAU zu sein – diese Art des Aufwachens kam Amari bekannt vor: Schmerzen, Übelkeit, das wahnsinnige Verlangen, wieder einzuschlafen. Diesmal hatte sie aber nicht getrunken, und die Erinnerung an den wahren Grund, warum sie sich so ekelhaft fühlte, brachte die Panik zurück in ihren pochenden Kopf.

Sie war in Bewegung – auch das kam ihr bekannt vor. Sanfte Erschütterungen rüttelten an ihrem Körper, genauso wie nach dem Saufgelage. Ein Wagen.

Wo war sie?

Amari überlegte hin und her, bis sie sich endlich überwand und die Augen öffnete. Das Erste, was sie sah, setzte ihr beunruhigende Gedanken in den Kopf. Das Zweite machte es noch schlimmer.

Der erste Anblick: mehr Wagen. Sie sah sie verkehrt herum durch die offene Seite der Plane, wenn sie den Kopf in den Nacken legte. Mindestens zwei weitere begleiteten den, auf dem sie sich befand.

Der zweite Anblick, links von Amari: die ihr nur allzu gut bekannte Marssoldatin. Ohne ihre Rüstung wirkte sie, als hätte man die Luft aus ihr herausgelassen, und auf ihren Armen und Beinen verheilten Schnittwunden. Sie schaute nicht in Amaris Richtung, stattdessen sah sie Levin schweigend dabei zu, wie er ihre Verletzungen untersuchte.

Diese beiden waren hier. Amaris erste, furchtbare Schlussfolgerung war, dass sie als Gefangene der Marsnation geendet war. So unauffällig wie möglich und ohne sich groß zu bewegen, lugte sie im Rest des Wagens umher. Da waren noch zwei Frauen, die miteinander redeten, hin und wieder sogar lachten. Amari war sich sicher, dass sie keine der beiden je gesehen hatte; ob Freund oder Feind, das konnte sie nicht sagen, auch die Kleidung verriet ihr nichts.

Dann war da Nev. Er hatte nasse Stofffetzen auf seinem Bein und einen schlafenden Felix an der Schulter. Beide sahen furchtbar aus, aber nicht wie Gefangene.

Amari entschied, sich aufzusetzen. Als sie sich nach oben drückte – oder es versuchte –, gab ihr Arm nach und sie erinnerte sich lebhaft an den Kampf mit der Marssoldatin. Woran sie sich nicht erinnerte, waren Verbände, großzügig um ihre Schulter geschlungen. Auch ihre Rüstung fehlte. Sie fluchte innerlich und schob sich mit dem anderen Arm ins Sitzen. Noch immer beachtete sie niemand – das hieß, bis ihr Blick den von Nev kreuzte.

Amari lehnte sich gegen die hüfthohe Holzwand des Wagens und tastete ihren Gürtel ab. Die Tafelhälften waren da, alle beide. Eine schob sie Nev zu, die andere behielt sie für sich selbst. Nicht jeder im Wagen sollte ihre Unterhaltung mitbekommen. Sie zerbrach das letzte Stück Kreide mit einer Hand und warf eine Hälfte. Nev fing sie und gab sich Mühe, sich dabei nicht zu sehr zu bewegen. Felix schlief weiter.

Wie geht es dir?, waren die ersten Worte, die von Nev zu Amari fanden. Es schwang beinahe so etwas wie Geborgenheit mit. Die Gewissheit, dass der Kampf in der Hauptstadt vorbei war – dass *Flauge* vorbei war – und dass sie, so unglaublich es war, immer noch lebten. Ziemlich genau jetzt müsste eine riesige Welle der Erleichterung über Amari hinwegschwappen, aber sie blieb aus.

Wo sind wir?, war ihre Gegenfrage.

Nev kratzte sich am Kopf. Dann schrieb er und wischte es wieder weg. Noch ein Versuch.

Auf dem Weg zur Jupiternation.

Die Worte zuckten durch Amari. Sie riss den Kopf zur Seite, aber aus dem Wagen heraus sah sie den gleichen Wald, den sie immer sah. Hibbelig wartete sie, während Nev schrieb. Seine Hände waren weiß vor verwischter Kreide und sein Gesicht ratlos.

Es klingt so oder so seltsam, erklärte er und Amari wurde dadurch nicht ruhiger. Er versuchte es noch mal.

Zum Quartier der Revolutionäre, stand schließlich auf der Tafel. Dann: *Es ist in der Jupiternation.*

Revolutionäre. Amari ließ sich das Wort im Hirn zergehen. Was für eine Revolution? Warum die Jupiternation? Ihr Kopf schmerzte.

Nev schrieb.

Es war meine Idee, dich mitzunehmen. Jetzt wischte er schnell und beeilte sich mit der Kreide. *Die Armee hätte dich sonst mit zurückgenommen. Die Zukunft von Merkur sieht nicht gut aus.*

Amari schluckte. Eigentlich wusste sie das schon.

Nevs letzter Satz deutete noch mehr an, genau wie sein besorgtes Gesicht. Als es Amari einfiel, schämte sie sich dafür, dass sie nicht früher daran gedacht hatte. Ihre Mutter.

Ihr wurde ein bisschen übel, aber sie verdrängte den Gedanken. Der nächste war allerdings nicht besser: Erin war tot.

Haben sie sich aus der Hauptstadt zurückgezogen?, fragte Amari.

Nev nickte. *Jupiter auch. Alle Armeen liegen in Trümmern.*

Amari starrte auf die Tafel in ihrem Schoß und auf ihre weißen Finger. Sie hatte so viele Fragen, konnte aber keine Sätze formulieren. Es dauerte eine Weile, bis endlich einer auf der Tafel stand: *Was machen die Revolutionäre?*

Lor sagt, sie wollen den Krieg beenden.

Amari wusste nicht, wer Lor war, aber der zweite Teil war

auch viel interessanter – weil er vollkommen absurd war. Den Krieg beenden.

Den Krieg beenden.

Wie wollen sie das machen?

Mit etwas Fantasie erkannte sie ein Lächeln auf Nevs Gesicht. *Wir müssen uns überraschen lassen, schätze ich.*

Amari runzelte die Stirn. Trotzdem fraßen sich die drei Worte weiter durch ihre Gedanken. Das hätte Hoffnung sein können, wenn es sich bloß um mehr handeln würde, als die vage Idee einer durchgeknallten Bande Pazifisten.

Sie ließ ihren Blick noch einmal durch den Wagen schweifen – flüchtig über die zwei unbekannten Frauen, dann zu Levin und der Marssoldatin, wo er hängen blieb. Die Soldatin redete jetzt, leise. Ihre Lippen bewegten sich kaum.

Was machen die hier?, fragte Amari Nev.

Sie gehören auch dazu, schrieb er, *alle hier tun das.*

Amari musterte die beiden. Marsgeborene, mit Mal und allem. Erst als Levins Blick sich mit ihrem schnitt, schaute sie weg. Wie sollte so was gut gehen?

Lor hat in Flauge etwas gesagt, schrieb Nev auf die Tafel. *Wir müssen aufhören, einander als Feinde zu sehen.*

Amari schwieg. Seit sie aufgewacht war, hatte sie zwar nicht geredet, aber zwischen nichts sagen und schweigen gab es einen Unterschied.

Glaubst du, das ist realistisch?

Nev schaute Amaris Nachricht lange an. Dann sah er zu ihr, zu Levin, zu den beiden Frauen und auch zu Felix. Er nickte.

Amari schrieb: *Du scheinst überzeugt von diesem Lor.*

Nev zögerte. *Ich weiß nicht, ob ich das bin.* Er wischte. *Aber wenn es wirklich eine Chance gibt, etwas zu tun, dann nehme ich sie.* Noch mal wischen. *Jetzt endlich.*

Sie fuhren, es holperte, Amari erwiderte nichts.

Schließlich schrieb Nev: *Du kannst natürlich zurückgehen. Es gibt keinen, der dich zwingt zu bleiben.*

Amari atmete ein und wieder aus. Sie sah Nev nicht an, stattdessen betrachtete sie ihre Hände: das orangefarbene Merkurmal an ihrem Handgelenk, ihre rauen Handflächen und ihre aufgeschürften Fingerknöchel.

„Nein", sagte Amari laut. „Ich gehe nicht zurück."

DANKSAGUNG

Es ist okay. Das Buch gilt als gelesen, auch wenn du die Danksagung überspringst.

So oder so ist es möglich, dass du gerade die Geschichte gelesen hast, die mein siebzehnjähriges Ich zum ersten Mal aufs digitale Papier gebracht hat, und die mein achtzehn-, neunzehn-, und zwanzigjähriges Ich mit Blut, Schweiß, und Tränen – so vielen Tränen – immer wieder neu geschrieben hat.

Freut mich sehr.

Wäre es ein besserer Schachzug gewesen, das ganze Ding nach einem, spätestens zwei Jahren einfach gehen zu lassen? Vermutlich. Hätte ich in der Zeit, in der ich Im Zeichen Merkurs überarbeitet hab, etwas Besseres schreiben können? Auf jeden Fall. Aber will ich, dass diese Geschichte hier gelesen wird? Ehrlich gesagt, hab ich Angst davor. Ich hab nichts zu meiner Verteidigung zu sagen, außer dass ich aufrichtig in diese grünschnäblige Geschichte verliebt bin, und deswegen sind wir hier.

Die erste Person, bei der ich mich bedanken muss, ist Jackie. Ich hatte zwei Kapitel einer unbenannten Geschichte, die ich vermutlich nie weitergeschrieben hätte, wenn wir nicht angefangen hätten, über unsere Charaktere zu reden. Ich weiß nicht, ob ich dazu gekommen wäre, das zu verfolgen, was ich eigentlich für immer tun will, wenn du nicht gewesen wärst.

Ein DANKE in Großbuchstaben an Vanessa, die von den Baby Steps bis ganz zum Schluss mit dabei gewesen war. Ich fasse es nicht, dass du meinen ersten Draft gelesen und mich immer noch lieb hast. Es war so, so, so wichtig jemanden zu haben, dem man so ein Chaos anvertrauen kann und von dem man trotzdem konstruktives Feedback zurückbekommt.

Natürlich ein Danke an meine stilistische Lektorin Hanka Jobke, dafür dass sie meinem Manuskript den letzten Schliff verliehen hat. Es wären so viele Kommafehler in diesem Buch gewesen.

Ein Riesendanke an alle, die Im Zeichen Merkurs betagelesen haben. Ob im ersten, eigentlich viel zu frühen Betaprozess oder im zweiten – jedes Stück Feedback hat IZM besser gemacht. Ganz besonderen Dank an Tabea, Manu, Alex, Lian, Johanna und Marina!

Das ist die Stelle, an der ich Werbung für meine anderen Bücher machen würde. Da das hier mein Debut ist, gibt es keine.

Was sich natürlich noch ändern wird.

Follow me!

Twitter: @leniawrites
Instagram: lenia_roth
Tumblr: official-schreibblockade

Printed in Germany
by Amazon Distribution
GmbH, Leipzig